U0840482

国际关系学院中央高校基本科研业务费专项资金资助，项目编号: 3262020T03

COLLEGE STUDENT

新时代

外语外贸院校大学生职业生涯规划与发展

普通高等学校创新创业教育系列规划教材

苗青　编

九州出版社
JIUZHOUPRESS

图书在版编目（CIP）数据

新时代外语外贸院校大学生职业生涯规划与发展 / 苗青编 . —北京：九州出版社，2020.9
ISBN 978-7-5108-9592-0

Ⅰ . ①新… Ⅱ . ①苗… Ⅲ . ①大学生—职业选择 Ⅳ . ① G647.38

中国版本图书馆 CIP 数据核字 (2020) 第 183736 号

新时代外语外贸院校大学生职业生涯规划与发展

作　　者　苗青　编
出版发行　九州出版社
地　　址　北京市西城区阜外大街甲 35 号（100037）
发行电话　（010）68992190/3/5/6
网　　址　www.jiuzhoupress.com
电子信箱　jiuzhou@jiuzhoupress.com
印　　刷　天津雅泽印刷有限公司
开　　本　710 毫米 ×1000 毫米 16 开
印　　张　15.75
字　　数　242 千字
版　　次　2021 年 1 月第 1 版
印　　次　2021 年 1 月第 1 次印刷
书　　号　ISBN 978-7-5108-9592-0
定　　价　68.00 元

★版权所有　侵权必究★

前 言

大学生就业问题已经成为民生中一个突出的问题，引起社会的广泛关注，受到国家、社会、家庭和学生个人的高度重视。如何促进这一问题的有效解决，使大学生真正实现学成有业？国内外实践证明，高校对在校大学生进行合理的职业生涯规划是帮助他们实现就业的有效途径。近几年来，我国大学生就业形势越来越严峻，各高校也越来越重视毕业生就业前的培训与指导，大学生职业生涯规划教育是新形势下高等教育的一项重要内容，“积极做好高校毕业生就业工作”已被写入党的政治工作报告。

与此同时，新时代的大学生普遍缺乏职业生涯规划，对自己的兴趣、性格、特长、智商、情商、社会交往及组织管理能力认识不足，自我定位不准，存在好高骛远或盲从心态，部分大学生由于对职业生涯规划意识的淡薄，以至于失去明确的奋斗目标和方向。因此，大学生职业生涯规划教育可以帮助大学生激发对未来职业的兴趣，帮助大学生制定明确的学习生活目标和具体实施策略，为毕业后顺利就业做好充足准备。

为了更好地帮助大学生特别是外语外贸院校大学生解决在择业过程中遇到的种种困惑，更好地引导他们自觉利用好大学的宝贵时光，规划职业生涯，提高就业竞争力，掌握求职的基本技能，完成由学生到职业人的转变，作者在多年的教学实践、座谈讨论和学习研究的基础上，编写了《新时代外语外贸院校大学生职业生涯规划与发展》一书，旨在规范、加强和提升该门课程的建设，使国家对于大学生就业的要求得到有效落实。

本书立足可读性和指导性，突出实用性和有效性，注重理论与实践相结合、普遍性与特殊性相结合、理论指导与技术指导相结合，遵循贴近学生（特别是培养外语外贸专业人才的高校学生）、注重实效、有所创新的基本思路，体现了系统性、全面性和实用性的特点。

学生可以通过本教材的学习，在科学的测试和实践体验中探索出自己的职业倾向，从而充分、合理地利用大学学习期间的各种机会挖掘自身潜能，提高自身素质，以达到从总体上提升就业竞争力的目标。本书可以作为培养应用型外语类人才高校就业指导课程的教材，也可以供从事就业指导工作的教师和社会相关人士参考。

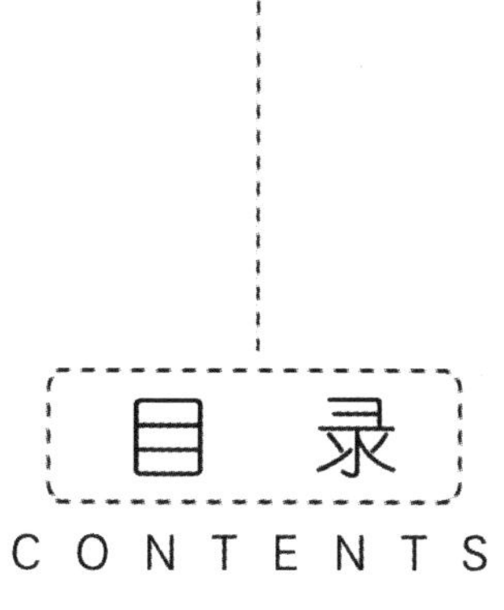

上篇　外语外贸院校大学生职业生涯规划篇

下篇　外语外贸院校大学生就业与发展篇

上篇

外语外贸院校大学生职业生涯规划篇

第一章　职业生涯规划概述

第一节　职业生涯规划的基本概念与意义

一、职业生涯规划的概念

（一）职业的含义

研究职业生涯首先必须明确“职业”的概念与内涵。职业是指参与社会分工，利用专门的知识和技能为社会创造物质财富和精神财富，获得合理报酬作为物质生活来源，同时也满足精神需求的工作。“职业”这一概念由来已久，它的产生与发展是人类文明的标志，是社会劳动分工发展的必然产物。在人类社会经济发展的历史长河中，职业并非一成不变，而是在多种因素作用下不断变化与发展的。历史上三次社会大分工的出现都引起了职业分工的变化，社会经济因素是直接制约和影响职业变化的重要因素。社会政治制度、宗教、文化经济发展等诸多因素都会带来许多职业的兴衰。

《现代汉语词典》将“职业”解释为“个人在社会中所从事的作为主要生活来源的工作”。由于研究目的的不同，学者们从不同的角度对职业的内涵进行了界定。美国社会学家赛尔兹认为，职业是一个人为了不断取得个人收入而从事的具有市场价值的特殊活动。美国学者泰勒认为，职业是一套成为模式的与特殊工作经验有关的人群关系。这种成为模式的工作关系的结合，促进职业结构的发展和职业意识的形成。日本社会学家尼高邦雄认为，职业是某种固定的社会分工或社会角色的持续实现，因此包括工作、工作的场所和地位。中国学者陈婴婴则将职业界定为“个人进入社会的物质生产或非物质生产过程后获得的一种社会地位，个人通过这一社会位置加入社会资源的生产和分配体系并建立相应的社会关系”。

综上所述，职业的合理界定应包括从事职业的主体、职业的个体与社会功能、职业的时限以及职业的性质等要素。由此我们可以认为，职业是指具备劳动能力的个体，运用自身的知识、技能与态度，从事社会生产服务，为社会创造物质财富与精神财富，并获取合理的个人报酬，以满足自身的物质与精神需求的持续性活动。其主要包括四个方面的内容：

第一，职业是社会分工体系中劳动者所获得的一种劳动角色。职业根源于社会分工，在整个社会生产过程中，有诸多工种或岗位。这些不同工种、岗位或特定环节的职业赋予劳动者以不同的工作内容、不同的职责、不同的声誉和社会地位，以及不同的劳动规范和行为模式，于是劳动者便具有了特定的社会标记和专门的劳动角色，如农民、工人、医生、教师、企业家、科学家、演员等。

第二，职业是一种社会性的活动，具有社会性。职业是劳动者所进行的社会生产劳动或社会工作，均为他人所需要并为大家所认可，所以职业是社会的职业。

第三，职业具有连续性和稳定性。劳动者连续、不间断地从事某种社会工作，这种工作才能成为劳动者的职业。如果不相对固定地从事某项专门工作，离开了工作的稳定性，就无所谓职业。

第四，职业具有经济性。劳动者从事某项职业，必定要从中取得经济收入。换言之，劳动者就是为了不断取得个人收入，才较为长期、稳定地承担某项社会分工，从事该项社会职业。没有经济报酬的工作，即使其劳动活动较为稳固也非职业。

（二）职业生涯的含义

生涯是人的一生从事工作或职业等有关活动的过程。对于生涯，不同领域的学者在定义和应用上不尽相同，但目前大部分学者接受来自舒伯的定义和论点：生涯是生活中各种事件的演进方向和历程，它统合了人一生中的各种职业和生活角色，由此表现出个人独特的自我发展形态。

一般意义上讲，生涯指人在一生中，存在着不同的生命周期空间，有社会生命周期生物的生命周期、家庭生命周期和职业生涯周期。其中职业生涯周期是人生存和发展的前提条件，它从任职前的职业教育培训，到寻求职业、就业从业、职业转换逐步晋升，直至完全脱离职业工作，占据了人生大部分时间。因此，对个人及其家庭都有着十分重要的意义。

职业生涯就是个人在人生中所经历的系列职位和角色，它们和个人的职业发展过程相联系，是个人接受培训教育以及职业发展所形成的结果。从职业发展的过程来看，职业生涯被看成“在个人的一生中，由于心理、社会、经济、生理及机遇等因素相互作用所造成的工作职业的发展变化”。目前，对职业生涯的含义还没有统一的认识，不同国家的学者们从不同的角度对职业生涯的内涵进行了界定。法国的权威词典将职业生涯界定为“表现为连续性的分阶段、分等级的职业经历”。美国学者罗斯威尔和思莱德将职业生涯界定为“人的一生中与工作相关的活动行为、态度、价值观、愿望的有机整体”。施恩则强调职业的过程以及职业过程中个人情感与工作、家庭、个人事务的关系，并将职业生涯分为外职业生涯和内职业生涯。外职业生涯是指经历一种职业的通路，包括招聘、培训、晋升、解雇、退休等各个阶段。内职业生涯更多地注重于所取得的成功或满足主观感情以及工作事务与家庭义务、个人消闲等其他需求的平衡。学者吴国存将职业生涯分为狭义职业生涯和广义职业生涯。从个体生命空间意义上考察，狭义职业生涯是指一个人从职业学习开始至职业劳动结束，将职业生涯限定于直接从事职业工作的这段生命时光，上限起始于任职前的职业学习和培训。广义的职业生涯是从职业能力的获得、职业兴趣的培养、选择职业、就职，直至最后完全退出职业劳动这样一个完整的职业发展过程进行考察的，其起点是一个人的出生。

综上所述，我们认为，职业生涯就是指一个人一生中从事职业的全部历程，这整个历程可以是间断的，也可以是连续的，它包含一个人所有的工作职业、职位的外在变更和对工作态度体验的内在变更。

（三）职业生涯规划的含义

职业生涯规划是指个人根据对自身的主观因素和客观环境的分析，确立自己的职业生涯发展目标，选择实现这一目标的职业，以及制订相应的工作、培训和教育计划，并按照一定的时间安排采取必要的行动实施职业生涯目标的过程。职业生涯规划的目的是帮助人们真正了解自己，并且在进一步详细衡量自己内在与外在环境的优势、限制的基础上，设计出合理且可行的职业生涯发展目标，在实现个人目标的同时实现组织目标。

正确理解职业生涯规划的含义，要从以下几个方面入手：

第一，职业生涯规划具有明显的个人化特征。职业生涯规划一般是就个人而言的，因此，制定和执行职业生涯规划的主体不是某个组织，而是组织中的员工个体。组织可能对员工个人的职业生涯规划产生重要影响，但这是通过影响员工对自身、环境、目标的认知间接产生的。而且，许多个人的职业生涯规划目标是在唯一组织内无法实现的，这时，个别组织对职业生涯规划的约束和影响力就更小了。但从发展趋势上看，有组织的职业生涯规划变得越来越受重视。组织所开展的职业生涯规划与开发工作，对个人与组织的发展都产生了重要影响。

第二，职业生涯规划是个长期的过程。职业生涯规划是个体有意识地确立职业生涯发展目标并追求目标实现的过程，确立目标要基于对内外条件的认识和分析之上，目标确立后要通过职业活动去实现。随着内外条件的不断变化和职业活动的成果出现，职业目标可能会更加明晰，或是需要在反馈后加以修正。

第三，职业生涯规划中的职业目标同日常工作目标有很大差异。工作目标是个人在当前的工作岗位上想要完成的任务目标，可以是自设的，也可以是组织给定的。工作目标一般是较具体的、同本职工作紧密相关，并随时间变化而变化的短期目标。职业目标相对来说是较为抽象的长期目标，而且不一定同当前的工作完全有关。但是，职业目标的达成，尤其是计划在单一专业或组织内部提升的目标，同当前工作目标的选择及完成情况关系密切。可以说，选择适当的工作目标并很好地实现这些目标，是最终达成职业目标的最佳途径。

（四）职业生涯规划的特征

一般情况下，一个良好的职业生涯规划应具备以下几个特征：

可行性。职业生涯规划必须依据个人及组织环境的现实而制定，这样才会是能够实现和落实的计划，而不是没有依据或不着边际的幻想，才不会贻误职业生涯的良好时机。

适时性。职业生涯规划是对确定未来的职业生涯目标及对未来职业行动的预测。因此，各项活动的实施与完成时间，都应有时间和时序上的安排，以便作为检查行动的依据。

灵活性。规划未来的职业生涯目标与行动，涉及许多不确定性因素，因此，规划应有弹性，随着外界环境及自身条件的变化，应及时调整自己的职业生涯规划，以增加其适应性。

持续性。职业生涯目标是人生追求的重要目标，职业生涯规划应贯穿人生发展的每一个阶段，通过不断地调整与持续的职业活动安排，最终实现职业生涯的目标。

（五）职业生涯规划的作用

职业生涯规划通过对职业生涯发展目标及其实施方案的安排，为职业生涯发展成功提供方法和支持，因此，职业生涯规划是强化自我管理、有效开发与利用自身智能的重要手段。

第一，职业生涯规划可以使个人获得适宜性发展。职业生涯规划依据个人的特点和兴趣进行人才配置和开发，考虑了自己的特殊需要并据此设计不同的职业发展途径，可以激发工作热情，挖掘工作潜力，做到人尽其才、才尽其用，从而能够促进自我发展。

第二，职业生涯规划能帮助个人确定职业生涯发展目标。职业生涯规划通过对个人的分析，认识自己、了解自己，正确评估自己的能力、兴趣性格需求，并通过对环境的分析明确自己的优势、劣势、发展机会和限制。通过这些分析，个人才能正确设定适合主观条件和客观环境的职业发展目标，并制订行动计划，使自己的才能得到充分发挥，在职业生涯中少走弯路，使事业获得成功，实现自己的人生理想。

第三，职业生涯规划能激励个人努力工作。廖泉文教授根据个人激励的来源，将人才分为三类：一类人才是自己可以激励自己，二类人才是通过别人激励自己，三类人才则没有激励的动力源泉。而职业生涯规划通过为个人的努力提供明确的目标强调员工的自我管理，使员工自己激励自己。所以职业生涯规划必须是具体的、可以实现的，否则就会降低其激励性。

第四，职业生涯规划能评估目前的工作成绩。职业生涯规划的一个重要功能是提供了自我评估的重要手段，个体可以根据自己的职业生涯规划对目前的工作业绩进行评估，根据获得的反锁信息找出差距，并据此制定或调整自己的职业生涯开发策略。所以，职业生涯规划必须是具体的，规划的实施结果是可以衡量的。

二、职业生涯规划的基本理论

一些著名的职业管理学专家对于职业生涯的发展过程进行过长期研究，发现并总结出了许多关于职业生涯发展的理论和规律，其中具有代表性的有金斯伯格、萨柏、施恩的理论。

（一）金斯伯格的职业意识发展过程理论

美国著名的职业心理学家金斯伯格通过研究美国富裕家庭的人从童年到成年早期和成熟过程中的有关职业选择的想法和行为，针对初次就业前人们的职业意识或职业追求的变化与发展过程将职业生涯发展分为幻想期、尝试期和现实期三个阶段。

1. 幻想期

这一时期指处于 11 岁之前的儿童时期。这一时期的儿童对大千世界，特别是对于他们所看到或接触到的各类职业工作者充满了新奇、好玩的感觉。此时期职业需求的特点是：单纯凭自己的兴趣爱好，不考虑自身的条件、能力水平和社会需要与机遇，完全处于幻想之中。

2. 尝试期

与早期的单纯模仿不同，11—17 岁是由少年儿童向青年过渡的时期。这时，人的心理和生理在迅速成长、发育和变化，有独立的意识。价值观念开始形成，知识和能力显著增长和增强，初步懂得社会生产和生活的经验，并开始对职业问题进行积极的探索。金斯伯格按兴趣、能力、价值与综合等职业心理发展顺序，将尝试期分为四个阶段：

兴趣阶段（11—12 岁）。开始觉察社会不同职业之间的一些重要差异因素，自觉培养自己的职业兴趣。

能力阶段（12—14 岁）。开始注意社会不同职业对人的能力要求，并自觉进行训练。

价值观阶段（14—16 岁）。开始注意了解各种职业的社会价值和个人价值，审视自己的职业兴趣和能力。

综合阶段（16—18 岁）。开始综合有关职业信息，综合判断个体职业发展方向，缩小职业兴趣范围。

尝试期在职业需求上呈现出的特点是：有职业兴趣，但不仅限于此，会更多地和客观地审视自身各方面的条件和能力；开始注意职业角色的社会地位、社会意义，以及社会对该职业的需要。

3. 现实期

这一时期指 17 岁以后的青年年龄段。他们即将步入社会参加劳动，能够客观地把自己的职业愿望或要求同自己的主观条件、能力以及社会现实的职业需要紧密联系和协调起来，寻找适合自己的职业角色。金斯伯格按职业行为心理的发展顺序将现实期分为三个阶段：

试探阶段。对尝试期初步确定的职业方向进行各种职业的试探活动。

具体化阶段。比较分析试探阶段产生的结果使自己选择的职业方向更具体化、明确化。

专业化阶段。对个体职业发展的专业方向进行确认，并付诸行动。

在现实期，人们已有明确、具体、现实的职业目标，表现出的最大特点是客观性、现实性、讲求实际。

（二）萨柏的终身职业生涯发展理论

美国职业管理学家萨柏从人的终身发展的角度出发，结合职业发展形态，将职业生涯阶段划分为成长阶段、探索阶段、确立阶段、维持阶段和衰退阶段等五个阶段。

1. 成长阶段：0—14 岁

经历对职业从好奇、幻想到兴趣，到有意识地培养职业能力的逐步成长的过程。萨柏将这一阶段具体分为三个成长期：

幻想期（10 岁之前）：儿童从外界感知到许多职业，对于自己觉得好玩和喜爱的职业充满幻想和进行模仿。

兴趣期（11—12 岁）：以兴趣为中心，理解、评价职业，开始进行职业选择。

能力期（13—14 岁）：开始考虑自身条件与喜爱的职业是否符合，有意识地进行能力培养。

2. 探索阶段：15—24 岁

这一阶段是择业、初就业阶段，也可分为三个时期：

试验期（15—17 岁）：综合认识和考虑自己的兴趣、能力与职业社会价值就业机会，开始进行择业尝试。

过渡期（18—21 岁）：进入劳动力市场或者进行好的职业培训。

尝试期（22—24 岁）：选定工作领域，开始从事某种职业。

3. 建立阶段：25—44 岁

这一阶段为建立稳定职业阶段。包括两个时期：尝试期（25—30 岁）和稳定期（31—44 岁）。

4. 维持阶段

在 45—64 岁这一长时间内，劳动者一般达到常言所说的“功成名就”情境，已不再考虑变换职业工作，只力求维持已取得的成就和社会地位。

5. 衰退阶段

人达到 65 岁以上，其健康状况和工作能力逐步衰退，即将退出工作，结束职业生涯。

萨柏的职业生涯发展理论分析了不同年龄阶段的个体特征、知识水平要求对其职业偏好的影响，有助于个体及组织对处于不同年龄阶段的员工职业偏好的把握。

（三）施恩的职业生涯发展理论

美国著名的心理学家和职业管理学家施恩根据人的生命周期的特点及不同年龄阶段所面临的问题和职业工作主要任务，将职业生涯划分为九个阶段。

1. 成长、幻想、探索阶段

一般 0—21 岁处于这一职业发展阶段。主要任务是：

（1）发展和发现自己的需要和兴趣，发展和发现自己的能力和才干，为进行实际的职业选择打好基础。

（2）学习职业方面的知识，寻找现实的角色模式，获取丰富信息发现和发展自己的价值观、动机和抱负，做出合理的受教育决策，将幼年的职业幻想变为可操作的现实。

（3）接受教育和培训，开发工作世界中所需要的基本习惯和技能。在这一阶段所充当的角色是学生职业工作的候选人、申请者。

2. 进入工作世界

16—25 岁的人步入该阶段。这一阶段充当的角色应是应聘者、新学员。主要任务是：

（1）进入劳动力市场，谋职可能成为职业基础的第一项工作。

（2）学会如何寻找、评估和申请一种职业，并做好现实有效的第一项工作的决策和选择。

（3）个人和雇主之间达成正式可行的契约，个人成为一个组织或一种职业的成员。

3. 基础培训

处于该阶段的年龄段为 16—25 岁。与上面正在进入职业工作或组织阶段不同，要担当实习生、新手的角色。此时的主要任务是：

（1）了解、熟悉组织，接受组织文化，融入工作群体。

（2）尽快取得组织成员资格，成为一名有效的成员。

（3）适应日常的操作程序，应付工作并承担相应职责。

4. 早期职业的正式成员资格

此阶段的年龄为 17—30 岁。面临的主要任务是：

（1）承担责任，成功地履行与第一次工作分配有关的任务。

（2）发展和展示自己的技能和专长，为提升或进入其他领域的横向职业成长打基础。

（3）根据自身才干和价值观，根据组织中的机会和约束，重估当初追求的职业，决定是否留在这个组织或职业中，或者在自己的需要组织约束和机会之间寻找一种更好的发展道路。

5. 职业中期

处于职业中期的正式成员，年龄一般在 25 岁以上。主要任务是：

（1）选定一项专业或进入管理部门。

（2）保持技术竞争力，在自己选择的专业或管理领域内继续学习，力争成为一名专家或职业能手。

（3）承担较大责任，确立自己的地位。

（4）开发个人的长期职业计划。

（5）寻求工作、家庭、自我三方面的平衡。

6. 职业中期危险阶段

处于这个阶段的是 35—45 岁的人。主要任务为：

（1）现实地估价自己的进步、职业抱负及个人前途。

（2）就接受现状或者争取看见的前途做出具体选择。

（3）建立与他人的良好关系。

7. 职业后期

从 40 岁以后直到退休，可说是处于职业后期阶段，此时的职业状况或任务是：

（1）成为一名良师，学会发挥影响，指导、指挥别人，对他人承担责任。

（2）扩大、发展、深化技能，或者提高才干，以担负更大范围、更重大的责任。

（3）如果只求安稳，就此停滞不前，则要接受和正视自己影响力和挑战能力的下降。

8. 衰退阶段

一般在 40 岁之后到退休期间，不同的人在不同的年龄会衰退或离职。此期间的主要任务是：

（1）学会接受权力、责任、地位的下降。

（2）基于竞争力和进取心下降，要学会接受和发展新的角色。

（3）评估自己的职业生涯，着手准备退休。

9. 离开组织或职业

退休。

三、职业生涯规划的内涵与基本原则

（一）职业生涯规划的内涵

职业生涯在当前普遍以舒伯的生涯发展理论为基础开展研究实践。根据舒伯的理论，职业生涯由三个层面构成：一是时间分布，主要指生涯发展时期，包括成长、探索、建立、维持及衰退五个发展阶段，根据生命周期划分则为生长阶段（0—14 岁）、探索阶段（15—24 岁）、建立阶段（25—44 岁）、维持阶段（45—64 岁）、衰退阶段（65 岁以上）；二是角色分布，指一个人一生所要扮演的各种不同角色，如儿童、学生、公民、休闲者、工作者和家长等角色；三是投入分布，指个人在不同的职业角色上的投入程度，有的人在工作者角色上投入程度多点儿，而有的人或许在家长角色上投入多点儿。

职业生涯是一个持续、动态的过程，有着丰富的变化，是过去、现在与未来三个状态相互作用、相互影响的动态演变过程。而职业生涯规划更加强调“规划”的动态特点，启示我们要通过恰当且充分的准备，让现在的行为对过去的缺憾进行弥补和修正，并响应个体对未来发展的期望。职业生涯规划就是协助和促进个体以更好的状态出现在职业生涯的各个阶段中。

职业生涯规划主要包括六个方面的内容。一是自我认知，主要是对个人进行分析，包括个性特点、气质风格、能力擅长、优势发挥等内容，以及基于以上的个人价值观沉淀和明确，对职业生涯倾向的初步探索等。二是职业认知，主要是对职业认知的理解、行业领域的了解以及对社会背景形势的把握，重点针对符合电子信息类专业特色的职业领域的概况、岗位的需求以及认知误区等。三是合理决策，主要是分析决策能力的培养。职业生涯规划包含众多规划与决策的过程，在了解掌握人生决策重要性的基础上，对职业决策及工作发展的关系必须要有清晰的判断。合理决策就是要帮助大学生在面对各种抉择情境时，知道如何界定问题，收集并运用资料，提高规划中的决策能力和决策水平。四是核心竞争力，主要是对职业生涯所需综合素质的内容介绍，以及对素质提升途径的讲解分析，包括专业能力的提升、有效沟通的方法、时间管理的能力等。五是求职就业准备，主要是求职就业过程中的心理准备和实操对策，包括就业择业过程中的心理调适、影响就业的因素，以及对求职过程中的策略、简历、面试、求职陷阱等的讲解。六是职业适应与发展，包括大学生初入职场的角色适应、职场适应，职业发展中的意识、阶段、目标的讲解与分析。

职业生涯规划通过职业生涯教育与职业生涯咨询两大主要途径实施。职业生涯教育是美国教育界最先提出的概念，整个教育过程中，通过职业生涯认知、职业生涯安置、职业生涯进展等步骤，促进个体进行更好的自我提升和自我实现，以达到对符合个人价值观的美好生活的追求目标。理论上，职业生涯教育包含了个人一生全部的教育学习历程。当前阶段针对大学生的职业生涯规划教育主要是开设职业生涯指导课程，促进大学生建立宏观规划意识，解答大学生在大学学习实践过程中的困惑与迷茫，从而激励大学生更好地专注于学业，为宏观规划做更充分的准备。职业生涯咨询旨在促进咨询对象的自我了解和自我提升，以达成职业生涯规划过程目标，实现阶段跃迁的分析、指导与咨询。实践层面更倾向于一种心理调适或心理咨询，包括实施心理测验、职业生涯规划报告、开展职业生涯规划的个别咨询与团体辅导等。

综上所述，职业生涯规划是通过职业生涯教育与职业生涯咨询，帮助个体进行自我合理决策，提升核心竞争力、做好求职就业准备、提高职业适应与发展能力，并根据职业个体过去、现在和未来的状态进行合理安排规划的过程。

（二）职业生涯规划的特性

职业生涯规划具有独特性、终身性、发展性、综合性、广泛性、影响因素多样性的特点。

1. 独特性

独特性是指不同个体的职业生涯是独一无二的。规划与发展过程具备个体独立特征。职业生涯规划是不同个体依据自己的人生理想，为了自我提升和自我实现而逐渐展开的一种具备独立特征的生涯历程，不同的个体有不同的生涯，具备不同的职业倾向，一定程度上部分个体在职业生涯形态上有相似或相近的地方，但其实质却可能是存在重要区别的。

2. 终身性

终身性是指职业生涯规划贯穿了个体的一生。个体在一生中不同的年龄段都有规划的任务，职业生涯规划的教育、辅导、咨询活动可以在不同年龄段的人群中开展。职业生涯的发展是一个连续不断的过程，包括了一个人一生中所拥有的各种职业、职位、角色，不是个人在某一阶段所特有的，不管是在被动准备阶段还是主动提升阶段，都是终身发展中的过程。

3. 发展性

发展性是指职业生涯规划的实施须遵循人类生理、心理、职业及社会发展的原理，以开发智力水平和能力水平为基础，以过程中的物质回报、社会地位提升、职业待遇及岗位变迁为标志，逐步实现个体的自我提升和自我需求目标。职业生涯规划是一个动态的发展历程。人是职业生涯的主动塑造者。个体在不同的人生阶段中会有不同的追求，这些追求会随着个体及影响因素的改变而不断变化与发展，个体也需要不断通过教育学习培训来不断完善自我，成长和提高。

4. 综合性

综合性是指职业生涯规划是以个人事业角色的发展为主轴，包括了与事业发展有关的所有角色及相应的个体愿望和需求等的连续经历过程。因此，生涯并不是个人在某一时段所拥有的职位、角色，而是个人在其一生中所拥有的所有职位、角色的总和，这个总和需要各政治、经济、文化、教育专家和学术团体，以及学校教师、行政人员、辅导咨询人员、社会团体、家长、学生团体、社区等多方面互相配合，共同为职业生涯规划服务。

5. 广泛性

广泛性是指职业生涯规划的内容很广泛，包含了个人自身、个人与他人、个人与社会所囊括的全部事务及关系。工作价值、职业观念及服务精神的培养，个体知识准备和能力准备，以及兴趣、积累、潜能及特质的最大发挥，阶段状态的自我调控及职业生涯目标的动态调整等，均在生涯规划的内容之中。

6. 影响因素的多样性

影响因素的多样性是指影响职业生涯规划的因素有很多：一是个人的特质，包括心理特质，如能力、能力倾向、人格特质、自我概念、成就动机等；二是生理特质，如健康程度、形体容貌、性别、精力等；三是人生经验，如教育程度、受过的训练、掌握的技能、工作经历、休闲活动、社会活动、社交技巧等；四是个人背景，包括父母的家庭背景，如父母的社会经济地位、父母从事的职业、家庭经济状况、父母的期望等；五是家庭背景，如婚姻关系、夫妻间依赖的程度、配偶的期望值等；六是生活环境状况，如种族、宗教、生态环境等；七是社会环境状况，包括所处的社会经济状况、职业变化趋势、技术发展、所处的国际环境、面临的国家政策等；八是不可预测因素，包括地震、意外、疾病、死亡等难以预测的事件等。

（三）职业生涯规划的基本原则

对于即将步入社会的大学生，要想投身某个行业，使自己在某个职业角色中不断进步提升，取得阶段性的认可，就需要掌握和明确自己的职业生涯发展倾向，对自己的职业生涯尽早规划、尽早准备，这就需要个体对将面临的职业生涯的主客观条件进行测定、分析、总结、研究，并在此基础上对自己的兴趣、爱好、能力、特长、经历及不足等各方面进行综合分析和权衡，结合时代特点，确定最佳的职业奋斗目标。并为实现这一奋斗目标做出行之有效的安排。个体的职业生涯规划并不是一个单纯的概念，由于它具有独特性、终身性、发展性、综合性、广泛性、影响因素多样性的特点，所以需要根据实际条件进行具体安排，加之高速的社会改革发展导致未来发展难以预测，职业生涯规划也需要有适当的灵活性，虽然是规划，但也要在针对性调整方面进行完善。具体来说，合理进行职业生涯规划需要遵循以下几个方面的原则：

1. 主观与客观相结合的原则

主观与客观相结合是进行自我认知的重要原则。自我认知的过程是对与个体相关的所有因素进行了解、分析、修正和完善的过程。在自我认知的过程中我们一般会对兴趣、性格、智力、情商以及潜能等因素进行分析和评价，在此基础上使个体价值观更加明确清晰，形成个体的职业生涯倾向。

大学阶段进行自我认知评价和分析是符合阶段优势的。大学生的知识储备和成长阶段决定了个体对提升自我、完善自我和发展自我的需求强烈。同时，这个阶段的个体也具备了进行生涯中自我修复和发展储备的基础。自我认知并不代表单纯的自我评价，因为单纯的自我评价本身就带有强烈的主观性和习惯性色彩。所以，自我认知的过程要主客观相结合，在主观方面，要由包括个体在内的能够站到主观角度的人员进行评价，即个体本身、个体同龄兄妹、个体父母长辈等；在客观方面要由与个体关系不甚密切，能够站在客观角度的人员进行评价，包括同学、老师、专业辅导人员等。自我认知过程要以系统性、科学性的分析和评价手段为基础，再综合管理学、心理学、组织行为学、人事测量学、统计学等方面知识对个体的职业兴趣、职业性格、职业能力和职业价值观等各个方面进行全面深入的评价，从而了解个体的深层个性、性格、能力、特长、兴趣特点，并分析其具有的优势和不足，进而提出发挥潜能、控制不足的建议。

2. 整体与局部相结合的原则

整体与局部相结合是进行环境认知过程的重要原则。个体的发展离不开环境的影响，大学生生活和熟悉的家庭环境、学校环境等仅是社会大环境中很小的组成部分。因此，外部环境是实现职业生涯目标的现实基础。只有立足于现实积极思考，充分认清形势，充分融入环境，才能助力实现自己的职业理想和人生价值。

进行环境认知要把握整体与局部相结合的原则，就是指对局部小环境的认知是促进个体融入整体大环境的基础，同时对整体大环境的认知是促进个体在局部小环境中更好地进行职业生涯规划的重要环节。整体的大环境认知与局部的小环境认知不可分割，职业生活规划只有囊括了内外环节、大小环境的分析和评价，才能保证其科学性和可能性。因此，要建立环境认知，就要深入分析现实整体和环境的发展与需求变化趋势，并在此基础上明确自己与环境的关系以及当前环境中的有利条件和不利条件等，进而相应地调整自己的目标和预期，使职业生涯规划切实可行，符合社会变化的要求和职业发展的要求。

据测算，GDP 每增长 1 个百分点，将会新增就业岗位 100 万个。大学生在进行职业生涯规划时，既要考虑个体情况，也要分析社会因素。一是要分析把握社会整体的经济发展状况，特别是一些新的经济特点、新兴产业动向对社会发展可能带来的影响，尤其是当前创新创业氛围逐渐浓厚，带来的就业机会和就业前景时刻都可能发生变化，由此可能引起社会人才需求、人才结构新的发展方向。二是对社会的政治、文化氛围要进行充分的分析和评估。因为社会是个整体，经济、政治、文化之间相互作用、相互影响。新政策可能引领产生一个新的行业领域，也可能让一些行业逐渐退出历史舞台。三是要从本地区和具体就业区域的角度来评估职业发展形势，因为大学生选择职业除了考虑职业属性和职业类型外，对职业社会生态环境的地区差异和区域文化差异也要充分把握。

3. 理想与现实相结合的原则

理想与现实相结合的原则是在制定目标确定路线时需要遵守的重要

原则，职业生涯目标是指可以预期且具备科学性和可行性的计划目标，包括短期目标、中期目标、长期目标和生涯目标。确定目标要在自我认知、环境认知的基础上，明确自己的职业生涯倾向，做好职业方向选择，最终确立职业生涯发展目标。这也是下一步制定措施、实施计划的前提和要点。

当前大学生选择职业的普遍预期是待遇好、环境好。这是人之常情，但应该根据个体实际情况对就业地域、单位属性、工资薪酬、行业情况、职业匹配等做出综合考虑，以求在适应现实社会发展变化和满足个体预期中找到更好的平衡点，而不是一味地以理想中的状态来进行现实中的规划。当然，这并不是指不能有理想，恰恰相反，大学生需要有切实符合个体状态的职业理想，它是指引人生前进的航标，能为坚持不懈的奋斗提供强大动力和支持。同时，也正是由于时间有限、环境多变、改革发展的提速等因素，大学生才更需要确立职业理想，把有限的时间和精力用到最需要的地方，以便更好地在职业生涯中取得有效的收获。坚持理想与现实相结合的原则就是要大学生在确定职业目标时避免因缺乏对行业、职位详细信息的了解以及对职业环境的理想化，而制定出好高骛远、不切实际的目标，甚至在具体行动计划中可能出现脱离实际的行为倾向。

4. 学习与实践相结合的原则

学习与实践相结合的原则是完成行动措施和计划过程中的重要原则。行动计划由长期计划和短期计划组成，分别对应的是长期目标和短期目标，行动的效果直接决定了职业生涯各个阶段目标的实现情况。长期计划的实现有众多不确定的影响因素，只有长期目标会导致行动计划的不合理性和行动的盲目性。比如，制定了终端硬件开发人员的职业目标，但没有更细致地进行倒推大学四年的计划，因而只是盲目地在完成学业，而不是有针对性地进行课程选修和侧重准备，更不用说积极参加有关的实践。因此，大学生要根据自身实际情况和社会发展趋势，不断地设定更新可操作的短期行动计划，让长期计划阶段化，阶段计划具体化。

大学生容易出现两端分化的情况，这个两端指的就是学习和实践两端，即有一部分同学完全投入到课程学习中去，与学业无关的一概不闻不问；另一种就是进入大学就秉承读书无用论，满腔热血地投入到各类社会工作和各类创新创业竞赛中去，这两种极端情况在进入下一阶段的职业生涯时都会遇到各自的瓶颈：一种是知识储备不足，甚至学业未竟；一种是实践能力不足，甚至是思维认知缺乏。

我们知道，知识的学习和积累是大学生的首要任务，良好的知识储备和专业技能水平是实现职业规划目标，顺利走上工作岗位，完成工作任务的前提和基础。但丰富的实践一方面能提升大学生的实践能力，另一方面也提供给大学生将学校所学与社会所需进行对照的一个机会。因此，在实施职业生涯规划的过程中首先要重视知识的储备和专业技能水平的提高，同时也要重视职业工作能力的同步提高。

5. 稳定与变化相结合的原则

稳定与变化相结合是反馈调整过程中必须坚持的重要原则。我国处于飞速发展的过程中，在政策引导、市场激励的大形势下随时可能带来社会环境的变化，职业生涯规划也需要随之不断反馈调整，这是变化的原则。但同时职业生涯规划是涉及一生的蓝图规划，从开始的自我认知、环境认知，到目标确立、实施计划，一般都经过了认真和慎重的考虑，一旦确定下来应尽可能地保持稳定，避免时间和精力的无谓浪费以及对已取得的阶段性成绩的推翻，这是稳定的原则。

大学生职业生涯规划的反馈调整既要遵循稳定原则，也要注重变化原则。稳定是要求在开展职业生涯规划过程中对自我认知、环境认知的谨慎和全面，确保科学系统，要求在确认职业生涯倾向和制定职业生涯目标时分析要充分，制定要切实，这样才能确保职业生涯规划不会轻易受到影响；变化是因为随着社会发展的需要和自身发展的完善需要有一个对自我、对社会、对职业重新认识、重新发现、重新定位的过程。因此，职业生涯规划并不是一成不变的，它应随着社会需求的发展而变化。大学生应当注意职业需求变化对职业生涯的影响，并主动适应各种变化，完善和发展自己的职业生涯规划。

四、职业生涯规划的方法与步骤

（一）职业生涯规划的方法

职业生涯规划通常由确定目标、建立行动计划、澄清价值、找出各种行动方案、估计可能结果的利弊得失、系统排除不适用的方案和开始行动这几部分组成。下面介绍两类职业生涯规划的方法。

1. 便捷的职业生涯规划法

伍德沃斯（Wood Worth）曾整理出七种一般人常用的职业生涯规划法。

第一种是自然发生法。最常见的情形是，不少学生在高考后填写志愿时，并未仔细考虑自己的爱好、志趣，只要找到分数所能录取的学校、专业便草草填上志愿专业和学校。

第二种是目前趋势法。跟随现在市场的趋势，盲目地投入新兴的热门行业。

第三种是最少努力法。选择最容易的专业或技术，以最少的付出祈求最好的结果。

第四种是拜金主义法。选择待遇最好的行业，如有不少拥有大学以上文凭的人放弃发展自己的专业，而选择钱多事少离家近的工作。

第五种是刻板印象法。以性别、年龄、社会地位等刻板印象来选择工作，如女性较适合从事非技术行业，男性较适合技术相关行业等。婚姻中，家务活通常被认为是女人的工作，男人则负责养家糊口，这也是一种刻板印象。

第六种是橱窗游走法。到各种工作场所走马观花地浏览，再选择最顺眼的工作。

第七种是假手他人法。听从师长的观念一直深深地影响着我们的行为，即使在现代社会，许多人在思考自己的未来时，还是会不知不觉地把它交给别人来决定，这些人包括父母或家人、朋友、老师等。

以上七种方法通常被称为知识导向（knowledge-oriented）、配合导向（match-oriented）和人群导向（people-oriented）的职业生涯规划方法，它们是最便捷的职业生涯规划方法。这种便捷的职业生涯规划法，其优点是省时省力，不用花费太多的心思，在短时间内可实现；缺点是缺乏根据个人能力、特性的长远规划。

2. 系统化职业生涯规划法

系统化职业生涯规划法弥补了便捷职业生涯规划法的缺陷，为了使焦点较为集中，仍以工作为主轴展开进行，将同样的构架延伸到情感经营或自我成长的层面上。系统化职业生涯规划法的优点是：可以帮助你认识自己的特质及价值所在；帮助你认识工作世界的现状与趋势；帮助你找到可以实现理想自我的途径；帮助你了解工作只是人生的一部分，而非全部。系统化职业生涯规划法包括以下七个步骤：

第一，觉知与允诺。在这个阶段，你已觉悟到职业生涯规划的重要性，并且愿意花一段时间来规划自己的职业生涯。

第二，设定方向。人们常说：“人类因梦想而伟大，人若没有理想，就像没有舵的船，永远无法到达目的地。”在旅程中，我们若发现原先设定的方向不是自己真正想去的地方，那么我们会有机会修正，相反，若是一直让恐惧、焦虑占据了自己，不敢出发，那么这颗种子可能如金字塔中的种子，即使宝贵，也可能三千年都不会发芽。

第三，认识自己。系统化职业生涯规划是一个从内而外的过程，因而在职业生涯规划时要先认识自己。问自己：我是谁？我的兴趣是什么？哪些东西是我生命中所不可或缺的？我有哪些人格特质使我别具一格，与众不同？我的优点是什么，不足在哪里？我有哪些技能是可以赖以生存的，是高人一筹的？

第四，认识工作世界。你除了要清楚地认识自己身处的政治、经济、社会和文化环境外，还要了解职业的分类和内容，各类职业所需的技能，各类职业所需的人格特质，各类职业的薪酬等。

第五，确立目标。在了解自我、认识工作世界后，要整合各种因素并评估其可行性，修正方向后再定出具体可行的目标和方案，这些过程是一个职业生涯决定的过程。

第六，付诸行动。当职业生涯规划的计划完成后，便要采取行动，在行动中积累自己的资源，这是这个步骤中的重点。

第七，评估反馈。职业生涯规划的最后一步是评估实行的效果。在工作世界中，即使找到一个喜欢的工作，仍有可能被杂事缠身，失去方向，这时需要不断地明确事情的优先级，眼光放远，才能重回航道。职业生涯规划不仅是根据自身主观条件而制定，而且还要分析客观环境因素，确立自己的职业生涯发展目标，选择实现这一目标的职业，以及制定相应的工作、培训和教育计划，并按照一定的时间安排，采取必要的行动实现职业生涯目标。

系统化职业生涯规划法除了以上七步外，还有以下几种能有效了解自己的方法：

（1）5W1H 分析法

第一，Who am I？（我是谁？）面对自己，真实地写每一个想到的答案，并按重要性排序，如自己的专业、家庭情况、年龄、性别、性格、动手能力、思考能力等等。

第二，What will I do？（我想做什么？）可以从小时候回忆，将自己喜欢做的事情写下来。

第三，What can I do？（我会做什么？）可以把自己有能力做的事，还有通过潜能开发能够做的事写下来。

第四，What does the situation allow me to do？（环境支持或允许我做什么？）将自己所处的家庭、单位、学校、社会关系等各种环境因素考虑进去。

第五，What is the plan of my career and life？（我的职业与生活规划是什么？）

第六，How to do？（我如何实现？）

（2）SWOT 分析法

SWOT 是优势、劣势、机遇、威胁四个英文单词的首字母组合：优势主要包括学了什么、做过什么、最成功的是什么、忍耐力如何；劣势主要包括性格弱点、经验或经历中欠缺什么、最失败的是什么；机遇主要包括现在的就业形式、各种职业发展空间、社会最急需的职业；威胁（挑战）：例如专业过时、同学竞争激烈、薪酬过低等。

通过上述方法，仔细分析就业形式与自己能力的匹配情况，规划好自己的职业生涯。无论学什么专业，必须具备除了专业、外语、计算机以外的有关企业管理（如文件运转、公文起草等）、沟通、演讲、组织等能力。

总之，职业生涯规划是一个周而复始的历程。在不断探索和追寻中，每个人最终都能发展出自己的“五业”。第一，努力学业，建立终生学习的观念，温故知新；第二，选对行业，参考自己的兴趣和价值观，汰旧换新；第三，建立专业，在一个领域中深耕，建立不可被取代的地位；第四，发展事业，精心经营自己的事业，建立与众不同的基业；第五，投入志业，找到一辈子的志趣，无怨无悔地投入。

当然，有时也会碰到许多挫折和不快，使我们产生怀疑，这时就要学习一些自我调适的方法。当你修正自己的做法后，如果还是成效不大，无法平复内心的不满、压力和倦怠感，这表示旧时的兴趣或价值观已不再适用了，这时你可能要回到职业生涯规划的某一点，再次找寻一个适合成长后的你的职业生涯，也有可能你需要检视自己在工作、情感和自我成长这三件大事上是否取得平衡，若没有则需要努力调整心态并探寻这种平衡。

（二）大学生职业生涯规划的基本步骤

1. 自我认知

一份科学的职业生涯规划要做到“知己知彼”，而做好自我认知环节是“知己”的关键步骤，是整个职业生涯规划的基石。自我评价是为了更好地认识自我、了解自我，明晰自己的人生理想。明确自己的职业生涯倾向，为下一步确立职业生涯目标，制订计划措施提供充分的依据。进行自我认知要侧重对自己的兴趣、特长、气质、性格、能力、学识、技能、智商、情商、思维方式等进行全面审视，明确优势与劣势，摸清个体现状与未来预期及个体现状与职业需求的匹配情况，了解和掌握自己在所处环境中的人际关系和评价情况等。自我认知过程要通过科学系统的方法、手段来开展。常用的科学测试理论如九型人格、特质理论、职业匹配理论等，在应用这些理论过程中要有侧重有辅助。同时，评价过程中要秉承客观、全面的原则，既不能以点带面，也不能全面否定，要在自我认知过程中对已发现的长处和短板同等对待，要把自我评价与他人评价结合起来，以此为基础弄清我想干什么，我能干什么，我应该干什么，在众多的职业面前我会选择什么等问题，进而最终明确人生理想和职业生涯倾向。

2. 环境认知

环境认知是“知己知彼”中“知彼”的一个层面，进行这个过程是为了更好地进行职业选择与职业生涯规划。环境包括当前的学业环境、社会环境、行业环境，各类环境又会产生其他的能够产生更直接影响的分支，比如社会环境在此是一个较大的概念，包括经济、政治、文化环境等。如同改革发展过程中可能会出现结构性失业的情况一样，环境因素会对职业发展带来直接或者间接的影响，同样也会影响我们进行职业生涯规划的过程，因此，必须对外部环境进行分析，以便弄清环境对职业发展的要求、影响及作用，并对各种影响因素加以衡量、评估并做出反应。也就是说，要在环境认知层面做好“知彼”，就要对社会环境进行整体分析，对照自己所处的状态，确定所做规划是否能够适应环境的发展变化以及是否能够及时调整自己以更好地适应环境。短期规划要注意对现在所处小环境或未来可能要进入的小环境的分析，长期的规划要更多地注重社会大环境的分析。

3. 职业认知

职业认知是“知己知彼”中“知彼”的另外一个层面，职业认知与环境认知共同组成了“知彼”环节。职业认知的重点就是进行职业定位，这就需要在前期自我认知过程中对自身优势、劣势有全面的掌握，对自己的性格特质、智力水平、专业背景等方面有深度了解。职业定位就是要进行职业目标与自身情况的匹配，谋求最大限度地符合特质、力所能及、发挥优势、避开劣势，同时进一步发现需要进行自我提升、自我修缮的方面，以求最佳匹配。职业定位应注意四个方面：一是要依据客观现实考虑个人与社会、单位的关系；二是要比较鉴别，比较职业的条件、要求、性质与自身条件的匹配情况，选择条件更合适、更符合自己特长、更感兴趣、经过努力能胜任、有发展空间的职业；三是选有侧重，区分决定因素、重要因素和次要因素，不要过度追求职业完美化；四是审时度势，要能够根据社会环境变化进行改变或者调整，保证目标的科学性和可行性。

与此同时，环境认知与职业认知是“知彼”的两个重要层面，但在进行职业认知时不能将其孤立开来，要把环境认知统一进来。因为社会环境因素会影响地域和行业，而不管是区域因素还是行业因素，都是影响职业目标确立的重要方面。比如，新政策的出台可能引导原本的意向区域产生产业转型，宏观政策到了地方会因为实际情况等原因造成执行力度有差别，以及在新兴行业、经济运行等方面，区域情况与社会总体情况总会存在差别。而这些因素都会对职业发展产生影响的因素。此外，目标单位的大小及名气不一定代表着良好的职业发展平台和职业发展前景，要综合地域、行业、人才等情况进行综合考虑。

4. 确立目标

确立目标是完成个体职业生涯规划的关键。确立目标就是要把在之前阶段逐渐明晰的职业生涯倾向具体化、阶段化，作为监督指导行动的镜子和尺子。职业目标是指个体对职业生涯未来发展表现出来的一种强烈的追求和向往，是人们对未来职业生活的构想和规划，确立目标可以成为实现职业生涯的驱动力。职业目标是可以预期的，应当是具备科学性和可行性的计划目标，它包括短期目标、中期目标、长期目标和生涯目标。确定目标要在自我认知、环境认知的基础上，细化自己的职业生涯倾向，做好职业方向选择，最终确立职业生涯发展目标，这也是下一步制定措施、实施计划的前提和要点。确定职业目标既可以从生涯目标入手倒推到现在来确认各个阶段的目标，也可以从现状入手分析在各个阶段要做怎样的准备和提升才能逐步实现生涯目标，以此来确定分阶段的目标。

5. 制订计划

职业目标确立后，需要通过行动来逐步实现，而能更好地对行动进行自我监督的办法就是制定切实可行的行动计划。计划是最接近行动的一环，是否科学可行成了行动能否取得实效的关键。制订计划实际上就是对阶段目标的再次细分，可以从两个维度来进行考虑。一是宏观视域，对照目标进行自我审视，分析在专业知识、综合素质、专业技能、潜力发挥等方面有哪些欠缺的，有哪些是需要侧重提高的，有哪些是需要尽快弥补的，以此来进行宏观的计划。二是微观视域，就是多照时间主线来拆解阶段目标，对照实际情况进行任务分布，对照任务分布合理安排自己的学习、实践或者附加教育训练等内容。

6. 评估反馈

整个职业生涯规划要在实施过程中去检验，个体在职业生涯规划所处的各个阶段要进行自我问诊和他人诊断，及时发现各个环节出现的问题，并制定对策，对规划进行调整与完善。社会经济高速发展的信息时代，改革发展进程在持续推进。社会因素的改变对职业生涯规划的影响是多元的，因而能够适应变化来进行调整的职业生涯规划才是科学的、系统的。也就是说，职业生涯规划本身要是闭环，要自带调整完善功能。所以，大学生应该时刻关注环境的变化，从而不断地对职业生涯规划进行评估与修订，主要在两个方面开展实施：

（1）开展管理

什么是职业生涯规划管理？简而言之，职业生涯规划管理是对计划的实行、组织、指挥、协调和控制，以及高效率地完成既定目标的职业生涯规划的管理方法。

实行：学生时代发展计划的落实。

组织：以各种具体行动来推进计划的实施，即实施具体行动。

指挥：按计划部署执行进度，并及时激励自己，强化必成信念。

协调：处理好与同学、集体和社会的关系。

控制：掌握自己的时间，监督自己的活动，制约和矫正自己的行为。

出众的职业生涯管理能力会促进个体高效率地完成自己制定的阶段目标，为职业生涯发展打下好基础。管理的要义是不断根据实际情况进行规划的评估与反馈，及时对个体的职业生涯规划阶段目标进行检查、修订和完善。

（2）评价和监督

评价职业生涯规划的目的在于分析自己职业生涯规划的可行性，判断其是否起到提高自己的激励作用，以及是否为自己的职业生涯发展服务。我们在评价自己的职业生涯规划时，要抓住职业生涯规划的灵魂"发展"，始终围绕规划能否促进个人提高，进而实现自己的职业生涯预期。评价过程包括他人评价、自我评价、家庭评价、企业评价和社会评价五类，个体的职业生涯在这四类评价中得到肯定的程度会反映出职业生涯的实际状态。

第二节　外语外贸院校大学生职业生涯规划

一、人生规划与职业发展

前文提到过，大学期间进行职业生涯规划是有阶段性优势的，大学生的知识储备和成长阶段决定了个体对提升自我、完善自我和发展自我的需求强烈，同时，这个阶段的个体也具备了进行生涯中的自我修复和发展储备的基础。那么，大学生应该从哪些方面进行职业生涯规划？

（一）正确进行自我认知和环境认知

（1）自我认知

要通过科学、系统的方法和手段，对自己的职业兴趣、气质、性格、能力进行全面认识，清楚自己的优势与特长、劣势与不足。自我分析要客观、冷静，不能以点代面，既要看到自己的优点，又要面对自己的缺点。

（2）环境认知

环境认知是进行职业选择和确立职业目标的重要环节，因为现代职业具有自身的区域性、行业性、岗位性等特性，就业地可能是农村，可能是经济发达的特区，也可能是经济一般或贫困落后的地区。进行职业生涯规划时要考虑到职业区域及当前社会形势的具体特点，如该行业领域的特殊政策、环境情况、风俗文化情况等，不能仅看重单位的大小、名气，而要对该职业所在的行业现状和发展前景有比较深入的了解，如人才供给情况、平均工资状况等。

（二）树立人生理想，明确职业目标

人生理想是指人们对未来工作生活状态的一种强烈的向往和追求，包含人们对职业生涯历程的构想和规划，它受到社会环境、社会现实的制约。大学生应该树立高尚的、正确的人生理想，要符合国家发展需要和人民的共同利益。大学生在树立人生理想的过程中应当把个人职业生涯倾向与国家利益和社会需要有机地结合起来，只有这样，职业目标才会逐渐明晰。因为人生理想在个体的职业生涯规划过程中起着调节和指南作用，一个人选择某种职业，通常都是以其人生理想为出发点逐步明确的。大学生一旦有了依据人生理想而确定的职业目标，就会更好地去规划自己的学习和实践，并做好各种准备。因此，大学生应当尽快确定自己的职业目标，它会直接影响职业生涯规划。

（三）构建合理的知识结构

知识的积累是成才的基础和必要条件，但知识不是衡量人才的绝对标准。单纯的知识储备量并不足以表明一个人真正的知识水平，更重要的是知识的体系结构，在一定程度上，知识体系结构的构建表征着知识的应用创新能力。大学生不仅要具有一定的知识储备量，还必须要形成合理的知识结构，没有合理的知识结构，就不能展现创造功能。在职业生涯规划过程中，大学生要将已有知识科学地重组，建构合理的知识结构，这样既能很好地适应社会需要，又能充分体现个人特色；既能满足专业要求，又有人文修养的融合；既能发挥共性特点，又能展现个人专长。

（四）培养职业需要的实践能力

大学生的综合素质和知识背景是用人单位选择大学生的重要依据。用人单位不仅考核大学生的专业知识和专业技能，而且还考核其综合运用知识的能力、对环境的适应能力、对文化的整合能力和实践行动能力等。大学生进行职业生涯规划时，除了构建合理的知识结构外，还要具备从事本行业岗位的综合素质要求。一般来说，大学生应重点培养适合社会需要的决策能力、创造能力、社交能力、实际操作能力、组织管理能力、终身学习能力、心理调适能力、随机应变能力等。另外，大学生在职业生涯规划的过程中要积极参加有益的职业训练，例如通过大学生暑期社会实践活动、大学生“青年志愿者”活动、大学生毕业实习工作、大学生创新创业活动等进行职业调研和职业训练，同时也要积极创造交流学习的机会，要学会在与优秀校友的交流中不断得到收获和信息。除此之外，大学生在进行职业生涯规划时，还应培养良好的道德修养和健康的心理素质，如正确对待择业挫折的心理素质和敢于竞争、善于竞争的心理素质等。

二、外语外贸院校大学生职业生涯规划的现状

有不少人单纯地认为，选择外语类专业，毕业后能获得较多的出国机会，或是顺利地进入外资、中外合资企业工作，拥有良好的工作环境和较高的待遇，跻身“白领”阶层。外语院校毕业生在这方面的确占有得天独厚的优势，从实际来看，外语专业毕业生出国机会和进入外企工作的机会都明显高于其他学科类别的毕业生。但是，相对于外语类毕业生总体而言，能经常出国或是进入外企工作的只占很小一部分。

据对外语外贸类院校毕业生流向的调查分析，外语外贸类院校毕业生就业的主渠道是国家机关及其所属单位，如外交部、文化部、广播电影电视部、外经贸部、国家安全部等中央部委以及各部委所属公司或新闻出版

（如中国国际广播电台、新华社等）机构、图书情报机构、各省市的外事机构等。另外，国有企业也有一定的需求量。国家机关的机构改革、精简分流和国有企业的深化改革对外语院校毕业生的冲击较大。外资企业的需求相对每年数万毕业生而言犹如杯水车薪。

位居首都、实力最强的北京外国语大学近几年每年进入外企工作的毕业生约占应届毕业生总数的10%左右，而其他一些名气较小的外语院校要远低于这一比例。外企门难进的原因，一是外资企业对毕业生素质要求很高。一般都要求有数年工作经验，熟悉相关领域的业务；二是外语是进入外企的最“必要”条件，却非“充要”条件。外资企业需求人员往往不仅要掌握好语言工具，而且要具备某方面的专业知识或技能，诸如金融、法律或是计算机、通信等应用技术。外语人才必须由“单一型”向“复合型”转化，才能适应未来市场的要求。

而中国北方人才市场专家介绍，从企业需求上看，英语专业学生就业形势确实不容乐观。很多企业目前更急需的是两类英语人才：英语专业能力特别强的人才从事文字类工作，比如翻译；除具备英语能力外还具有其他专业背景的综合型人才从事市场、管理类工作。“近年来家长和学生对于英语专业的热情和投入一直居高不下，过度关注的结果导致市场需求饱和，使大批只掌握了英语的求职者陷入了求职无门的窘境，故而目前，英语专业就业形势不是很乐观。”

三、外语外贸院校大学生职业生涯规划的意义

职业生涯规划的意义在于寻找适合自身发展需要的职业，结合自身特点，准确定位，实现个体与职业的匹配，体现个体价值的最大化。每个人要想使自己的一生过得有意义，都应该有自己的职业生涯规划。有人将生涯规划的阶段划分为五个时期，即成长期、探索期、建立期、维持期和衰退期。大学生正处在生涯探索期和生涯建立期的转换阶段，主要的任务是通过生涯探索明确发展方向，完成具体的职业计划和知识储备。这一阶段对职业的选择和对大学生今后职业生涯的发展有十分重要的意义。

（一）有利于学生明确人生未来的奋斗目标

只有有了明确的目标，才会激励人们努力奋斗，并积极创造条件实现

目标，从而避免无目标地四处飘浮，随波逐流，浪费青春。事实证明，不少人事业失败，并不是他们缺乏足够的知识和才能，而主要是因为他们没有规划好最适合自己成长与发展的职业生涯，缺乏明确的人生奋斗目标。

职业生涯规划在学生选择符合自己的兴趣、爱好、特长，适合自己个性特点，同时又能够满足自身需求的职业岗位的努力中，可以为学生提供有效的帮助。学生在经过自己认真选择的职业岗位上工作，利用自己的特长和优势努力创造业绩，取得成功，实现人生理想。在这样的职业岗位上工作，学生将会产生一种发自内心的满足感，他们会在自己的工作岗位上展示自己的人生价值，为社会做出应有的贡献。

（二）有利于学生的个性发展和综合素质的提高

职业生涯规划是终身教育的一种形式，它是以素质教育为基础的。素质教育又是面向全体学生的教育，要求教师尊重学生的个性，承认学生个人的兴趣和志向的多样性和差异性，创造性地开展教育活动，充分挖掘其潜能，使每一个学生都能自主地、生动活泼地学习，促进学生全面发展。因此，职业生涯规划既要注重发展学生完美的个性、培养创新精神，又要注重把个性发展与社会需求有机结合起来。职业生涯规划可以使学生更加理智地认识自己、认识社会，使自己的人格不断完善，谋求自身发展，适应社会发展的需求，最终实现个体价值。

（三）有利于学生认清形势，准确定位，合理安排大学的学习生活

职业生涯规划的五大要素是知己、知彼、抉择、目标、行动。其中知己、知彼是抉择、目标和行动的基础。知己知彼的实质是学生对自身的客观认识和对环境的判断。在这一过程中，我们往往运用SWOT分析方法，帮助学生了解自己的优势和劣势，并且比较清楚地认识外界的机会与威胁。这些都有助于学生进行人生的准确定位，并根据自身的特点规划自己的大学生活，发扬长处，弥补劣势，有针对性地挖掘个体潜力，提高自己，实现个体利益最大化。只有正确地认识了自己，才能对自己的职业做出正确的选择，才能选定适合自己发展的职业生涯路线，才能对自己的职业生涯目标做出最佳选择。

（四）提升学生职业品质，认清就业形势，转变就业观念

大学生职业生涯规划往往从学生进入大学就开始了，这种观念的引

入，最直接的结果就是引发了学生对于职业与未来的思考，“大学毕业后我能干什么”“现在社会需要什么样的人才”“现在的就业形势怎么样”。这个思考过程就是学生关注外界就业环境、关注用人单位人才标准的过程，学生不仅认识了形势，也能用外界的职业需求与职业要求指导自己的学习生活，提升自身的职业品质。学生通过长时间的关注与思考，对于就业就有全面的认识，这也有助于学生形成正确的就业观念。目前很多学生没有合理的就业观念，对自己没有正确的定位，这都是对职业缺乏全面认识的结果。社会上的职业多种多样，不同的职业对从业人员的知识、技能、素质等的要求不同，而毕业生的自身条件也不一样，不同的个体所具有的素质也千差万别。因此，要了解社会对不同职业的需求情况，了解自己的经济地位、社会关系，从而根据个人的优势选择自己的职业目标，选择比较适合的岗位。同时，要树立“只要依法从事有一定报酬的劳动，对社会发展做出贡献都属于就业”的大就业观，明确择业的标准只有“适合”与否，没有“好”“坏”之分。

（五）实现学生个体的“人职匹配”，提高学生就业满意度

学生在职业生涯规划中，将会评估职业能力倾向，测定职业兴趣爱好，了解性格特点，找出擅长的技能。运用经验分析和量表测量的方法不断认识自己，更清晰具体地了解自己。在不断关注用人标准的前提下，学生结合个体的职业理想，不断改进个体素质，并适时调整自己的职业目标，在动态中实现个人与职业的匹配，实现利益最大化，提高就业满意度。

（六）有利于学生实现学业与职业的良好对接

大学生职业生涯规划要求学生全面发展，努力提高学习成绩与能力素质，关注自身能力提高与职业要求的变化，以职业的要求来规范自己，来规划自己的学业与大学生活，努力实现大学生活“职业化”，实现学业与职业的无缝对接，实现人职匹配。

第二章　自我认知与职业环境认知

第一节　自我认知

每个人都是神秘的，都有深藏于社会背后的本来的我。了解自己看起来很容易，但要描述自己并不容易。虽然大多数人都觉得对自己已经非常熟悉，但其实了解也还是停留在模糊的阶段。

一、自我认知的概述

自我认知是指对自己整体的认识，包括对自己身体状态的认知（如健康、长相等）、对自己心理状况的认知（如性格、爱好、情感、意向等）、对自己社会关系的认知（如阶层、是否被人接受）等。希腊德尔菲神庙的阿波罗神殿前的柱子上刻了一句震撼人类灵魂的名言："人啊，认识你自己。"这是古希腊的一句名言。当时人们对"人"这个东西很感兴趣，想探明自身到底是什么。古希腊人认为，认识自己才能富于智慧，得福免祸。

从普遍意义来看，对于大学生职业生涯决策和规划具有较大影响的自我认知四个维度主要有职业性格、职业兴趣、职业能力和价值观，可通过评价法和职业测评法来进行自我认知。

（一）评价法

（1）自我评价法

曾子说："吾日三省吾身"，即通过生活中的行为方式和过往经验观察和总结自身的知识水平、能力、智力、性格、兴趣、优势、劣势、价值观等。

（2）他人评价法

“当局者迷，旁观者清”，即每个人都不可能做到对自己有非常全面的了解，需要通过他人如家人、同学、老师和朋友的反馈，对自身的评价更加全面和客观。

（二）职业测评法

职业测评是心理测验在职业测验上的具体应用，常见的工具量表有艾森克人格问卷、MBTI 职业性格测试、自我价值取向量表、爱德华个性偏好量表、霍兰德职业兴趣量表、霍兰德职业能力量表、认知方式测试、创造性思维测试。

二、自我认知对大学生职业生涯规划的意义

全面的自我认知是大学生进行职业生涯规划的基础。自我探索越充分，自我认知越清楚，个人职业生涯规划的针对性和可操作性就会越强，个人事业成功的可能性就越大。全面的自我认知能使我们勇于接纳自己，欣赏自己，克服成长障碍，充分挖掘潜力，使自己的职业生涯规划顺利进行。

（1）自我认知有利于大学生认清自我与社会的关系，为自己的职业生涯合理定位。

个人的职业生涯规划不是在真空中进行的，必须符合社会的现实和发展实际。面对不断变化的就业形势，大学生应充分认识到社会对人才的需求状况，找准自己的位置，以健康、务实的心态来应对社会的发展变化和个人的职业生涯规划。

（2）自我认知有利于强化自我与他人的关系，为自己的职业生涯开发人力资源。

人的自我认知在很大程度上是通过与他人的社会化互动形成的，他人对自己的评价、看法、态度是一面很好地反映自我的镜子，每个人通过这面“批评与表扬”的镜子可以认识和把握自己，这种明确地从他人处所获得的自我认知，是学生迈入社会生活后完成社会化的动力和向导系统，大学生应充分与他人接触，主动征求意见，获得他人对自己的认识和评

价。与他人接触越充分、主动、积极正面，那么他人对自己的认知和评价的传播速度就会越快、程度越高，而传播活动越活跃，从他人处获得的自我认知就会越清晰，对自我的把握也就越客观、越准确，对个人职业生涯规划也越有利。

（3）自我认知有利于认清自我的真实面貌，明确职业生涯规划的可行性目标

只有充分了解自己能干什么，弄清自己的知识、能力、个性、特长等思想和行为的环境约束和自然基础，从与他人的比较中认知自己的长处和短处，在与他人的评价中认知自己的优点和缺点，接受那些不可改变的东西，改变可以改变的东西，加固比较好的东西，正确认识自己的“庐山真面目”，公正、客观地评价和认识自己，才能确立科学的职业生涯规划。

（4）自我认知有利于培养自我的健全人格，寻求职业生涯规划路上的心理基础

所谓健全人格，即一个人说的、做的、想的与知信行是一致的。只有树立正确的人生观，处理好择业路上如何树立服务意识、培养奉献精神的问题，避免就业时出现诸多的心理误区，通过知、信、行三者统一，对自己有正确、客观的了解、评价和必备的认知智慧，才可避免暂时的挫折和焦虑以及心理冲突和心理障碍，更好地被社会所认可和接纳。自觉树立起“别看我一时，请看我一生”的生涯信念。尽管在有些时候自我认知越清楚越好，但有四个因素即性格、兴趣、能力和价值观，是大学生进行生涯决策时最需要考虑的部分。下面我们将逐个讨论性格、兴趣、能力和价值观对增进自我了解和进行生涯规划究竟起何作用。

三、职业人格认知

（一）性格概述

关于性格，心理学家们有多重定义，但其中有两个基本概念是一致的，即独特性以及行为的特征性。具体而言，性格也称人格特质，是一个人在生活中对人、对事、对自己、对外在环境所表现出来的一致性反应方式。人格是一个复杂的结构系统，主要包括气质、性格、认知风格、自我调控等方面，其中气质和性格是其构成的最重要组成部分。人格具有独特

性、稳定性、统合性、功能性等基本特征。

性格在形成过程中受到生理、遗传、家庭教育、文化背景、社会环境、学习经验等因素的影响，形成了具有独特性、相对性、稳定性和一致性的性格特征，从而形成相对稳定的不同于其他人的独特的行为方式。一般来说，性格决定了一个人的行为方式。人的性格不是一朝一夕形成的，但一经形成就比较稳定，并且贯穿在他的全部行动中。个体一时性的偶然表现不能认为是他的性格，只有经常性、习惯性的表现才是他的性格。但性格也不是一成不变的，也可以逐步改变。

（二）自我性格探索——MBTI 人格理论

MBTI 的理论基础源自瑞士心理学家卡尔·荣格有关知觉、判断和人格态度的观点，经美国心理学家凯瑟琳·布里格思和她女儿伊莎贝尔·迈尔斯的研究和发展，现已广泛地应用于职业发展、职业咨询、团队建设、婚姻教育等方面，是目前国际上应用最广泛的职业规划和个性测评理论。

1.MBTI 性格理论中的四个维度

MBTI 衡量的是个人的类型偏好，或称为倾向。MBTI 从四个维度考察个人的偏好，用字母代表如下：

态度倾向：你更喜欢将自己的注意力集中于何处？你从何处获得活力？简称 E–I 维度：

Extraversion（E）外向 / Introversion（ID）内向。

接收信息：你如何获取信息？简称 S–N 维度：Sensing（S）感觉 / Intuition（N）直觉。

判断方式：你是如何做决定的？简称 T–F 维度：Thinking（T）思考 / Feeling（F）情感。

行动方式：你如何与外部世界打交道？简称 J–P 维度：Judging（J）判断 / Perceiving（P）知觉。

（1）E–I 维度

①外向型（E）。主要定位于外部世界，倾向于集中在人和事上，具有易沟通、好交际的特点，易适应环境，随环境变化而随时调整。外向者经常（自然地）被外部的人和物所吸引。外向者趋向于通过感觉来了解世界，会更倾向于参加很多活动，喜欢成为活动的焦点，而且更容易

接近。

②内向型（I）。主要定位于内部世界，倾向于把知觉和判断集中于观念和思想上，他们更多地依赖于持久的观念而不是暂时的外部事件。他们总是避免成为人们注意的焦点，而且，他们一般要比外向者沉默一些。

（2）S–N 维度

①感觉型（S）。感觉型的人倾向于通过收集具体、特殊的信息来了解外在世界，通常具有善于观察、对细节敏感、关注事物的现实性等特点。他们专注于看到、听到、感觉到、闻到及尝到的事物，他们信赖自己的经验，关注此时此刻发生的事情。感觉型的人看到一个情况时，就会精确地知道发生了什么。

②直觉型（N）。直觉型的人倾向于感知外界环境的全貌或整体，关注事物的现状及发展变化，通常具有反应敏捷、思维跳跃、追求变化等特点。他们注重暗示和推理，信赖自己的灵感和预感，注重将来，喜欢预测事物，并总想改变事物。直觉型的人看到一个情况时，就想知道这意味着什么，结果是怎样的。

（3）T–F 维度

①思考型（T）。思考型的人主要以逻辑推理为基础，通过理智思考进行活动和决策，分析问题的解决是否符合公认的标准，具有客观、理性、有条理等特点。

②情感型（F）。情感型的人主要是通过权衡问题的相对价值和利益进行决策，他们判断时依赖于对个人价值观或社会价值观的理解，在决策时往往照顾他人的感受。情感型的人具有同情心、渴望和谐的特点。

（4）J–P 维度

①判断型（J）。判断型的人喜欢井然有序的感觉，而且当他们的生活被规划好、事情被解决好之后，他们是最快乐的。判断型的人会想方设法管理和控制生活，具有善于组织，有目的性、决断性等特点，通常，他们在获得行动所必要的信息后，就不再寻求新的信息而直接付诸行动。

②知觉型（P）。知觉型的人以一种比较宽松的方式生活，并且当生活很有余地时，他们会感到快乐。知觉型的人试图去理解生活而不是控制它，具有比较开放、适应性强、灵活多变、不拘小节等特点，通常喜欢随

遇而安，思考多于行动，对规则和约束反感。

2.MBTI 性格理论的人格类型

MBTI 性格理论的人格类型可以由以上四种为基础，组合成 16 种具体类型，具体如表 2–1 所示。

表 2–1　MBTI 理论的 16 种性格类型

四个维度八个端点组合成的 16 种具体类型			
类型名称	相对应英文字母简称	类型名称	相对应英文字母简称
内倾感觉思维判断	(ISTJ)	内倾感觉情感判断	(ISFJ)
内倾直觉情感判断	(INFJ)	内倾直觉思维判断	(INTJ)
内倾感觉思维知觉	(ISTP)	内倾感觉情感知觉	(ISFP)
内倾直觉情感知觉	(INFP)	内倾直觉思维知觉	(INTP)
外倾感觉思维判断	(ESTJ)	外倾感觉情感判断	(ESFJ)
外倾直觉情感判断	(ENFJ)	外倾直觉思维判断	(ENTJ)
外倾感觉思维知觉	(ESTP)	外倾感觉情感知觉	(ESFP)
外倾直觉情感知觉	(ENFP)	外倾直觉思维知觉	(ENTP)

实际上，这 16 种类型又归于四个大类之中，即 SJ 型（ESFJ ISFJ ESTJ ISTJ）；SP 型（ESFP ISFP ESTP ISTP）；NT 型（ENTP INTP ENTJ INTJ）；NF 型（ENFJ ENFP INFJ INFP）。

（1）SJ 型：忠诚的监护人

具有 SJ 偏好的人，他们的共性是有很强的责任心与事业心。他们忠诚，能按时完成任务，推崇安全、礼仪、规则和服从，被一种服务于社会需要的强烈动机所驱使。他们坚定，尊重权威、等级制度，持保守的价值观，一般充当着保护者、管理员、稳压器、监护人的角色。大约有 50% SJ 偏爱的人为政府部门及军事部门的职务所吸引，并且表现出卓越成就。SJ 型人格特征和职业倾向如表 2–2 所示。

表 2–2　SJ 型人格职业倾向

ESFJ——特征	ESFJ——职业倾向
·有爱心、尽责、合作 ·渴望有和谐的环境，而且有决心营造这样的环境 ·喜欢与别人共事，能准确地、准时地完成工作 ·忠诚，即使在细微的事情上也如此 ·能够注意别人在日常生活中的需要而努力供应他们 渴望别人赞赏他们和欣赏他们所做的贡献	·教育 ·健康护理（包括生理、心理） ·宗教 ·或者其他能够让他们运用个人关怀为他人提供服务的职业
ISFJ——特征 ·沉静，友善，有责任感和谨慎 ·能坚定不移地承担责任 ·做事贯彻始终、不辞辛劳和准确无误 ·忠诚，替人着想，细心；往往记着他所重视的人的种种微小事情，关心别人的感受努力创造一个有秩序、和谐的工作和家居环境	ISFJ——职业倾向 ·教育 ·健康护理（包括生理、心理） ·宗教服务 或者其他能够让他们用自己的经验亲力亲为帮助别人的职业，这种帮助是协助或辅助
ESTJ——特征 ·讲求实际，注重实际，注重事实 ·果断，很快做出实际可行的决定 ·能够安排计划和组织人员以完成工作，尽可能以最有效率的方法达到目的 ·能够注意日常例行工作的细节 ·有一套清晰的逻辑标准，会有系统地跟着去做，也想别人跟着去做 ·会以强硬态度去执行计划	ESTJ——职业倾向 ·管理者 ·行政管理 ·执法者 或者其他能够让他们运用对事实的逻辑和组织完成任务的职业
ISTJ——特征 ·沉静、认真，贯彻始终，得人信赖而取得成功 ·讲求实际，注重事实，能够合情合理地去做 ·决定应做的事情，而且坚定不移地把它完成，不会因外界事物而分散精神 ·以做事有次序、有条理为乐，不论在工作上、家庭上或者生活上 ·重视传统和忠诚	ISTJ——职业倾向 ·管理者 ·行政管理 ·执法者 ·会计 或者其他能够让他们可以利用自己的经验和对细节的注意完成任务的职业

（2）SP 型：天才的艺术家

有 SP 偏好的人具有冒险精神，反应灵敏，能在任何要求技巧性强的领域中游刃有余。他们常常被认为是喜欢活在危险边缘寻找刺激的人，他们为行动冲动和享受现在而活着。约有 60% 有 SP 偏好的人喜欢艺术、娱乐、体育和文学，他们被称赞为“天才的艺术家”，歌星麦当娜、篮球魔术师约翰逊、音乐大师莫扎特等都是具有 SP 性格特点的人。SP 型人格特征和职业倾向如表 2-3 所示。

表 2-3　SP 型人格职业倾向

ISTP——特征	ISTP——职业倾向
· 容忍、有弹性；是冷静的观察者，但当有问题出现时便迅速行动，找出可行的解决方法 · 能够分析哪些东西可以使事情进行顺利，又能够从大量资料中找出实际问题的核心 · 很重视事件的前因后果，能够以理性的原则把事实组织起来，重视效率	· 熟练工种 · 技术领域 · 农业 · 执法者 · 军人 或者其他能够让他们动手操作、分析数据或事情的职业
ISFP——特征 · 沉静、友善、敏感和仁慈 · 欣赏目前和他们周遭所发生的事情 · 喜欢有自己的空间，做事又能把握自己的时间 · 忠于自己所重视的人 · 不喜欢争论和冲突，不会强迫别人接受自己的意见或价值观	ISFP——职业倾向 · 健康护理（包括生理、心理） · 商业 · 执法者 或者其他能够让他们运用友善，专注于细节的相关服务的职业
ESTJ——特征 · 讲求实际，注重实际，注重事实 · 果断，很快做出实际可行的决定 · 能够安排计划和组织人员以完成工作，尽可能以最有效率的方法达到目的 · 能够注意日常例行工作的细节 · 有一套清晰的逻辑标准，会有系统地跟着去做，也想别人跟着去做 · 会以强硬态度去执行计划	ESTJ——职业倾向 · 管理者 · 行政管理 · 执法者 或者其他能够让他们运用对事实的逻辑和组织完成任务的职业

续表

ESTP——特征	ESTP——职业倾向
· 有弹性，容忍；讲求实际，专注即时的效益 · 对理念和概念上的解释感到不耐烦，希望以积极的行动去解决问题 · 专注于“此时此地”，喜欢主动与别人交往 · 喜欢物质享受的生活方式 · 能够通过实践达到最佳的学习效果	· 市场 · 熟练工种 · 商业 · 执法者 · 应用技术 或者其他能够让他们利用行动关注必要细节的职业
ESFP——特征 · 外向，友善，包容 · 热爱生命，热爱人，热爱物质享受 · 喜欢与别人共事 · 在工作上，能运用常识、注意现实的情况，使工作富有趣味性 · 富有灵活性、即兴性，易接受新朋友和适应新环境 · 与别人一起学习新技能可以达到最佳的学习效果	ESFP——职业倾向 · 健康护理（包括生理、心理） · 教学、教导 · 儿童保育 · 熟练工种 或者其他能够让他们利用外向的天性和热情去帮助那些有实际需要的人们的职业

（3）NT 型：科学家、思想家的摇篮

有 NT 偏好的人天生有着好奇心，喜欢梦想，有独创性、创造力、洞察力，有兴趣获得新知识，有极强的分析问题、解决问题的能力，他们是独立的、理性的、有能力的人。人们称 NT 是思想家、科学家的摇篮，大多数 NT 类型的人喜欢物理、研究、管理、电脑、法律、金融、工程等理论性和技术性强的工作。NT 型人格特征和职业倾向如表 2-4 所示。

表 2-4　NT 型人格的职业倾向

ENTP——特征	ENTP——职业倾向
· 思维敏捷，机灵，能激励他人，警觉性高，勇于发言 能随机应变地去应付新的和富于挑战性的问题 · 善于引出在概念上可能发生的问题，然后很有策略地加以分析 · 善于洞察别人 · 对日常例行事务感到厌倦 · 甚少以相同方法处理同一事情，能够灵活地处理接二连三的新事物	· 科学 · 管理者 · 技术 · 艺术 或者其他能让他们有机会不断承担新挑战的工作
INTP——特征 · 对任何感兴趣的事物都要探索一个合理的解释 · 喜欢理论和抽象的事情，喜欢理念思维多于社交活动 · 沉静，满足，有弹性，适应力强 · 在他们感兴趣的范畴内，有非凡的能力去专注而深入地解决问题 · 有怀疑精神，有时喜欢批评，常常善于分析	INTP——职业倾向 · 科学或技术领域 或者其他能够让他们基于自己的专业技术知识，独立、客观分析问题的职业
ENTJ——特征 · 坦率、果断、乐于作为领导者 · 很容易看到不合逻辑和缺乏效率的程序和政策，从而开展并实施一个能够顾及全面的制度去解决一些组织上的问题 · 喜欢有长远的计划、喜欢有一套制定的目标 · 往往是博学多闻的，喜欢追求知识，又能把知识传给别人 · 能够有力地提出自己的主张	ENT——职业倾向 · 管理者 · 领导者 或者其他能够让他们运用实际分析、制定战略计划和组织完成任务的职业

续表

INTJ——特征	INTJ——职业倾向
· 具有创意的头脑和很大的冲劲去实践他们的理念，达到目标 · 能够很快地掌握事情发展的规律，从而想出长远的发展方向 · 一旦做出承诺，便会有条理地开展工作，直到完成为止 · 有怀疑精神，独立自主；无论为自己或为他人，有高水准的工作表现	· 科学或技术领域 · 计算机 · 法律 或者其他能够让他们运用智力创造和用技术知识去构思、分析和完成任务的职业

（4）NF 型：理想主义者、精神领袖

有 NF 偏好的人在精神上有极强的哲理性，他们善于言辩，充满活力，有感染力，能影响他人的价值观并鼓舞其激情。他们帮助别人成长和进步，具有煽动性，被称为“传播者和催化剂”，约有一半的 NF 型人在教育界、文学界、宗教界、咨询界，以及心理学、文学、美术和音乐等行业显示出他们的非凡成就。NF 型人格特征和职业倾向如表 2-5 所示。

表 2-5　NF 型人格的职业倾向

ENFJ——特征	ENFJ——职业倾向
· 温情，有同情心，反应敏捷和有责任感 · 高度关注别人的情绪、需要和动机 · 能够看到每个人的潜质，能够帮助别人发挥自己的潜能 · 能够积极地协调个人和组织的成长 · 忠诚，对赞美和批评都能做出很快的回应 · 社交活跃，在一组人当中能够惠及别人，有启发人的领导才能	· 宗教 · 艺术 · 教学 / 教导 或者其他能够让他们帮助别人在情感、智力和精神上成长的职业

续表

ENFP——特征	ENFP——职业倾向
·热情而热心，富于想象力 ·认为生活充满很多可能性 ·能够很快地找出事件和资料之间的关联性，而且有信心地依照他们所看到的模式去做 ·很需要别人的肯定，又乐于欣赏和支持别人 ·即兴而富于弹性，时常信赖自己的临场表现和流畅的语言能力	·咨询服务（包括个人、社会、心理等） ·教学／教导 ·宗教 ·艺术 或者其他能够让他们利用创造和交流去帮助促进他人成长的职业
INFJ——特征 ·探索意念、人际关系和物质拥有欲的意义和它们之间的关系 ·希望了解什么是可以激发人们的推动力，对别人有洞察力 ·尽责，能够履行他们坚持的价值观念 ·有一个清晰的理念以谋取大众的最佳利益 ·能够有条理地、果断地去实践他们的理念	INFJ——职业倾向 ·宗教 ·咨询服务（包括个人、社会、心理等） ·教学／教导 ·艺术 或者其他能够促进他们情感、智力或精神发展的职业
INFP——特征 ·理想主义者，忠于自己的价值观及自己所重视的人 ·外在的生活与内心价值观配合 ·有好奇心，很快看到事情的可能与否，能够加速对理念的实践 ·试图了解别人，能协助别人发展潜能 ·适应力强，有弹性；如果和他们的价值观没有抵触，往往能包容他人	INFP——职业倾向 ·咨询服务（包括个人、社会、心理等） ·写作 ·艺术 或者其他能够让他们运用创造和集中于他们的价值观的职业

3.MBTI 与职业的匹配

性格类型没有对与错，但每种性格都有优势与不足。正如每个人都有其独特的性格特征，每种职业也都有其特殊的职业特质。性格与职业的最佳匹配能使我们的工作更有效率，大大提升我们的职业稳定性和满意度。性格认知旨在帮助我们更好地了解自己的行为，理解他人为何与自己不同。评价的标准不止一个，人与环境的互动也很复杂，因而性格类型的划分只是一个参考，不能将之绝对化。

四、职业兴趣探索

（一）兴趣概述

职业兴趣是一个人积极探究某种职业或者从事某种职业活动时所表现出来的特殊个性倾向，它使人对某种职业给予优先的注意，并具有向往的情感。职业兴趣是职业观的意向成分和情感成分，它是人们对某种职业活动所具有的比较稳定而持久的心理倾向，并伴随着浓厚的情感状态。

（二）自我兴趣探索——霍兰德兴趣环境理论

1. 基本假设

著名的生涯辅导理论家霍兰德自 20 世纪 70 年代以来，提出了一系列研究假设。

①职业选择是人格的一种表现，即某一类型的职业通常会吸引具有相同人格特质的人，这种人格特质反映在职业上就是职业兴趣。

②大多数人的职业兴趣可以归纳为六种类型：现实型（realistic，简称 R）、研究型（investigative，简称 I）、艺术型（artistic，简称 A）、社会型（social，简称 S）、企业型（enterprising，简称 E）和事务型（conventional，简称 C）。

③个人的职业兴趣往往是多方面的，很少只是集中在某一类型上。大家可能或多或少地具备所有六种兴趣，只是偏好程度不同。因此，为了比较全面地描绘个人职业兴趣，通常用最强的三种兴趣的字母代码来表示一个人的兴趣，这个代码就称为“霍兰德代码”（Holland Code），这三个字母间的顺序表示了兴趣的不同强弱程度。

2. 霍兰德职业兴趣的类型

（1）现实型（R）：喜欢用手、工具、机器制造或修理东西，愿意从事实物性的工作、体力活动，喜欢户外活动或操作机器，而不喜欢在办公室工作，重视具体实际的事物，诚实、有常识。

（2）研究型（I）：喜欢探索和理解事物，学习研究那些需要分析、思考的抽象问题，喜欢阅读和讨论有关科学性的问题，喜欢独立工作，对未知问题的挑战充满兴趣，重视知识、学习、成就和独立。

（3）艺术型（A）：喜欢自我表达，喜欢文学、音乐、艺术和表演等具有创造性、变形性的工作，重视作品的原创性和创意，重视自我表达、自由和美。

（4）社会型（S）：喜欢与人合作，热情关心他人的幸福，愿意帮助别人成长或解决困难，愿意为他人提供服务，重视服务社会与他人，公正、理解、平等、理想。

（5）企业型（E）：喜欢领导和支配别人，通过领导、劝说他人或推销自己的观念、产品而达到个人或组织的目标，希望成就一番事业，重视经济和社会地位上的成功，忠诚，具有冒险精神和责任心。

（6）事务型（C）：喜欢固定的、有秩序的工作或活动，希望确切知道工作的要求和标准，愿意在一个大的机构中处于从属地位，对文字、数据和事物进行细致有序的系统处理以达到特定的标准，重视准确、有条理、节俭和盈利。

霍兰德认为，职业选择是个人人格的延伸和表现，人格特质反映在职业上就是职业兴趣。大多数人的人格特质可以归纳为六种类型，即现实型、研究型、艺术型、社会型、企业型、事物型，同一类型的职业通常会吸引相同人格特质的人，从而产生特定的职业氛围、价值观念、态度倾向、行为模式；而工作环境也可以分为六种类型，与人格类型的分类一致。

霍兰德所划分的六大类型，并非并列的、有着明晰的边界的，他以六边形标示出六大类型的关系，如图 2-1 所示。

第一，相邻关系，如 RI、IR、IA、AI、AS、SA、SE、ES、EC、CE、RC 及 CR。属于这种关系的两种类型的个体之间共同点较多，例如现实型 R、研究型 I 的人就都不太偏好人际交往，这两种职业环境中也都较少有机会与人接触。

第二，相隔关系，如 RA、RE、IC、IS、AR、AE、SI、SC、EA、ER、

CI 及 CS，属于这种关系的两种类型个体之间共同点较相邻关系少。

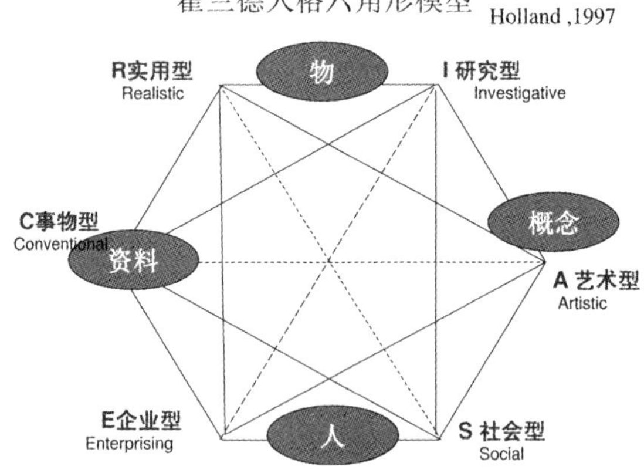

图 2-1 霍兰德的人格特质六角形模型

第三，相对关系，在六边形上处于对角位置的类型之间即为相对关系，如 RS、IE、AC、SR、EI 及 CA。相对关系的人格类型共同点少，他们同时对处于相对关系的两种职业环境都兴趣很浓的情况较为少见。

人们通常倾向选择与自我兴趣类型匹配的职业环境，如具有现实型兴趣的人希望在现实型的职业环境中工作，可以最好地发挥个人的潜能。但在职业选择中，个体并非一定要选择与自己兴趣完全对应的职业环境。一则是因为个体本身常是多种兴趣类型的综合体，单一类型显著突出的情况不多，因而评价个体的兴趣类型时也时常以其在六大类型中得分居前三位的类型组合而成，组合时根据分数的高低依次排列字母，构成其兴趣组型，如 RCA、AIS 等；二则是因为影响职业选择的因素是多方面的，不完全依据兴趣类型，还要参照社会的职业需求及获得职业的现实可能性。因此，职业选择时会不断妥协，寻求相邻职业环境，甚至相隔职业环境，在这种环境中，个体需要逐渐适应工作环境。如果个体寻找的是相对的职业环境，意味着所进入的是与自我兴趣完全不同的职业环境，则工作起来可能难以适应，或者难以做到因工作而觉得很快乐，相反，甚至可能会每天工作得很痛苦。

（三）兴趣与职业的关系

职业兴趣是人们获得工作满意度、职业稳定性和职业成就感的重要因素，同时也是对职业进行分类的重要基础。因此，兴趣是职业选择的重要考虑因素。

（1）在求职就业的过程中职业兴趣影响职业选择，人们常常把对工作是否有兴趣作为重要的参考依据，一旦对该职业感兴趣，人们就会坚定地追求这一职业，并勤勤恳恳地工作。许多人日后的职业选择正是其早期兴趣影响的结果。

（2）在职业活动中职业兴趣能发挥个体的主动性和创造性。职业兴趣能促进智力开发和潜能的挖掘，使个体在职业活动中取得新的发现、新的成果，促进个人的进步和社会的发展。兴趣可以激发人的欲望，从而形成对某一事物的探索热情，并促使人们去调动自己的积极性，发挥主观能动性和创造性，把自己的潜能挖掘出来，创造出奇迹。

（3）职业兴趣能提高工作效率。因为兴趣可以通过工作动机促使能力的发挥，兴趣和能力的合理结合会大大提高工作效率。

（4）职业兴趣是引起和维持注意力的内在因素。一个人对某一方面的工作有兴趣时枯燥的工作会变得丰富多彩、趣味无穷。兴趣使工作不再是一种负担，而是一种享受。因为兴趣可以调动人的全部精力，使其以敏锐的观察力、高度的注意力、深刻的思维和丰富的想象力投入工作，进而大大提高工作效率。

五、职业能力评估

（一）能力概述

能力是指劳动者完成某项活动所具备的技能，包括完成活动的具体方式及完成活动所必需的心理特征。能力分为能力倾向和技能，能力倾向是每个人都有的上天赋予我们的特殊才能，但有可能因未被开发而荒废；技能是指人在一定的知识、经验基础上学习和训练形成的能顺利实施某种活动的行为方式。

能力分为一般能力和特殊能力。一般能力通常又称为智力，包括注意力、观察力、记忆力、思维能力和想象力等；特殊能力是指从事某种专业活动的能力，也可称为一个人的特长，如计算能力、音乐能力、动作协调能力、语言表达能力、空间判断能力等。

（二）自我能力探索——职业核心能力

职业能力是指从事职业活动所必须具备的本领，它是成功进行职业活动所必须具备的知识、技能、态度和个性特征的整合

1. 职业核心能力

1998年，我国劳动和社会保障部在（国家技能振兴战略）中把职业核心能力分为八项，称为“八项核心能力”，即交流表达能力、数字运算能力、革新创新能力、自我提高能力、与人合作能力、解决问题能力、信息处理能力及外语应用能力。根据美国“全国大学生与雇主协会”的调查，美国雇主们最为重视的技能和个人品质按顺序排列如下：沟通能力、积极主动性、团队合作精神、领导能力、学习成绩、人际交往能力、适应能力、专业技术、诚实正直、工作道德、分析和解决问题的能力。

2. 职业能力的分类

辛迪·梵和理查德·鲍尔斯（Sidney Fine & Richard Bolles）将技能分为三个类型：专业知识技能、可迁移技能和自我管理技能。

（1）专业知识技能

专业知识技能是指那些需要通过教育或者培训才能获得的特别的知识或能力，一般用名词来形容，专业知识技能除了通过正式的专业教育之外，还能通过课外培训、专业会议、讲座或研讨会、自学、就职单位上岗培训等获得。

（2）可迁移技能

可迁移技能也被称为“通用技能”，它的特征是可以从生活的方方面面，特别是工作之外得到发展，却可以迁移应用于不同的工作之中。可迁移技能通常用行为动词来表达，是个人最能持续运用和最能够依靠的技能。

（3）自我管理技能

自我管理技能经常被看作是“个性品质”，而不是技能，因为它们被用来描述或说明人具有的某些特征。自我管理技能能够帮助个人更好地适

应周围的环境，它们以形容词和副词的形式出现，可以从非工作生活领域转换到工作领域。自我管理技能在工作中对取得成就和处理人际关系是不可缺少的，它们是成功所需要的品质，是个人最有价值的资产。

3. 自我技能的探索方法

（1）自我评价可衡量的业绩。通过自己日常的行为方式和过往经验，对自我技能的总结和归类。

（2）来自他人的认可和反馈。通过身边熟悉的人，如老师、同学、家人、朋友等对自己的评价全面地了解自己的技能。

（3）撰写成就故事。回忆自己所做的有成就感的事件并进行撰写，其中应包含你想达到的目标，面临的障碍、限制、困难，你的具体行动步骤，对结果的描述，对结果的量化评估。

（4）职业技能分类卡。这是探测职业技能的一种非正式评估方式，由被测评者在一定数量的职业技能卡片中选出自己最擅长使用的技能，以便在日常工作中进行加强和提升。

4. 职业能力与职业生涯发展的关系

心理学家罗圭斯特与戴维斯（Lofquist& Dawis，1984）通过对个体的工作适应问题进行研究，提出了明尼苏达工作适应论：当工作环境能够满足个人的需要时，个人会感到“内在满意”；当个人能够满足工作的要求时，个人能够达到“外在满意”；当个人能够同时达到内在和外在满意时，个人与环境之间的关系就比较协调，个人的工作满意度会比较高，在该工作领域也能持久发展。

罗圭斯特与戴维斯指出，“外在满意”主要通过衡量个人职业技能与工作的技能要求之间的配合程度来进行评估：“内在满意”主要通过衡量个人价值观与企业文化及奖惩制度之间的配合性来评估。

5. 职业能力对职业的影响

一定的职业能力是胜任某种职位的必要条件，职业实践和教育培训则是职业能力发展的前提。

（1）任何一个职业岗位都有相应的岗位职责要求，一定的职业能力则是胜任某种职业岗位的必要条件。

（2）职业实践促进职业能力的发展。职业能力是在实践的基础上得到发展和提高的，一个人长期从事某一专业劳动，能促进人的能力向高度专业化发展。例如，计算机文字录入人员随着工作的熟练和经验的积累，录入的速度会越来越快，准确性也会越来越高，个体的职业能力只有在实际工作中才能不断得到发展、提高和强化。

（3）教育培训促进职业能力的提高。个体职业能力除了在实践中磨炼和提高之外，最有效的提高途径就是接受教育和培训。像我们所熟悉的职业教育、专科教育、大学本科教育、研究生教育等，学生通过对有关知识和技能的掌握，对以后更好地胜任本职工作会有极大的帮助。

（4）职业能力、职业发展与职业创造间的关系。职业能力是人的发展和创造的基础。前面讲到能力是成功地完成某种任务或胜任工作必不可少的基本因素，没有能力或能力低下，就难以达到工作岗位的要求，不能胜任。个体的职业能力越强，各种能力越是综合发展，就越能促进人在职业活动中的创造和发展，就越能取得较好的工作绩效和业绩，就越能给个人带来职业成就感。

第二节　职业认知

一、职业认知概述

国内外专家学者对职业给出不同的定义。根据中国职业规划师协会的定义：职业（occupation）是性质相近的工作的总称，通常指个人服务社会并作为主要生活来源的工作。在特定的组织内，职业表现为职位（即岗位，position），我们在谈某一具体的工作（职业）时，其实也就是在谈某一类职位。每一个职位都对应着一组任务（task）作为任职者的岗位职责，而要完成这些任务就需要这个岗位上的人即从事这个工作的人具备相应的知识、技能、态度等。

国外专家从不同方面描绘职业的定义。美国社会学家赛尔兹认为（职业性质说），职业是一个人为了不断取得个人收入而连续从事的具有市场价值的特殊活动，这种活动决定着从业者的社会地位。

保谷六郎指出（职业要素说）职业的特性为：经济性，从工作中取得收入；技术性，可发挥个人才能与专长；社会性，承担社会生产任务（社会分工），履行公民义务；伦理性，符合社会需要，为社会提供有用的服务；连续性，即所从事的劳动相对稳定，是非中断性的。

美国社会学家泰勒（职业关系说）指出：职业的社会学概念可以解释为一套成为模式与特殊工作经验有关的人群关系，这种成为模式的工作关系的整合，促进了职业结构的发展和职业意识形态的显现。

总结以往的定义发现，职业不仅具有经济属性，还具有社会属性。职业是指参与社会分工，用专业的技能和知识创造物质或精神财富，获取合理报酬，丰富社会物质或精神生活的一项工作。职业是人们在社会中所从事的作为谋生手段的工作。从社会角度看，职业是劳动者获得的社会角色，劳动者为社会承担一定的义务和责任，并获得相应的报酬；从国民经济活动所需要的人力资源角度来看，职业是指不同性质、不同内容、不同形式、不同操作的专门劳动岗位。

人的一生中绝大部分时间都在工作，选择一份适合个人的职业，可以激发个人潜能，获得物质财富和精神享受，实现人生价值。根据马斯洛需求层次理论，一份好的工作不仅能为个人带来物质财富保障，同时可以从职业工作过程中运用个人能力实现组织和社会的目标，获得自我价值实现。从事一份职业工作，需要具有专业能力和综合素质，即跨过“职业门槛”。那么如何从自身职业兴趣和个人能力出发，选择一份适合自己的职业，我们将在下面阐述。

二、职业认知的涵义和层次

职业认知，简单来说就是对职业的认识，对职员和团体的认识。大学生处于职业生涯的探索期，对未来求职就业多有困惑，需要通过职业探索活动找寻自身的职业兴趣和职业性格，了解外部环境的职业内涵和职业发展，制定科学的职业生涯规划，为今后的职业发展做好准备。

从“职业社会学”角度看，职业认知是从业者对所从事职业的性质、功能、意义、价值、规范的理解，是构成职业意识成长的职业认同的基础，从大学生职业生涯规划的角度看，职业认知（career cognition）是指大学毕业生对自己的职业个性、职业偏好以及职业的性质、功能、意义、价值、规范的认识。大学生处于职业生涯的探索阶段，有必要在求职前对职业的本质、功能、价值、要求和社会声誉展开认知，了解具体的职业“是什么”（what is）、“做什么”（what to do）、“价值取向”（what value）、“职业技能”（how to do）。

从职业认知的定义来看，职业认知是主观意识和对客观环境的认知的统一。职业主观意识包括大学生通过职业认知了解自身的职业性格、职业兴趣，建立合理的职业价值观，对职业发展建立合理的职业预期等。职业客观环境认知通过职业认知来解决大学生对职业认识的科学性与规范性问题，为职业选择、求职准备、职业管理、职业发展提供心理基础。职业认知包括对职业本质认知、职业资格认知和职业规范认知。职业本质认知所要解决的是职业是什么以及意义何在的问题；职业资格认知所要解决的是职业对从业者素质的要求及其必要性问题；职业规范认知则要解决职业对从业者行为以及职业管理的规定性问题。

获得职业认知的过程可称为职业探测，职业探测包括自我探测和环境探测。自我探测是指求职者获得自己职业偏好、职业个性的过程，而环境探测是求职者搜集有关职业信息，对可能出现的就业机会进行评价的过程。良好的职业认知有助于帮助大学生形成科学的职业观，设计有效的学业生涯规划和职业生涯规划，建立准确的职业目标，激发求职者的工作搜寻（job search）动机，提高工作搜寻的努力程度，在职业发展中取得先机。

大学生参与职业探测的途径包括参加学校的暑期实践活动、到企业实习参观、对学长开展职业访谈、与行业从业人员交流、从互联网和其他媒体等途径获取职业信息等。大学生在通过职业探索获得职业认知的过程中，需要具备前瞻性的眼光、科学的规划和不断激发自身潜能的好奇心。各类职业处于一个发展的过程，大学生的自我认知也是一个发展的过程。在互联网时代，“站在台风口，猪都能飞上天”。大学生在职业探索时要善于把握行业发展方向，了解职业门槛和突破点，积极完善自身专业能力和技术储备。在职业探索的过程中，职业目标是通过一个个小目标实现的。在探索路径上，大学生要根据自身职业兴趣和专业特长，科学制定职业目标，充分利用读大学的时间成长。职业认知是一个长期的过程，不可能一蹴而就。大学生只有不断地循环职业目标确立—挫折—调整的过程，才能获得准确的职业认知，为今后的职业发展打下基础。

三、职业认知的意义

职业认知的结果为职业意识的形成提供心理基础，为大学生建立科学的职业生涯规划提供前提条件。职业认知的目标指向在于形成科学的职业价值观，为大学生全面高质量就业奠定基础。

职业认知影响大学生职业价值观的形成。职业与职业价值观的分离性意味着：大学生是否从职业的本质出发来认识职业、对待职业将直接决定其职业价值观的形成。把职业当作谋生的手段与把职业当作实现自身价值的途径，对人的职业选择所产生的影响是明显不同的。把职业当作谋生的职业价值观，追求职业所提供的薪酬待遇、社会地位和职业隐形权力，而不是从职业为人的价值实现和人的发展提供可能性出发，容易在职业发展的过程中迷失方向，当行业和职业出现变动时容易走弯路。大学生通过职业认知可以了解到不同职业的要求和职业发展途径，有助于形成科学的职业价值观，充分发挥出个人潜能。

职业认知影响大学生职业选择和职业生涯规划。通过职业认知将推动大学生自觉从自身实际出发，根据自身职业兴趣和职业爱好，理性建立职业目标，科学建立职业生涯规划，实现大学生在不同职业间的均衡配置，有利于找到人职匹配的职业，为个人价值实现和自由全面发展提供保障。

职业认知影响大学生职业发展。职业精神是推动大学生职业发展的内在动力，职业操守和职业行为准则是保障职业发展的外在规范，科学的职业认知为职业精神的培育、职业操守与职业行为规范提供了可能性保障。良好的职业认知可以促使大学生自觉践行职业精神、职业操守，认同职业文化和职业目标，提升大学生的职业素质，帮助大学生在今后的职业发展中迈出坚实的步伐。

四、职场初探

职业是随着人类社会进步和劳动分工而产生和发展起来的，它是社会生产力发展和科技进步的结果。随着职业的发展变化，要求社会形成与之相适应的管理体系，进而从客观上促进了职业分类的产生和发展。作为职业的本质属性，职业的性质决定着职业的特点，决定着职业间的区别与联系。职业性质具有特定的生产工艺、加工对象、工作环境、操作禁忌等，它们决定着职业工种岗位的生产规律。

（一）职业分类

我国的职业分类经历了三个阶段。第一阶段从 1982 年 3 月到 1999 年 4 月，国家统计局、国家标准局、国务院人口普查办公室进行第三次人口普查时用的《职业分类标准》根据工作人员所从事的经济活动和工作性质的同一性进行分类，将全国范围内的职业划分为大、中、小三个级别，共分为 8 个大类、64 个中类、301 个小类。大类包括：国家机关、党群组织、企事业单位负责人，各类专业技术人员，办事人员和有关人员，商业、服务业人员，农林牧渔水利业生产人员，生产、运输设备操作人员及其有关人员，军人，不便分类的其他劳动者，每一大类分为若干中类，每一中类包括若干小类，其中各类专业技术人员，国家机关、党群组织、企事业单位负责人主要属于脑力劳动者，办事人员和有关人员包括部分脑力劳动者和部分体力劳动者，其他主要是体力劳动者。

第二阶段从 1999 年 5 月到 2009 年，由劳动与社会保障部、国家质量监督局、国家统计局联合编制的《中华人民共和国职业分类大典》在《职业分类标准》的基础上有所改动。《中华人民共和国职业分类大典》将我国职业归为 8 个大类、66 个中类、413 个小类、1838 个细类。

第三个阶段从 2010 年开始，我国逐步启动了《中华人民共和国职业分类大典》的修订工作。人力资源和社会保障部会同国家质量监督检验检疫总局、国家统计局牵头成立了《国家职业分类大典》修订工作委员会及专家委员会并启动修订工作，历时五年，七易其稿，形成了会议审议通过的新版《大典》。2015 年 7 月 29 日，国家职业分类大典修订工作委员会召开全体会议审议、表决通过并颁布了新修订的 2015 年版《中华人民共和国职业分类大典》。新版《中华人民共和国职业分类大典》将我国职业归为 8 个大类、75 个中类、434 个小类，共 1481 个职业。《中华人民共和国职业分类大典》1999 年版和 2015 年版的对比如表 2-6 所示。电子信息类大学生的主要就业方向是专业技术人员、商业、服务业人员和生产制造及有关人员等。

表 2-6 《中华人民共和国职业分类大典》职业分类

1999 年版类别	2015 年版类别	中类	小类	细类
国家机关、党群组织、企业、事业单位负责人	党的机关、国家机关，群众团体和社会组织、企事业单位负责人	6	15	23
专业技术人员	专业技术人员	11	120	451
办事人员和有关人员	办事人员和有关人员	1	3	28
商业、服务业人员	社会生产服务和生活服务人员	7	50	81
农、林、牧、渔、水利业生产人员	农、林、牧、渔业生产及辅助人员	6	24	52
生产、运输设备操作人员及有关人员	生产制造及有关人员	32	171	650
军人	军人	1	1	1
不便分类的其他从业人	不便分类的其他从业人员	1	1	1

（二）行业分类

行业分类是指从事国民经济中同性质的生产或其他经济社会的经营单位或者个体的组织结构体系的详细划分，如林业、汽车业、银行业等。行业分类可以解释行业本身所处的发展阶段及其在国民经济中的地位。

《国民经济行业分类》国家标准于 1984 年首次发布，分别于 1994 年和 2002 年进行修订，2011 年第三次修订，2017 年第四次修订。该标准（GB / T4754-2017）由国家统计局起草，国家质量监督检验检疫总局、国家标准化管理委员会批准发布，并于 2017 年 10 月 1 日实施。国民经济行业分类与代码（GB / T4754-2017），新版行业分类共有 20 个门类，

97 个大类，473 个中类，1380 个小类。行业分类包括：A. 农、林、牧、渔业；B. 采矿业；C. 制造业；D. 电力、热力、燃气及水生产和供应业；E. 建筑业；F. 批发和零售业；G. 交通运输、仓储和邮政业；H. 住宿和餐饮业；I. 信息传输、软件和信息技术服务业；J. 金融业；K. 房地产业；L. 租赁和商务服务业；M. 科学研究和技术服务业；N. 水利、环境和公共设施管理业；O. 居民服务、修理和其他服务业；P. 教育；Q. 卫生和社会工作；R. 文化、体育和娱乐业；S. 公共管理、社会保障和社会组织；T. 国际组织。

《财富中国》根据发达国家的行业界定与行业演变规则，认为行业的发展必然遵循由低级的自然资源掠夺性开采利用和低级的人工劳务输出，逐步向规模经济、科技密集型、金融密集型、人才密集型、知识经济型转变，同时从输出自然资源逐步转向输出工业产品、知识产权、高科技人才等。

电子信息类专业的毕业生主要在电子信息行业、IT 行业等领域就业。电子信息行业是电子信息制造业（电子产业），是研制和生产电子设备及各种电子元件、器件、仪器、仪表的工业。电子信息行业属于军民结合型工业，由广播电视设备、通信导航设备、雷达设备、电子计算机、电子元器件、电子仪器仪表和其他电子专用设备等生产行业组成。根据工信部电子信息产业公报统计，电子信息产业分为电子信息制造业、软件与信息技术服务业。出于部门隶属渊源的原因，电子信息行业有时也用电子工业一词代替。电子信息行业是中国经济重要的支柱产业。

信息技术（information technology，IT）就是感测技术、通信技术、计算机技术和控制技术，感测技术就是获取信息的技术，通信技术就是传递信息的技术，计算机技术就是处理信息的技术，而控制技术就是利用信息的技术。信息技术产业主要包括三个行业部门：信息处理和服务行业、信息处理设备行业、信息传递中介行业。信息处理和服务行业的特点是利用现代的电子计算机系统收集、加工、整理、储存信息，为各行业提供各种各样的信息服务，如计算机中心、信息中心和咨询公司等。信息处理设备行业的特点是从事电子计算机的研究和生产（包括相关机器的硬件制造）、计算机的软件开发等活动，计算机制造公司、软件开发公司等可算作这一行业。信息传递中介行业的特点是运用现代化的信息传递中介，将信息及时、准确、完整地传到目的地点，印刷业、出版业、新闻广播业、通信邮电业、广告业都可归入其中。信息产业又可分为一次信息产业和二次信息产业，前者包括传统的传递信息情报的商品与服务手段，后者指为政府、企业及个人等内部消费者提供的服务。

电子信息产业和IT产业的共同特点是技术和资金密集，创新和风险并存；固定成本高，可变成本低；研制开发投资高，生产制造成本相对低；用户成本锁定；对标准高度依赖。这两个行业发展前景广阔，已成为支撑国民经济的重要支柱，在社会经济生活中扮演越来越重要的角色。这些行业技术密集程度高，技术更新程度快，需要大量优秀的大学生进入，是吸纳电子信息类大学生就业的主要渠道。

（三）国家战略性新兴行业

《“十三五”国家战略性新兴产业发展规划》是根据“十三五”规划纲要有关部署编制的，由国务院于2016年11月29日印发并实施。《“十三五”国家战略性新兴产业发展规划》确定了八方面发展任务，一是推动信息技术产业跨越发展，拓展网络经济新空间；二是促进高端装备与新材料产业突破发展，引领中国制造新跨越；三是加快生物产业创新发展步伐，培育生物经济新动力；四是推动新能源汽车、新能源和节能环保产业快速壮大，构建可持续发展新模式；五是促进数字创意产业蓬勃发展，创造引领新消费；六是超前布局战略性产业，培育未来发展新优势；七是促进战略性新兴产业集聚发展，构建协调发展新格局；八是推进战略性新兴产业开放发展，拓展国际合作新路径。

战略性新兴产业代表新一轮科技革命和产业变革的方向，是培育发展新动能、获取未来竞争新优势的关键领域。战略性新兴产业紧紧把握全球新一轮科技革命和产业变革重大机遇，按照加快供给侧结构性改革部署要求，以创新驱动、壮大规模、引领升级为核心，构建现代产业体系。到2020年，战略性新兴产业增加值占国内生产总值比重达到15%，形成新一代信息技术、高端制造、生物、绿色低碳、数字创意等5个产值规模达10万亿元级的新支柱，并在更广的领域形成大批跨界融合的新增长点，平均每年带动新增就业100万人以上。产业结构进一步优化，产业创新能力和竞争力明显提高，形成全球产业发展新高地。战略性新兴产业是国家重点支持的高科技朝阳产业，对高端人才的需求旺盛，发展前景广阔，大学生在就业的过程中可以重点关注战略性新兴产业用人单位。

（四）求职环境认知

目前我国大学生就业形势总体良好，但是存在就业去向不平衡、不充分的现象，市场总体保持稳定，但是就业市场中不可控因素仍然很多，就业市场仍存在风险，总体来说挑战与机遇并存。从经济发展层面看，国家经济形势近年来稳中向好，就业市场总体稳定。2017 年我国 GDP 增幅达到 6.9%，现代物流、金融等生产性服务业加快拓展，健康养老等幸福产业和新兴服务业竞相迸发；服务经济引领发展趋势更加明显，已成为经济增长的主要动力。世界经济形势总体趋好，出口连续下降的局面得到扭转；消费结构升级带动消费规模稳定扩张，个性化产品的消费需求增长迅猛。经济形势的好转带来的是就业市场的稳定。

从就业市场的需求情况看，在供给侧结构性改革深化之年，用人单位对电子信息类毕业生求贤若渴。“互联网+”经济蓬勃发展，汽车、船舶、钢铁等传统制造类企业也加大对电子信息专业毕业生的招聘力度。用人单位对计算机、软件专业毕业生的需求旺盛，甚至出现一生难求的现象；微电子、通信、电子等专业毕业生同样在就业市场中非常容易得到用人单位的青睐。

从用人单位对大学生的专业素质要求看，具有技术背景和项目经验的理工科毕业生更易受到用人单位的青睐，文科类毕业生就业难度依然较大。用人单位除了看重毕业生的学习成绩之外，更加注重毕业生的专业能力和综合素质，具有科研实践和高质量实习经历的毕业生较容易获得就业机会。

（五）岗位认知

岗位认知是对一个工作岗位全方位的认识和理解，包括岗位职责、岗位技能要求、专业能力要求等。良好的岗位认知能力能够帮助高校学生在校期间选择适合自己的岗位，并依据岗位要求不断培养、提升自身各项能力。

1. 研发类岗位

研发类岗位包括研究（research）和开发（development）两个方面。研究方向需要高校毕业生在某个领域内有比较深的研究背景、研究经验和研究能力，同时需要借鉴其他领域的研究成果；而开发方向则是在相对通用性的专业背景之上具备坚实的技术开发实力。一些用人单位的研发类岗位只取其一,一些用人单位的研发类岗位二者合一，但不论用人单位在研发类岗位上的方向如何，均有相应的岗位需求共性和素质要求。

（1）岗位共性要求

在学历方面，用人单位要求全日制本科学历以上，更倾向于硕士研究生和博士研究生学历；在能力方面，需要热情好奇、积极主动、吃苦耐劳的工作精神，关注发现问题、解决问题、总结经验的工作韧性，看重自学能力、形象思维能力、逻辑思维能力、动手实践能力、创新能力、洞察能力等综合素养。在经历方面、倾向于有短期（三个月以上）专业实习经验，具备科研项目经验并在团队中担任重要角色，具备科技竞赛、“互联网＋”大赛等比赛经历并获得相应荣誉的高校毕业生。

（2）职业要求

具备出色的责任心、主动性，善于沟通、与他人合作；对创新充满激情，喜欢迎接挑战；能够独立、高质量、严格地按照项目进度要求完成工作；具备一定的英语阅读、沟通能力，本科要求通过大学英语四级考试，研究生要求通过大学英语六级考试。

（3）发展路径

由于各岗位职责、岗位需求和个人发展不同，所以发展路径不一致，一些研发类岗位人员在工作期间有可能根据自身的发展需要而转移到其他岗位。就初级软件工程师而言，发展路径可以如下：初级软件工程师→软件工程师→高级软件工程师→技术专家→高级技术专家→资深技术专家→首席技术专家→公司科学家。

2. 技术支持类岗位

技术支持类岗位分为售前技术支持和售后技术支持，是项目开发与项目销售之间的桥梁，负责协调客户、销售人员和开发人员的关系，主要从事售前或售后技术维护、应用培训、升级管理、解决投诉，提升客户满意度等工作。

售前技术支持主要为完成售前咨询、方案设计、投标书制作，以及解决销售过程中遇到的技术问题；售后技术支持是指产品公司为产品客户提供的售后服务形式，帮助客户诊断并解决其在使用过程中出现的明显技术问题，并进行产品升级和维护等工作，响应客户的技术要求和技术服务等新要求。

（1）岗位共性要求

在英语方面、要求通过大学英语四级考试，更倾向于大学英语六级水平的毕业生；在能力方面，售前技术支持要求熟悉产品及产品相对应的技术专业知识，具备良好的沟通表达能力，更看重对客户需求和客户购买力的探知能力；售后技术支持需具备基本的产品故障的诊断及处理能力，对客户不满和客户诉愿的解决能力，更看重客户需求的再激发能力；在技能方面，重视与岗位相关的项目经验，熟悉当前信息化现况、技术发展方向和产品动态，了解同类产品及竞争对手的情况和特点、优势和劣势。

（2）职业要求

能吃苦耐劳，善于交流，具备良好的沟通能力和技巧以及较强的责任心；与时俱进，不断更新已有的技术水平，提升个人能力；熟练使用文本和图形编辑器进行方案、标书的编写，熟悉招投标的一般流程；能适应跨文化工作环境，适应海外常驻或者出差的要求。

（3）发展路径

一些售前技术支持人员在工作期间有可能根据自身的发展需要而转向售后技术岗位。

3. 营销类岗位

营销类岗位分为市场、销售和客服三个方向。为了公司的产品能够迅速占领市场，打开知名度，创造更高的利润，营销类岗位人员要进行市场调研和市场推广，制订销售计划和策略，开拓市场销售渠道，完成日常销售工作，以达成相应的销售指标。同时，为了提高客户的满意度，营销类岗位人员需要联系客户，实现合作再继续，并开展售后服务，处理客户纠纷。

（1）岗位共性要求

在学历方面，用人单位倾向于全日制大学本科学历，同等条件下优先录用英语能力较好者；在能力方面，具备积极主动、独立思考、善于变通、胆大心细、执着不懈等特质，倾向于能说会道、直击客户痛点、把控全场、巧用谈判技巧等优势，关注在校期间的学生干部经历和与营销有关的实习实践经历；在专业方面，拥有与产品相关的专业背景，并熟悉行业的发展前沿和同异质产品的技术基础和特性。

（2）职业要求

性格外向，善于与人交流，有较强的沟通能力及交际技巧；有责任心、进取心以及敬业乐业精神；较强的适应能力和抗压能力；善于管理时间，有较强的时间观念，能按要求保质保量地完成任务；具有较强的逻辑分析、数据分析及处理、文字报告撰写能力；能够熟练操作 Excel 等各种数据分析工具及软件。

（3）发展路径

①市场方向：市场策划→市场督导→市场经理一市场总监。

②销售方向：业务代表→高级业务代表→业务主管→销售经理→销售总监。

③客服方向：客服代表→客服主管→客服经理。

4. 教育类岗位

教育类岗位即从事教育相关事项的职业，可以为中小学教师、高校教师教辅、教育培训机构相关职务。

（1）岗位共性要求

在学历方面，中小学和高校教师对学历要求较高，至少为硕士研究生学历，多数学校已将条件上升为博士学位。

在能力方面，要求热爱教育事业，喜欢钻研，耐心细心，注重教师的思想政治水平、个人能力、教学能力，在个人专业领域有独到的研究，能承担相应的课题且有能力发表有意义的研究论文；需要在校期间积极参加各项活动，担任学生干部，具备相关岗位资格证书。

在思想方面，看重个人身份和思想品德，倾向于思想先进的中共党员。

（2）职业要求

思想纯洁，廉洁自律，具有良好的个人品行和职业道德；

善于思考，巧用教学技能激发学生学习的主动性；

虚心学习，不断进取，积极革新教学理念、教学方式和个人知识水平；

认真负责，能高质量地完成教学和工作任务；

加强家校沟通联系，促进学生成长成才。

（3）发展路径

教师：初级教师→中级教师→副高级教师→正高级教师；

管培生：专员／高级专员→主管／高级主管→经理／高级经理→总监／副总监→校长。

第三章　职业生涯抉择

第一节　职业选择理论

职业选择是个人对自己职业方向的比较、挑选和确定，这是一个个人的能力、意愿和职业趋于一致的过程。我们在一定的理论指导下，遵循“人职匹配”等原则，在充分了解自身的职业能力、职业意愿以及职业岗位等方面的信息后，做出正确的职业选择。

人与职业是相互关联的一对范畴，个人进行职业选择的同时，也就是职业对于个人的选择。要较好地完成职业选择，必须以两者相互一致、相互适应、相互匹配为前提。而且，职业选择并不是个人在面临职业时的一个事件，它是一个过程，要贯穿于人生的各个阶段甚至一生。如果说职业生涯的发展理论，是把人的整个职业过程看作自我人生的发展过程，那么职业选择理论则是引导人们对自我的认同过程。职业选择理论中最具代表性的是霍兰德和帕森斯的理论。另外，了解“职业锚”理论将有助于我们进行长期的、战略性的职业选择。

一、帕森斯职业——人匹配理论

1909 年，美国波士顿大学的帕森斯教授在其所著的《选择一个职业》一书中提出了“职业——人匹配”理论，明确阐明职业选择的三大要素：

应该清楚地了解自己的态度、能力、兴趣、智谋、局限和其他特征；应清楚地了解职业选择成功的条件、所需知识，在不同职业工作岗位上所占有的优势、不利和补偿、机会和前途；上述两个条件的平衡。

该理论的内涵就是在清楚认识、了解个人的主观条件和社会职业岗位需求的基础上，将主客观条件与社会职业岗位相对照、相匹配，最后选择一种职业需求与个人特长匹配相当的职业。

“职业——人匹配”理论中的三大要素模式被认为是职业选择的经典原则，它具有较强的操作性，对职业生涯管理、职业心理学的发展具有重要指导意义。但是，该理论试图找到个体特征与职业要求间的一一对应关系，没有充分考虑个体特征和工作要求中的可变因素，也忽视了社会因素对职业规划的影响和制约作用。

二、霍兰德职业性向理论

1971 年，美国的职业咨询专家霍兰德提出了职业性向理论，并指出，人格或人的个性（包括价值观及需要等）是决定一个人选择职业的一个重要因素，在其他条件不变的情况下，个性与职业匹配较好的员工，其职业生涯发展往往更为顺利和成功，因此，组织应努力把人们的个性与相适宜的工作加以恰当的匹配，从而提高人力资源利用效率和工作效益。

霍兰德认为，员工对工作的满意度和离职的倾向性，取决于个体的个性与职业相匹配的程度。他划分了六种基本个性类型，下表是人格类型与职业范例的对应表。

表 3-1　人格类型与职业范例的对应表

类型	偏好	人格特点	职业范例
现实型	需要技能、力量、协调性的体力活动	害羞、真诚、持久、稳定、顺从、实际	机械师、钻井工、装配线工人、农场主
研究型	需要思考、组织和理解的活动	分析、创造、好奇、独立	生物学家、经济学家、记者
社会型	能够帮助和提高别人的活动	社会、友好、合作、理解	社会工作者、教师、议员
传统型	规范、有序、清楚明白的活动	顺从、高效、实际、缺乏想象力、灵活性	会计、业务经理、出纳、档案保管员
企业型	能够影响他人，获得权力	自信、进取、精力充沛、盛气凌人	法官、地产经纪、小企业主
艺术型	需要创造性表达的、模糊且无规则可循的活动	富于想象力、无序、杂乱、理想、情绪化、不实际	画家、作家、音乐家

霍兰德的职业性向理论说明，个体之间存在着个性方面的本质差异。当人的个性与工作环境相匹配时，会产生较高的满意度和较低的离职率，有利于个人职业生涯发展。

霍兰德还进一步提出了职业性向的六角形模型，图形反映了六种类型的相差异程度。在六角形中，相邻的两种类型代表其相似程度最高，如社会型和企业型；对角的两种类型代表其差异最大，如艺术型和现实型。以社会型为例，根据霍兰德六角形，企业型、艺术型与社会型最相似，而现实型与社会型处于六角形的对角上，差异最大。

三、“职业锚”理论

“职业锚”是著名的职业指导专家施恩提出的。他认为，职业生涯发展实际上是一个持续不断的探索过程，在这一过程中，每个人都在根据自己的天资、能力、动机、需要、态度和价值观等慢慢地形成较为明晰的与职业有关的自我概念，随着一个人对自己越来越了解，这个人就会越来越明显地形成一个占主要地位的“职业锚”。

（一）“职业锚”的定义

所谓“职业锚”，就是指当一个人不得不做出选择的时候，无论如何都不会放弃的职业中的那种至关重要的东西或价值观，实际上就是人们选择和发展自己的职业时所围绕的中心。一个人对自己的天资和能力、动机和需要以及态度和价值观有了清楚的了解之后，就会意识到自己的“职业锚”到底是什么。

“职业锚”是早期个人和工作情境之间相互作用的产物，只有经过若干年的实际工作才能被发现，“职业锚”的核心内容即职业自我观大概由三部分内容组成：自身的才干和能力，以各种作业环境中的实际成功为基础；自身的动机和需要，以实际情境中的自我测试和自我诊断的机会以及他人的反馈为基础；自身的态度和价值观，以自我与雇佣组织和工作环境的准则和价值观之间的实际遭遇为基础。

当然，要深入全面地理解“职业锚”的内涵，还要注意以下几方面：

第一，“职业锚”产生于早期职业生涯阶段，以习得的工作经验为基础。一个人只有在工作一段时间，习得工作经验后，方能选定自己稳定的长期贡献区。因此，员工的工作经验产生、演变和发展了“职业锚”。在某种程度上，“职业锚”是由实际工作经验所决定的，而不只是取决于个人潜在的才干和动机。

第二，“职业锚”是个人能力、动机和价值观的整合。“职业锚”是才干、动机、需要、价值观和态度等相互作用和逐步整合的结果，而不是只重视其中的某一方面。经过这种整合，方能寻找到自己长期稳定的职业定位，达到自我满足和补偿。

第三，“职业锚”不是预测的。“职业锚”是个人同工作环境相互作用的产物，由于实际工作的偶然性，“职业锚”是不可能通过各种测试对能力、才干或者动机、价值观等进行预测。个体只有在工作实践中，经过多次确认和强化以后，才能找到自己的职业定位。

第四，“职业锚”不是一成不变的。虽然“职业锚”是个人稳定的职业贡献区和成长区，但随着工作的进一步发展以及个人生命周期、社会生命周期和家庭生命周期的变化，“职业锚”也可能发生变化，因此，它是在不断探索过程中产生的动态结果。

（二）“职业锚”的类型

“职业锚”是自我意向的习得部分，每个人都有各自的动机、追求、需要和价值观，故所寻求的“职业锚”会有所不同。施恩提出了以下五种“职业锚”：技术 / 功能能力型“职业锚”、管理能力型“职业锚”、安全 / 稳定型“职业锚”、自主独立型“职业锚”和创造型“职业锚”。不同类型的“职业锚”，也就是不同类型的自我价值观模式。

1. 技术 / 功能能力型“职业锚”

具有较强的技术 / 功能能力型“职业锚”的人，往往不愿意选择那些带有一般管理性质的职业。相反，他们总是倾向选择那些能够保证自己在既定的技术 / 功能领域中不断发展的职业。以技术 / 功能能力为锚位的员工，有特有的工作追求、需要、价值观和晋升方式，主要表现出如下特征：

强调实际技术 / 功能等业务工作；拒绝一般管理工作，但愿意在其技术 / 功能领域管理他人；追求在技术 / 功能能力区的成长和技能不断提高，其成功更多地取决于该领域专家的肯定和认可，以及承担该能力区日益增多的富有挑战性的工作。

当然，职级提升对于抛锚于技术 / 功能能力区的员工来讲，并非不重要。他们也追求向上发展，但是，他们不要求在区域外谋求发展，坚持在能力区内的提升。

2. 管理能力型“职业锚”

具有管理能力型“职业锚”的人与具有技术 / 功能能力型“职业锚”的人完全不同，他们表现出成为管理人员的强烈动机，“他们的职业经历使得他们相信自己具备被提升到那些一般管理性职位上去所需要各种必要能力以及相关的价值倾向”，必须承担较高责任的管理职位是这些人的最终目标。管理能力型“职业锚”呈现如下特点：

追求承担一般管理性工作，且责任越大越好，他们倾心于全面管理、掌握更大权力，肩负更大责任；具有强有力的升迁动机和价值观，以提升、等级和收入作为衡量成功的标准；具有人际沟通能力和情感能力的强强组合；对组织有很大的依赖性。

3. 创造型“职业锚”

这是一种特殊的、复杂的“职业锚”，有这种“职业锚”的人，普遍都有这样一种需要：“建立或创设某种完全属于自己的东西，一件署着他们名字的产品或工艺，一家他们自己的公司或一批反映他们的成就的个人财富等等。”因此，创造性“职业锚”的人具有独特的个性特征；有强烈的创造需求和欲望；意志坚定，勇于冒险；能力结构的多元性。

4. 安全 / 稳定型“职业锚”

具有安全 / 稳定型“职业锚”的人，极为重视长期的职业稳定性和工作保障性，愿意选择能够提供有保障的工作、体面的收入、可靠的未来生活的职业。其特点如下：

追求安全、稳定的职业前途，是这一类“职业锚”员工的驱动力和价值观；注重情感的安全稳定，觉得在一个熟悉环境中维持一种稳定的、有保障的职业对他们来说是非常重要的；对组织具有较强的依赖性；没有太大的抱负，个人职业生涯的开发与发展往往会受到限制。

5. 自主独立型“职业锚”

具有自主独立型“职业锚”的人在选择职业时，往往被一种自己决定自己命运的需要所驱使，他们希望摆脱那种政府机关、大型企业和事业单位依赖别人的境况。他们不愿意受别人的摆布、领导，有强烈的技术或自我实现的功能导向，他们追求的这种职业导向是在自己独立的工作或参与合伙创办一个实业中实现的。这种“职业”的特点是：希望随心所欲地安排自己的工作方式、工作习惯、时间进度和生活方式，追求能施展个人职业能力的工作环境，最大限度地摆脱组织的限制和约束；追求在工作中享有自身的自由，有较强的职业认同感，认为工作成果与自己的努力紧密相连。

“职业锚”是施恩对麻省理工学院的46名管理学硕士毕业后的职业生涯进行长达十几年跟踪研究后提出的。考虑到结论的适应性存在一定的范围，因此，他还补充提出了基本认同、服务、权力欲及扩展以及多样化四种“职业锚”。

如果你决定做一项工作，什么时候觉得好处不大了就马上放弃，这说明你还没有找到“职业锚”。一旦找到“职业锚”，你就会愿意为你所做的事情承担风险、献出时间和精力，失去名誉、地位、金钱甚至健康也决不放弃。因此，“职业锚”的确定对个人长期性的、战略性的职业抉择意义重大。

（三）“职业锚”的作用

“职业锚”作为一个人自身的才干、动机和价值观的模式，在个人的职业生涯与工作生命周期中，在组织的事业发展过程中，发挥着重要的作用。

第一，有助于识别个人的职业抱负模式和职业成功标准。

“职业锚”是人们在工作的过程中，根据个人的需要、动机和价值观，经过不断搜索所确定的长期职业发展区或职业定位。因此，“职业锚”清楚地反映出了个人的职业追求与抱负，一旦个人选择确定了哪种“职业锚”，他就会坚定地朝着这一职业发展方向前进。

由于职业生涯成功的概念没有一个统一固定的标准，因人而异，因职业要求而异，因此“职业锚”为我们提供了职业生涯成功的标准，有助于我们清楚地判断自己是否获得了成功。

第二，能够促进自我预期心理契约的发展，有利于个人与组织稳固地相互接纳。

按照施恩的观点，职业方向的选择、职业生涯的成功与“职业锚”都有着非常密切的关系，在“职业锚”的建立过程中，个人的职业生涯发展设计会更为合理、有效、可行、顺畅。

第三，有助于增强个人职业技能和工作经验，提高工作效率。

“职业锚”是个人经过长期寻找所形成的职业工作的定位。“职业锚”形成后，个体便会相对稳定地长期从事某项职业，这样必然能够增加工作经验；随着个人工作经验的丰富和积累知识的增长、扩张，其个人职业技能也将不断增强，从而能够明显地提高工作效率、增加企业的经济效益。

第四，“职业锚”可为中后期职业生涯发展奠定基础。

“职业锚”能够清楚地反映当前个人的价值观与才干，也能反映个人进入成年期的潜在需求和动机。寻找“职业锚”并选择某一“职业锚”的过程，实际上就是个人自我真正认知的过程，是认识自己具有什么样的能力、才干，需要什么，职业价值观是什么的过程。通过对以上总的认知，个人完全可以把职业工作与完整的自我观整合在一起，使自己找到长期稳定的职业贡献区，从而也决定了中后期要选择的职业发展道路和方向。所以，早期“职业锚”是中后期职业生涯管理工作的基础。换言之，中后期职业发展是与早期“职业锚”连接在一起的。

第二节　制定职业生涯目标

一、职业生涯目标的概念与设定

职业选择是为了找到自己的职业方向，但是，仅仅有职业方向还是不够的。进行职业生涯规划还必须有明确的职业目标。什么是职业生涯目标，如何明确职业生涯目标是本节的主要内容。

（一）什么是职业生涯目标

愿望、职业方向和职业目标，这是三个极容易混淆的概念。有人这样表述它们之间的关系：“没有愿望，人生就没有动力；没有方向和目标，动力就无所释放；没有目标的实现，就永远无法体会到成功的喜悦。美好愿望只是我们头顶的一块祥云，方向是一个巨大的箭头，目标是箭头指向的明确一点。”

愿望：每个人在职业探索期都会有自己的美好愿望，它是成功的起点，奋斗的动力，尽管它可能是模糊不清、变幻不定、遥不可及的。在进行职业生涯规划时，它不能代替职业目标，但是经过一定的分析、评估后，它可以转化为坚定的职业方向和可实现的目标。

职业方向：职业方向是对职业的选择，如律师、教师、医生、军人、企业管理人员、公务员等。方向正确意味着已经成功了一半。在职业生涯发展的道路上，重要的不是现在所处的位置，而是迈出下一步的方向。选择职业方向时，有两个问题需要注意：一是不能同时有很多方向，二是不能总改方向。每个人的精力、资源毕竟是有限的，更重要的是，人的一生是短暂的，我们不能把时间都浪费在尝试上。

职业生涯目标：职业目标是在特定的职业方向内、特定的职业生涯时段内必须实现的成果、达到的目的，它是具体、清晰、可以实现的，并有一定标准可以衡量的。

（二）职业生涯目标的设定

1. 影响职业生涯目标设定的若干因素

影响人们进行职业生涯目标设定的因素很多，从总体上来看，这些因素常常可以分为社会因素和个人因素两大类。我们将在下一章中结合职业生涯目标的评估进行详细介绍。这里我们采用以下几个影响职业生涯目标设定的常见因素予以介绍。

（1）目标的存在状态

人的目标有不同的状态，施恩把人的职业生涯分为“内职业生涯”和“外职业生涯”。由此，职业生涯目标也就可以从内、外两个角度来进行设定。内职业生涯目标侧重于职业生涯过程中的内心感受，包括观念、掌握新知识、提高心理素质和工作能力、工作成果、处理与他人的关系等目标。

外职业生涯目标一般是具体的，包括职位、工作内容、工作环境、收入、工作地点以及社会声望等等，它侧重于职业过程的外在标记。

内职业生涯目标一般被认为与人的“职业锚”密切相关，是对职业生涯的成功具有源动力性质的驱动力，是制定外职业生涯目标的基础。目标的存在状态虽然比较难以量化，但在职业生涯目标的设定中，应给予高度的重视。

（2）目标成功的时间因素

尽早实现职业生涯目标是每个人的愿望，因此，对时间因素的考虑是必不可少的。具体来说，一方面是要将总体目标和阶段性目标相结合，即我们常说的既要有“长计划”，又要有“短安排”。总体安排是战略性的，时间跨度比较长，不宜轻易变更，而阶段性目标则操作性强，比较灵活，时间跨度较短。阶段性目标必须为总体目标服务，每个阶段性目标之间要有一定的逻辑性，否则将影响总体目标的实现。

时间因素的考虑从另一个方面来讲，是指职业生涯目标的设定要有一定的时间座标，而且越具体越好。“明日复明日，明日何其多”，没有时限的职业生涯规划是没有意义的，对职业生涯的发展也没有实质上的驱动力。

（3）目标的难易程度

每个人的能力是有差异的，因此，准确定位、区分阶段、合乎层次、由易到难、循序渐进地设定职业生涯目标是十分必要的。初涉职场的大学生容易犯好高骛远的毛病，为自己设定在自己能力之外甚至遥不可及的目标，当现实很快击碎梦想时，又容易一蹶不振、丧失斗志、甘于平庸。这两种态度显然都是不可取的。

人的职业生涯成长大多都是由低到高步步递进的，就像一个爬坡的过程。因此，总体目标宜远大，不妨让它具有一定的挑战性。因为我们知道，职业生涯规划的一个最重要的目的就是为了激发自我潜能，设定一个有挑战性的目标是最好的办法：而近期目标需要脚踏实地，一步一个脚印，不宜将目标定得过高。当然，当时机成熟时，应该把握机会乘势而上。

2. 职业生涯目标的选择

在设定职业生涯目标时，我们经常会面临不同机会的选择，有时甚至是“鱼和熊掌，不可兼得”的艰难选择。比如每年都会有大学毕业生面临这样的选择：一份工作是亲友帮忙找的，待遇好，但是自己不怎么感兴趣，另外一份工作是自己努力争取到的，虽然工资比较低，却是自己喜欢的，而且公司也比较有发展前途，到底去哪个单位呢？也许你会毫不犹豫地说，“我肯定会选择我喜欢的工作”，可是，先别急着下结论，在现实中，这其实是一个难以决断的问题。

英国伦理学家边沁提出了著名的“快乐测量法”，他列出了七个标准，也许对我们在面临此类选择的时候有一定的参考价值：

①强度：即比较两个选择中哪一个的价值最有助于满足选择者的强烈需要。

②确定性：即优先选择能够较确定地带来预期后果而不是实现可能性较小的目标。

③持久性：即优先选择带来的预期后果是较为持久而不是较短暂的。

④远近性：即优先选择应当能较快带来预期后果的。

⑤纯洁度：即优先选择那些副作用较小的。

⑥繁殖性：即优先选择的目标应有助于其他价值的实现。

⑦广延性：即优先选择的目标，其预期结果应当对较大范围的情景适用。

从这七个方面去权衡，选择应该不难了。也许你会说，这是测量快乐的，但多数人都会认同这样的观点：选择对了适合自己的职业生涯目标，成功的快乐将会如期而至。

二、利用“SWOT”分析法确定职业生涯目标

SWOT 分析是市场营销管理中经常使用的功能强大的分析工具：S 代表 strength（优势）、W 代表 weakness（弱势）、O 代表 opportunity（机会）、T 代表 threat（威胁）。市场分析人员经常使用这一工具来扫描、分析整个行业和市场，获取相关的市场资讯，为高层提供决策依据，其中，S、W 是内部因素，O、T 是外部因素。

在做职业生涯规划时，我们可以采用这一工具对自己进行一番从里到外的检视，检查自己的技能、能力、职业、喜好和职业机会，明确自己的优点和弱点在哪里，仔细评估自己感兴趣的职业道路的机会和威胁所在，从而确定自己的职业目标。一般来说，在进行 SWOT 分析时，可按照以下四个步骤进行：

（一）评估自己的长处和短处

每个人的技能、天赋和能力都是不一样的。在当今分工非常细的市场经济里，每个人只能在某一领域发展，而不可能样样精通。有些人愿意整天坐在办公桌旁，做一些文字处理工作，而有些人则喜欢与陌生人打交道。因此，通过列表的方式找出自己的长处和短处是十分必要的。

首先列出自己喜欢做的事情和长处所在，并找出自己不是很喜欢做的事情和弱势所在。找出短处与发现长处同等重要，因为可以基于自己的长处和短处做两种选择：一是努力去改正常犯的错误，提高自己的相关技能；二是放弃那些对自己不擅长的技能要求很高的职业，然后列出自己认为所具备的很重要的强项和对自己的职业选择产生影响的弱势，最后再标出那些对自己很重要的强、弱势。

（二）找出职业机会和威胁

几乎所有的行业、公司都会面临不同的外部机会和威胁，这些机会和威胁会影响你的第一份工作和今后的职业目标的实现。如果公司处于一个常受到外界不利因素影响的行业里，很自然，这个公司能提供的职业机会将是很少的，而且没有职业升迁的机会。相反，充满了许多积极的外界因素的行业将为求职者提供广阔的职业前景

因此，列出自己感兴趣、准备进入的行业或者公司，然后认真地评估这些行业、公司所面临的机会和威胁。

（三）提纲式地列出一段时期内自己的职业目标

列一段时期内，比如 5 年内最想实现的职业目标。这些目标可以包括：想从事哪一种职业，将管理多少人，或者希望自己拿到的薪水属于哪个级别。有一点需要注意，职业目标的制定需要具有一定挑战性，尽可能地发挥自己的优势。

（四）提纲式地列出一段时期内的职业行动计划

这一步主要涉及一些具体的东西。拟订一份实现第三个步骤中列出的每一目标的行动计划，并且详细地说明为了实现这一目标要做的每一件事，何时完成这些事。如果需要一些外界帮助，说明需要何种帮助和如何获取这种帮助。比如，个人 SWOT 分析可能表明，为了实现职业日标，需要进修更多的管理课程，那么，职业行动计划应说明何时进修这些课程。

拟订的详尽的行动计划将帮助决策，就像公司事先制订的计划为职业经理们提供行动指南一样。

第三节　外语外贸院校大学生的职业生涯抉择

一、外语外贸院校大学生职业生涯抉择的基本方向

对于应届毕业生来说，直接就业仍是多数人最终的选择，在加入求职行列之前，以下四个问题要仔细考虑一下。

（一）升学，还是工作

如果将这个问题放到大三、大四才第一次来考虑，便显得有些晚了。这里所说的是必须进一步明确，确定二者的主次位置。

应聘时，招聘单位一般都会问：你是否准备升学？因为每个招聘单位都有它的招聘目标和计划，如果你升学，就会使它承担一定的风险。因为一旦考上，单位一般情况下不会强制你放弃学习，但这样一来单位的职位就会出现空缺，所以招聘单位更愿意花费精力在那些已经明确不升学的学生中选择。

如果你升学，必须向招聘单位如实讲明这个情况，虽然这样会失去一些机会。但如果不这样做，你将会承担违约的风险。有些单位在升学问题上比较宽松，并承诺如果你考上研究生，签署的毕业就业协议书自动失效，但毕竟会给用人单位在做决定的时候带来一定的负面影响。

（二）大企业，还是小公司

去大企业，还是小公司，也是一个比较令人头疼的问题。去大企业，各项薪酬和福利一般会有较好的保障，但个人发展的机会相对较少些。虽然这些大企业声称自己的机会如何如何多，但毕竟那里人才济济等级森严，如果不是特别优秀就很容易被埋没。而小公司则可以给你一个相对宽松的发展空间，特别是一些高新技术企业，虽然规模不大，但它们的知识密集程度和超高速发展是其他企业无可比拟的。

喜欢稳定的同学选择大企业比较合适，而喜欢冒险的同学去小公司可

能更加合适。当然到小公司之前，要对它进行深入细致的了解，确定它有发展前途之后，再做出选择。

（三）留在就读城市，还是去外地，或者回原籍

只有确定了你最希望去的地方，才能有针对性地选择，并与当地招聘单位联系和洽谈。在求职时，地域是一个非常重要的问题。虽然现在各地对户口的限制在慢慢放松，但某些热点城市仍有较高的门槛；国家现在鼓励毕业生前往中西部地区就业，但是条件可能又相对艰苦；回原籍工作，又会觉得太过熟悉的地方不利于自己大展拳脚。种种矛盾，让人难以抉择。其实，把这个问题放在职业生涯目标的设定中一并考虑，是很容易解决的。

（四）专业，还是兴趣

如果学的是现在的热门专业，比较容易找到与专业对口的工作。如果是较冷门的或者长线的专业，在选择工作时，则要考虑是坚持自己的专业，还是根据自己的兴趣另求发展。如果你不太清楚本专业当年的就业情况，可以向学校毕业生就业办公室查询往年的情况，如果你的专业往年一直不太好就业，就要考虑根据自己的兴趣求职了。当然，如果你非常喜爱你的专业，并且优秀，你也可以坚持自己的专业。

这里关键的问题是，如果想选择根据自己的兴趣就业的话，你做好准备了吗？是否有这个职业方向的职业素质？这是用人单位首先要问的问题，也是我们自己要问自己的问题，因此，及早进行有针对性的准备显得特别重要，选修兴趣所在方向的课程，有条件的可以攻读第二专业（学位），有针对性地参加实习、实践等等都是不错的选择。

二、盘点自己的资源与企业的用人需求

（一）盘点自己的资源

大学刚进校的时候，很多同学起点都是差不多的，但是到了毕业时，却显出各自的差异来了，有的同学高高兴兴去上班，有的却一筹莫展还在找面试单位；有的如愿考上研究生甚至出国深造，有的还在为拿不到毕业证发愁；有的意气风发自主创业，有的却因为求职屡屡碰壁而心灰意冷，怨天尤人。为何会出现这种反差？是智商（IQ）、情商（EQ）、压力商（AQ）有差异？是有个好的家庭背景？还是有好运气？毫无疑问这些因素

是存在的，但又不完全是，关键问题在于个人所拥有的资源不同，即“资源”存在差异。

所谓“资源”是指集合在个人身上的职业资源的积累程度。这是个人实现职业生涯不同阶段发展、成功的关键因素，可以说，每个人“资源锚”所在的系留点就决定了他（她）所处的职业层次。

“资源锚”包括人力资本、社会资本和品牌资本。三者分别反映的是个人发展的不同阶段。人力资本是基于个体意义的资源集合，包括个人的知识、技能、学历、经验、能力、健康。社会资本是基于人的社会属性的资源集合，包括其拥有的资金、经验、信息、人际关系、社会资源。

品牌资本则属于个人职业生涯发展的高级阶段，包括其在职场中的认可度、知名度、成熟度以及个体的创新性和前沿性。

对于正处于职业准备期的大学生而言，个体身上所集合的资源是比较少的，但大学这个阶段正是逐步形成“资源锚”的最佳时期。其中尤其以拓展、提升职业素质为要务，职业素质是“资源锚”中最基本的构成部分，属于“人力资本”范畴。它指从事一项职业必须具备该职业所需要的能力。职业素质的形成除了遗传因素外，主要是通过后天的教育训练以及职业活动实践获得。一般说来，人的职业素质包括能力、人格、理念和健康四个方面。大学生们应该积极利用学校、社会提供的各种机会，通过直接和间接的途径尽快掌握这些素质，使自己的“资源锚”在毕业时达到一个较高的层次，从而在求职和初涉职场时占得先机。

（二）了解企业的用人需求

在求职过程中，有些非常优秀的大学毕业生不能如愿加入自己心仪的公司，而有些不是很全面但有特点的同学却能得到一些好公司的青睐。为何会出现这种情况呢？

招聘、应聘过程中，双方的选择、决定，实质上是一个价值观相互认同的过程。应聘一方有“职业锚”作为职业选择的标准或者称系留点，招聘一方也有“招聘锚”的客观存在。“招聘锚”是借鉴“职业锚”理论提出的，其基本的观点是：一个组织在招聘员工的时候所遵循的某种标准，这是它们生产经营中形成的某种至关重要的东西或者说是组织的价值观。“招聘锚”是公司招聘、选择员工时所围绕的中心。

有人将企业的“招聘锚”归纳为以下几种类型：

1.“生存至上”类

大多见于初创企业，规模较小。生存下去，渡过最初的难关是企业必须面对的现实，因此他们经营策略灵活，善于寻求合作，精于钻营（包括市场、政策、消费者）。对员工的要求是能忍受艰苦的环境，敢于接受挑战，而对应聘者的学历、经验乃至素质要求并不苛刻。

2.“阳光利润至上”类

这类企业一般具有传统经营理念，经营时间较长，规模较大，比较注意公众形象，强调企业利润。招聘员工时比较注重应聘者是否具备诚实、谦虚、节俭、勤奋的性格。

3.“厚黑利润至上”类

属于典型的“奸商”，为追求利润不择手段，欺骗员工、欺骗客户是这类公司的拿手好戏。这类企业在招聘员工的时候，条件尤其宽松，待遇承诺尤其优厚。但是“天下没有免费的午餐”，大学毕业生们在求职时要特别留意、识别这类公司，不要被蒙骗。这类企业虽属少数，但从未绝迹。

4.“社会使命至上”类

多见于现代型的企业。企业高层认为利润不是企业的最终目的，而是实现企业为社会服务的使命的重要手段，有着强烈的社会责任感。企业内部的管理注重“人性化”，注意组织文化的建设，对员工的素质要求较高。

5.“浪漫使命至上”类

多见于快速成长的新兴企业，经营者大多年轻，充满激情，但缺乏驾驭企业的经验。有时会提出和实施超过公司自身能力的使命目标，完全脱离了公司自身所拥有的资源基础。这类公司虽然有强烈的责任心和使命感，虽然也能取得一定业绩，但由于没有充分尊重事业发展的客观规律，往往会遭遇经营危机甚至失败。他们在招聘时比较注重员工是否具有先进的理念和积极的心态。

“招聘锚”是对企业招聘标准的生动概括，了解它有助于大学生们在求职以及今后的职业发展中更加准确地定位，选择好应聘单位，从而少走弯路，少碰壁。

第四章　职业生涯规划的制定与实施

第一节　职业生涯规划的制定

一、职业生涯规划的战略选择

在现代社会里，每个人的职业生涯都是一个竞争的历程，与自己竞争，与对手竞争，与环境竞争。要在这个漫长而充满竞争的历程中坚持到底并取得最终的成功，必须要为自己的职业生涯规划确定一个总体战略，以此指导职业生涯的发展。

在确定职业生涯规划的总体战略时应把握四条原则：择己所爱、择己所能、择世所需和择己所利。下面我们结合上述原则和迈克尔·波特的竞争战略理论介绍几种职业生涯规划的战略选择。

迈克尔·波特认为，企业在生存、发展过程中会遭遇五种力量的挤压，或者说企业将面对五种基本竞争力共同作用下的竞争环境，五种竞争力包括供方（原料供应商）的砍价实力、买方（产品购买者）的砍价实力、潜在进入者的威胁、替代品的压力和现有企业间的竞争。我们仔细分析一下，会惊异地发现，其实每个人在职业生涯中也会遭遇类似的五种竞争力。因此波特提出的用以对抗五种竞争力的竞争战略同样适用于职业生涯的规划与发展。

（一）总成本领先战略

总成本领先是指以有效率的方式，以尽可能少的成本获取成功。在职业生涯中，成本的概念是非常宽泛的，它主要包括个人在职业中投入的各类资源；为提升自我职业素质投入的培训费用、时间、精力；在为获取职业生涯成功时放弃的其他人生要素，比如家庭、健康等等；以及机会成本，即在其他领域、其他职业中获取成功，得到收益的可能性。

在获取成功的要求下，让上述这些成本的付出减低到最小是总成本领先战略的目标。此时，"择己所爱""择己所能"是最为明智的选择。理论和实践都证实，在自己感兴趣和能够胜任的职业领域内工作效率是最高的，因而各项成本也是最低的。此外，专业方面的优势、较强的学习能力、适应能力都能有效降低成功的成本。

（二）差异化战略

差异化战略也被称为标歧立异战略。职业生涯规划的差异化战略是指个人对组织或者社会提供的帮助、做出的贡献具有专业性、独特性，甚至是不可替代性。"择世所需"的原则在差异化战略的制定中显得十分重要，因为正是组织或者社会的特定需求才使得具有这种标歧立异的职业能力的个人成为稀缺资源，所以选择差异化战略出发点更应该立足外部环境分析。

（三）目标集聚战略

目标集聚是指将自己所有的精力、时间和职业资源集中在某个特定的职业目标上，这个职业生涯目标是经过仔细分析得出的，并遵循"择己所利"原则，即它是个人最有利于发挥自我的潜力，最充分地利用各项职业资源，最可能获得成功的职业目标。

二、职业目标的分解与组合

在进行职业生涯规划时，职业目标往往是一个总体性的目标，而且时间跨度往往较大，这就需要将目标进行分解。同时职业目标在某一个时段可能是多维的，这就需要将不同的目标进行组合。总而言之，目标分解是为了使实现目标具有可操作性，目标组合是为了处理好不同分目标之间的关系。目标的分解与组合往往同时进行，如此可以保证分目标之间的协调和连续性。

（一）目标分解

职业生涯目标的分解就是根据自我的观念、知识、能力等方面的差距，把总体职业生涯目标这个长远目标分解成有时间规定的长、中、短期分目标，直至将目标分解为某确定日期可以采取的具体步骤。

目标分解是将目标清晰化、具体化的过程，是将目标量化成可操作的实施方案的有效手段。目标分解帮助我们在现实环境与美好愿望之间建立起可以拾级而上的通道。它让你知道要实现长远的职业目标，每天必须要进行的工作。目标分解可以从以下两个角度来进行。

（1）从性质的角度，根据内、外职业生涯发展的阶段进行分解

外职业生涯目标，侧重于职业过程的外在标记，包括职务目标、经济目标、工作内容目标、工作环境目标、工作地点目标等。

内职业生涯目标，侧重于职业生涯过程中的知识、经验的积累，观念、能力的提高和内心感受，包括工作能力目标、工作成果目标、提高心理素质目标、观念目标等。

通常，内职业生涯目标比较难以量化，但决不可忽视，因为它的实现是外职业生涯目标实现的基础。如果长期把注意力仅仅放在看得见的外职业生涯目标上，就有一味追逐名利，从而丧失职业生涯内在驱动力的危险。

（2）按时间分解，可以分为终极目标和阶段目标

终极目标是在对个人的价值观念、知识水平、能力、环境、企业、自身条件、家庭条件做最大量分析之后得到的结果，即自身条件能达到的最优、最理想的职业生涯目标。终极目标往往与人们的终极人生目标密切相关。是否明确终极目标体现着一个人的心理成熟程度，国外研究发现，人们找到终极目标的平均年龄是 40 岁，即找到自己的“职业锚”的平均年龄。

终极目标的时间跨度一般比较长，几十年甚至一生；而阶段目标的时间跨度则相对较短，阶段目标又可以继续细分为以下几种：

长期目标：十年以上。长期目标是根据自身的价值观认真选择的结果。它既有实现的可能，又有一定的挑战性。目标是基于长远的规划做出的，因此需要在执行中坚持不懈。同时要致力于改造甚至创造环境，而不

仅仅是适应环境。

中期目标：两年以上。中期目标是结合自身的意愿和组织的环境及要求制定的，它必须要与长期目标保持一致，在充分利用环境的情况下，目标既符合实际又有所突破。同时，对完成时限的要求比较明确。

短期目标：一至两年。短期目标可能是自己的选择，也可能是组织的安排，自己被动接受的。目标的制定与环境密切相关，具有可操作性，完成时限则具有严格的规定性。短期目标有可能会偏离长期目标，因此短期目标必须在长期目标的方向上不断地校正，以防长时间、过远地偏离总体方向。实际上，这也提示我们，在进行职业生涯规划时，不能只有短期目标。长期目标，特别是终极目标如人生的北斗星，指引着职业生涯发展的方向而不至于迷失。

近期目标：数月之内。

（二）目标组合

目标组合是处理不同目标之间相互关系的有效措施，它着眼于各目标之间的因果、互补关系，从而防止目标之间的冲突。主要可以从职业目标的实现时间和内在逻辑上进行组合。

1. 时间上的组合

并进：同时进行两个现实工作目标（比如身兼两职），或者建立和实现与目前工作内容不相关的预备职业生涯目标（比如在职读书）。并进是在本职工作之外，同时进行的另一个专业领域的知识能力的培养、提高。

连续：目标之间的前后连接，即实现一个目标再进行下一个。事实上，长期目标的实现就是各个阶段性目标连续实现的结果，因此，尽可能保持职业生涯的连续性对于长期目标的实现十分重要。

2. 逻辑关系组合

因果关系：有些目标之间有着非常明显的因果关系。比如能力目标的实现将有利于职务目标的实现，而职务目标的实现会带来经济收入目标的实现。通常情况下，内职业生涯是原因，外职业生涯是结果。

互补关系：各个目标的实现有互相补益的作用。比如有些人在从事中高层管理工作时选择攻读 MBA 课程，两者之间便有直接的互补作用。

3. 超越职业生涯的人生目标组合

职业并不是人生的全部，人的需求也是多层次的。许多因素比如家庭、健康、感情生活、精神阶段甚至业余爱好等都会深刻地影响职业生涯的连续性，因此不能脱离这些因素进行职业生涯规划。完美的职业生涯规划并不把生活中的其他内容排斥在外，而应在生活中建立不同目标间的协调关系。

三、职业生涯规划的方案制定

职业生涯规划方案是通过制订一套周密的行动计划，并辅以考核措施以确保预期的职业目标的实现。它一般是以文本或者表格的形式出现的，称为“个人职业生涯规划书”，或“个人职业生涯规划表”。下面我们介绍制定职业生涯规划方案的基本步骤。

第一步：明确规划年限，即规划的起止日期、年龄跨度，显示职业生涯规划的个人特征和时间阶段性。

第二步：确定职业方向，即选择什么样的职业。

第三步：分析社会环境，包括社会政治、经济发展方向，所选定的职业在社会环境中的地位，以及社会发展形势对职业的影响。

第四步：分析企业，一方面分析企业的发展前景和用人制度，另一方面分析该企业会给自己带来什么机会。

第五步：挖掘职业资源，如哪些人将在自己职业生涯开发与管理中扮演重要角色，他们的作用、建议是什么，联系方法、频率和目的。

第六步：目标及实现时间，即可以制定的最长远的目标，如能力目标、成绩目标、经济目标。

第七步：界定成功的标准，回答与职业生涯紧密联系的价值观念问题。例如，如果预期的职务没有得到是不是挫败？如果得到是否代表全部成功？

第八步：自身条件及潜力测评，要将本身所具备的条件、发展潜能、发展方向与环境给予的机遇和制约条件相比较。自身条件包括以下因素：兴趣、爱好、天赋、专长、知识水平、实践能力、价值观念、身体条件、情绪智力、家庭条件等。

第九步：找到差距，分析目前条件与实现目标所需知识能力要求的差距。

第十步：缩小差距的方法及实施，如参加培训、讨论交流、实践锻炼等。

以上这些步骤所涉及的实际上也就是职业生涯规划方案的基本内容。

第二节 职业生涯规划的实施

一、职业生涯发展的途径选择与职业生涯的自我提升

进入一个组织后，每个人都会面临职业发展的途径选择。埃德加·施恩针对这个问题，提出了“三维发展途径”，即可以从三个方向进行，多数情况下，这些选择往往是组织和个人共同讨论的结果。

（一）纵向发展，即员工职务等级由低级到高级的提升

这种发展对于员工个人来说是最为理想的，但是在组织的行政架构中，金字塔型的结构决定了越到高级阶层，可能提升的机会越少。因此一直保持纵向发展途径的人只是少数，多数人在进入一定的职业阶段后必须选择下面两种途径。

（二）横向发展，指在同一层次不同职务之间的调动

这种调动俗称“平调”，虽然没有职业上的提升，但这种横向发展可以发现员工的最佳发挥点，同时又可以使员工自己积累各个方面的经验，为以后的发展创造更加有利的条件。

（三）向核心方向发展

这种调动的职务也没有晋升，但是担负了更多的责任，有了更多的机会参加单位的各种决策活动。

以上这几种发展都意味着个人发展的机会，也会不同程度地满足员工的发展需求。职业生涯发展的过程从某种意义上说就是自我不断提升的过程，而实现职业目标的过程就是缩小差距的过程。因此，实施职业生涯规划的第一步就是在分析、找出目前的状况与实现目标所需要的知识、

能力、观念等方面的差距的基础上，进而采取有效的改善行动，实现自我提升。

1. 寻找差距

（1）思想观念的差距

思想观念是人的价值观在具体事务上的体现，不同的观念会导致不同的行为方式。可以说，在所有的差距中，思想观念的差距是最关键的，也是最难处理的。正确的观念并不是听一次课、看一本书、谈一次话就能直接移植到我们的大脑中的，它需要我们通过不断的学习、理解并反复实践才能真正树立。

（2）知识的差距

学习知识的能力比学习知识本身更为重要。高速的知识更新导致人们绝大部分的“存储记忆的知识”已经过时，延长文凭保质期的唯一方法是知识更新。

另外，运用知识比拥有知识更为重要。成为“百科全书”式的博学者，在现代几乎是不可能的。知识的价值不在于拥有而在于运用。

（3）能力差距

每个职业都需要从业者具备相关的能力，以管理人员为例，他（她）必须具备的能力包括：伦理能力、预测能力、学习能力、综合能力、决策能力、规划能力、领导能力、组织能力、落实能力、先行活动能力、授权能力、参与能力、沟通能力、适应能力、谈判能力、坚持能力、激励能力、责任能力、创新能力、检验能力、分析能力、情绪控制能力等。要成为一名优秀的管理者，就必须找出自身能力的差距，并加以改善。

（4）心理素质的差距

人们总结出成功者的十大心理素质：自我觉察、自我尊重、自我控制、自我动机、自我期望、自我意向、自我调节、自我修养、人际范围、交际能力。对于职业生涯处于起步阶段的新手而言，需要经过长时间的自我修炼方能在这十个方面获得提升。

另外，对于管理人员而言，情绪智力（“情商”EQ）是尤其应该具备的一种特殊能力。情绪智力是指了解自己的情绪，接受、调整自己的情绪，理解别人的情绪，接纳别人情绪的能力。而对于创业者和高级的管理人员而言，“压力商”（AQ）则需高人一等。“压力商”是面对、克服化解压力的心理素质。

2. 缩小差距的方法

（1）教育培训

根据目标分解和能力差距，确定教育培训的具体内容、时间、地点、方式等。教育培训计划的重点在于有针对性和可实施性。

教育培训是伴随人的整个职业生涯的，甚至人生旅程的各个阶段，要树立区别于传统教育的“终身教育观”。而且我们往往会发现，每一次有效的培训常常是职业生涯发展取得突破的前奏。

（2）讨论交流

为缩小差距而选定讨论交流的对象、主题、时间、方式等，通过讨论交流获得新知、灵感和帮助。

（3）实践锻炼

实践锻炼是缩小差距的根本方法。争取改变工作内容或工作方法，着重处理自己能力较差的工作。实践中会出现差错，但这也是发现问题、总结经验、重新调整的机会。

二、个人职业发展档案（PPDF）

PPDF（Personal Performance Development File）就是个人职业发展档案，它是现代企业中一种极为有效的职业生涯匹配人力资源开发的方法。我们对此做一个简要的介绍。

PPDF 是对员工工作经历的一种连续性的参考。它的设计使员工和他的主管领导，对该员工所取得的成就，以及员工将来想做些什么有一个系统的了解。它既指出员工现时的目标，也指出员工将来的目标及可能达到的目标。它标示出，你如果要达到这些目标，在某一阶段你应具有什么样的能力、技术及其他条件等。同时，它还帮助你在实施行动时进行认真思考，看你是否非常明确这些目标，以及你应具备的能力和条件。

PPDF 是两本完整的手册。当你希望去达到某一个目标时，它为你提供了一个非常灵活的档案。将 PPDF 的所有项目都填好后，交给你的直接领导一本，员工自己留下一本。领导会找你，你要告诉他你想在什么时间内，以什么方式来达到你的目标。他会同你一起研究、分析其中的每一项，给你指出哪一个目标你设计得太远，应该再近一点儿；哪一个目标设计得太近，可以将它往远处推一推。总之，不管怎样，你将单独地和你相信的领导一同探讨你该如何发展、奋斗，PPDF包括以下主要内容：

（一）个人情况

个人简历：包括个人的生日、出生地、部门、职务、现住址等。

文化教育：初中以上的校名、地点、入学时间、主修专题、课题等。所修课程是否拿到学历，在学校负责过何种社会活动等。

学历情况：填入所有的学历、取得的时间、考试时间、课题以及分数等。

曾接受过的培训：曾受过何种与工作有关的培训（如在校、业余还是在职培训）、课题、形式、开始时间等。

工作经历：按顺序填写你以前工作过的单位名称、工种、工作地点等。

有成果的工作经历：写上你认为以前有成绩的工作是哪些，不要写现在的。

以前的行为管理论述：写你对工作进行的评价，以及关于行为管理的事情。

评估小结：对档案里所列的情况进行自我评估。

（二）现在的行为

现时工作情况：应填写你现在的工作岗位、岗位职责等。

现时行为管理文档：写上你现在的行为管理文档记录，可以在这里加一些注释。

现时目标行为计划：设计一个目标，同时列出和此目标有关的专业、经历等。这个目标是有时限的，要考虑到成本、时间、质量和数量的记录。如果有什么问题，可以立刻同你的上司探讨解决。

如果你有了现时目标，它是什么？

怎样为每一个目标设定具体的期限？此处写出你和上司谈话的主要内容。

（三）未来的发展

职业目标：在今后的3—5年里，你准备在单位里做到什么位置。

所需要的能力、知识：为了达到你的目标，你认为应该拥有哪些新的技术、技巧、能力和经验等。

发展行动计划：为了获得这些能力、知识等，你准备采用哪些方法和实际行动。其中哪一种是最好、最有效的，谁对执行这些行动负责，什么时间能完成。

发展行动日志：此处填写发展行动计划的具体活动安排，所选用的培训方法。如听课、自学、所需日期、开始的时间、取得的成果等。这不仅仅是为了自己，也是为了了解工作、了解行为。同时，你还要对照自己的行为和经验等，写上你从中学到了什么。

三、职业体验、反思与再选择

进入职场、成为职业者多年后，制定职业生涯规划的背景，包括个人的情况以及外部的环境都会发生一定的变化，有的变化甚至相当剧烈。这时往往需要对职业生涯计划进行修订，甚至要对职业生涯进行再选择。

（一）职业体验与反思

1. 职业生涯的未知数

对于初次的职业生涯选择，不管是大学生还是其他人群，对不同的职业难以取舍是必然的，因为他们没有足够的人生经历，没有职业生涯经验。因此，存在着几个未知数：对于职业自我的认知是相当主观，没有把握的；对外部职业世界如何接纳自己是心中无数的；对某一项择业决策的机会成本和收益是心中无数的，即不知道选择了这一个职业，会丢掉哪些职业、丢掉哪些随之而来的职业收益，自己的选择是不是最优化选择；个人对未来的期望是不确定的甚至是盲目的。

2. 适应职业

人们在就业三五年后，一般都完成了职业适应期，有了一定的职业实践经验和感悟。在职业实践中，人们体验了职业世界对自己的接纳情况，了解了个人所从事职业的收益和机会成本，对自己未来的认识和期望也逐渐清晰。但是，职业生涯中的未知数仍需要更长时间去破解。这个时间段也许是一二十年，也许是整个职业生涯，只有当人们有了相当丰富的职业阅历，对自己的能力、价值观有了充分的自省、体悟之后，基于外界环境与自身情况，逐渐对某种职业产生一种心理认同，这种心理认同使得人们真正愿意从事某一种职业以至于终生不变，这就是我们前面所说的，找到了自己的“职业锚”。

优秀例子：

全国著名的推销大师即将告别他的推销生涯，应行业协会和社会各界的邀请，他将在该城中最大的体育馆做告别职业生涯的演说。那天，会场座无虚席，人们在热切地、焦急地等待着那位当代最伟大的推销员做精彩的演讲。当大幕徐徐拉开，舞台的正中央吊着一个巨大的铁球。为了这个铁球，台上搭起了高大的铁架。一位老者在人们热烈的掌声中，走了出来，站在铁架的一边。他穿着一件红色的运动服，脚下是一双白色胶鞋。人们惊奇地望着他，不知道他有什么举动。这时两位工作人员扛着一个大铁锤，放在老者的面前。主持人这时对观众讲：请两位身体强壮的人到台上来。好多年轻人站起来，转眼间已有两名动作快的跑到台上。

老人这时开口和他们讲规则，请他们用这个大铁锤，去敲打那个吊着的铁球，直到把它荡起来。一个年轻人抢着拿起铁锤，拉开架势，抡起大锤，全力向那吊着的铁球砸去，一声震耳的响声，那吊球动也没动。他就用大铁锤接二连三地冲向吊球，很快他就气喘吁吁。另一个人也不示弱，接过大铁锤把吊球打得叮当响，可是铁球仍旧一动不动。台下逐渐没了呐喊声，观众好像认定那是没用的，就等着老人做出什么解释。会场恢复了平静，老人从上衣口袋里取出一个小锤，然后认真地，面对着那个巨大的铁球。他用小锤对着铁球“咚”地敲了一下，然后停顿一下，再一次用小锤“咚”地敲了一下。人们奇怪地看着，老人就那样“咚”地敲一下，然后停顿一下，就这样持续地做。十分钟过去了，二十分钟过去了，会场早已骚动起来，有的人干脆叫骂起来，人们用各种声音和动作发泄着他们的不满。老人仍然一小锤一停地工作着，他好像根本没有听见人们在喊叫什么。人们开始愤然离去，会场上出现了大块的空缺。留下来的人们好像也喊累了，会场渐渐安静下来，大概在老人进行到四十分钟的时候，坐在前面的一个妇女突然尖叫一声：“球动了！”刹那间会场立即鸦雀无声，人们聚精会神地看着那个铁球。那球以很小的摆度动了起来，不仔细看很难察觉。老人仍旧一小锤一小锤地敲着，人们好像都听到了那个小锤敲打吊球的声响。吊球在老人一锤一锤的敲打中越荡越高，它拉动着那个铁架子“哐、哐”作响，它的巨大威力强烈地震撼着在场的每一个人，终于场上爆发出一阵阵热烈的掌声，在掌声中，老人转过身来，慢慢地把那把小锤揣进兜里。老人开口讲话了，他只说了一句话：在成功的道路上，你没有耐心去等待成功的到来，那么，你只好用一生的耐心去面对失败。

点评：在羡慕别人成功，焦虑于自己失败的时候，有没有发现有些人的成功秘诀很简单，就是简单的事情重复做、重复做。

（二）职业的再选择

许多人进入中年后，往往会遭遇职业生涯的“中年危机”，有的甚至出现“职业枯竭”。即使没有这些问题，多数人都会自觉或不自觉地对以往的人生、职业进行反思，对今后的人生、职业进行再设计，以便让自己的后半生称心如意。这时进行的职业再选择就会更加理性、科学和可行。

1. 职业再选择的类型

（1）坚持原有的职业生涯规划

这种情况似乎没有进行再选择，但这种坚持不变是经过理性周密的思考、评估之后得出的结论，所以从某种意义上来讲，这也是一种再选择，而且是十分幸运的选择。因为这证明之前的职业生涯选择、规划和发展是成功的。一以贯之、连续不断的职业生涯将会积累起宝贵的职业资源，对职业目标的实现无疑是十分重要的。

（2）主动转换、重新选择职业

一个人在原有工作和前途很好的情况下转换职业、重新选择，这种情况多数是由于新的职业更加符合自身的心理需求，对于自己有更大的价值，与自己的人生目标更为接近。这种转换可能是跨度非常大的，比如鲁迅的弃医从文就是因为他认为用投枪、匕首式的文章唤醒国民比从肉体上医治民众更为迫切，有更大的价值，更符合自己的人生目标。转换也可能是小范围的，比如在同一个单位中，从技术岗位转换到管理岗位。

以上两种情况都体现了人们对于职业人生价值的理性认知，在长期的职业体验后人们能较好地认识自己，了解职业世界与自己的关系，比较客观现实合理地估算从事某种职业的成本——收益的结果，但在现实中也有不成功的、被动的职业再选择。

（3）被动的职业再选择

当自己再也无法对工作提起兴趣时，当每天去上班成为一种苦役，当你厌倦和你的同事、领导、客户打交道时，当你经常感觉工作时非常疲惫而且易怒时，当你不介意在陌生人面前抱怨你的单位和工作时，你必须要认真考虑职业再选择这个问题了。

2. 职业再选择的行动。

面对职业再选择，其实不管是何种状况，我们都不用气馁，改变就意味着进步。那么如何进行职业生涯的再选择？美国管理学家巴达推总结职业再设计和再选择的内容，提出了一个“职业行动计划模型”，模型包括下述七个步骤：

①明确自己的终身计划和职业意识，最理想的是明确自己的“职业锚”。

②进行职业再选择的分析与决策。

③进行自我评价和对成功风险的分析。

④为新的抉择做准备，了解成功的途径。

⑤为实现新职业而努力、提高能力素质。

⑥确定职业发展的行动战略。这是最关键的一步，在这个阶段必须采取审慎而坚决的行动，谋求预定的职业，并探究和掌握在该职业生存的秘诀；遵从该职业的规范，获取成功的资源。

⑦跟踪和再评价，重新审视职业生涯规划，或重新制订终身计划。

下篇

外语外贸院校大学生就业与发展篇

第五章　就业程序与就业政策

第一节　就业程序介绍

就业是每个人都要面临的问题。选择不同的职业，就是选择不同的社会角色和社会地位。目前大学生就业的形势日趋严峻，因此大学生要积极主动地寻找工作。而掌握就业的基本程序对于我们寻找职业至关重要。

一、就业途径

大学生毕业后，面临的选择多种多样，而走上工作岗位，顺利实现就业是大多数人的选择。自国家实行“双向选择”的就业制度以来，大学生就业逐渐走向“市场化”，求职途径也出现了多样化的趋势。

（一）毕业选择

大学生在刚入学时就应该考虑自己毕业后做什么，从而进行科学的学业规划和职业规划，有条不紊地实现自己的职业目标。但毕业时究竟有几种选择呢？

1. 就业

毕业生毕业前由学校推荐，通过招聘会等多种途径与用人单位双向选择后，签订就业协议、劳动合同或其他有效就业证明材料，落实工作岗位；也可以利用自己的知识、才能和技术，以自筹资金、技术入股、寻求合作等方式自主创业和灵活就业。

2. 升学

毕业生毕业时可通过专科生升本科生、毕业生考取研究生或第二学位的形式提高学历层次增强自身的竞争力，同时也缓解了就业压力。因此，考研和专升本成为许多应届毕业生的选择。

3. 出国

毕业生毕业时通过公费或自费的形式，申请到国外高校求学深造。目前，也有一部分人到境外的企事业单位去工作。

4. 延时就业

延时就业是指应届毕业生在毕业离校前未能落实工作单位或由于其他原因未签订就业协议，即视为延时就业。延时就业的毕业生可申请将户口、档案保存在相关户口、档案管理机构免费存放两年，也可直接转回生源所在地，然后继续就业。

（二）求职途径

1. 用人单位校园招聘会

一般由用人单位通过高校就业指导部门安排，在指定高校举办招聘应届毕业生小型的招聘会。从 2003 年起至今，校园招聘会已基本成熟并定型，据统计有 80% 的毕业生是通过校园招聘信息找到工作的。用人单位直接来校内招聘，求职成功率往往比参加社会招聘会的成功率高。因为用人单位是基于对学校及学生的认可而进行招聘的，也避免了院校之间、学生和有工作经验的求职者之间的竞争。校园招聘会的优点是针对性强，安全可靠，降低了大学生的求职成本。因此，校园招聘是大学生的主要求职途径，也是大学生求职的最有效途径。

2. 高校组织举办的毕业生（年度）双选会

一般由高校就业部门通过发函、电话联系全国各地用人单位参加。每年一次，大多安排在每年的 11—12 月份，也有的高校在春季举办第二次双选会。此类招聘会基本上针对本校的毕业生，所招的职位要求与本校的专业方向相符或相近。因此，这种求职途径对本校毕业生来讲较受欢迎并具有吸引力。

3. 高校联合举办大型校园专场招聘会

高校之间分行业、分学科的横向联合举办的专场招聘会，面向本区域高校的毕业生并具有一定的招聘规模。从近年校园招聘会的新动向看出，某个行业内部若干企业联合举办招聘会是以后高校招聘会的主要发展方向。

4. 地区赴高校专场招聘会

由各地（市）人事局、大中专毕业生就业管理部门组织本地各企事业单位在各地高校举办的大型招聘会，既有沿海发达地区，也有中、西部地区。此类招聘会用人单位分布在各个行业，需求专业和人数较多，对毕业生生源地不限。

5. 大中专毕业生双选会

各省（市）人事部门、大中专毕业生就业管理部门在本地举办的大型招聘会，一般安排在每年的11—12月份和次年春季的3—5月份。参会用人单位数量多，地域和行业覆盖面广，而且专门针对高校毕业生，提供的就业岗位数量大。大学生可通过参加这类招聘会了解就业行情，接触和熟悉社会，即使不能顺利签约也能够丰富自己的求职经验。

6. 其他求职途径

（1）网络求职与电话求职

网上求职一般有两种形式：一种是在网上发布求职信息，等待用人单位与你联系；另一种就是根据网上发布的招聘信息发送自己的求职意向，或直接登录用人单位站点，主动发电子邮件和对方联系。网上择业已得到众多的用人单位和毕业生的认可，但也要注意识别和规避虚假招聘信息，提高求职过程中的自我防范意识。

与网络求职紧密相关的是电话求职。大学生可根据网上发布的招聘信息，按照用人单位公布的联系方式及时与对方联系，询问和了解自己的应聘机会，向用人单位推销自己，表达自己的就业意愿。

（2）中介机构代理

高校应届毕业生还可通过人才中介机构来寻找工作，目前中国的人才中介机构处于高速发展时期。大学生可到就业中介机构去办理就业代理、投放简历、委托推荐等，但在选择求职代理的人才中介机构时，应警惕黑中介和假中介，还要注重考察和了解中介机构的信誉度和社会认可度。

（3）推荐就业

由学校或者院系老师推荐、父母亲友推荐、实习单位聘用等。

（三）大学生就业的几种特殊途径

1. 国家基层就业项目

基层就业就是到城乡基层工作。国家近几年出台了一系列优惠政策鼓励高校毕业生积极参加社会主义新农村建设、城市社区建设和应征入伍。一般来讲，“基层”既包括广大农村，也包括城市街道社区；既涵盖县级以下党政机关、企事业单位，也包括社会团体、非公有制组织和中小企业；既包含自主创业、自谋职业，也包括艰苦行业和艰苦岗位。

近年来，中央各有关部门主要组织实施了 4 个引导高校毕业生到基层就业的专门项目，包括：团中央、教育部等四部门从 2003 年起组织实施的“大学生志愿服务西部计划”；中组部、原人事部、教育部等八部门从 2006 年开始组织实施的“三支一扶”（支教、支农、支医和扶贫）计划；教育部等四部门从 2006 年开始组织实施的“农村义务教育阶段学校教师特设岗位计划”；中组部、教育部等四部门从 2008 年起组织实施的“选聘高校毕业生到村任职工作”。

参与基层就业项目服务期满的毕业生可享受以下优惠政策。

第一，公务员招录优惠：地（市）级以上党政机关录用公务员，要明确录用具有 2 年以上基层工作经历的人员比例；县及乡镇机关要拿出一定职位，专门招考到村任职等基层就业项目的大学生。

第二，事业单位招聘优惠：鼓励在项目结束后留在当地就业，参加各基层就业项目相对应的自然减员空岗，全部聘用服务期满的高校毕业生。从 2009 年起，到乡镇事业单位服务的高校毕业生服务满 1 年后，在现岗位空缺情况下，经考核合格，即可与所在单位签订不少于 3 年的聘用合同。同时，各省（区、市）、县及县以上相关的事业单位公开招聘工作人员，应拿出不低于 40% 的比例，聘用各基层就业项目服务期满、考核合格的毕业生。

第三，考学升学优惠：服务期满后三年内报考硕士研究生初试总分加 10 分；同等条件下优先录取；高职（高专）学生可免试入读成人本科。

第四，国家补偿学费和代偿助学贷款政策：参加各基层就业项目的毕业生，符合规定条件的，可享受相应的学费补偿和助学贷款代偿政策。

第五，服务期满自主创业的，可享受行政事业性收费减免、小额贷款担保和贴息等有关政策。

第六，其他：各基层就业项目服务年限计算工龄。服务期满到企业就业的，按照规定转接社会保险关系。

高校毕业生是宝贵的人才资源，引导和鼓励他们面向基层就业，一方面有利于青年人才的健康成长和改善基层人才队伍结构，有利于促进城乡和区域经济协调发展。另一方面也有利于缓解日益严峻的大学生就业形势。

2. 报考公务员

《中华人民共和国公务员法》已由中华人民共和国第十届全国人民代表大会常务委员会第十五次会议于2005年4月27日通过，自2006年1月1日起施行。《中华人民共和国公务员法》中所称公务员是指依法履行公职、纳入国家行政编制、由国家财政负担工资福利的工作人员。我国国家公务员制度具有科学的激励竞争机制。各级政府机关录用人员，都坚持公开、平等、竞争、择优的原则，面向社会、公开考试、严格考核、择优录取。

公务员在职业表现上的一个突出特征就是由国家选任，具有相对稳定性。我国公务员作为国家机关的工作人员，基本上不受市场经济竞争中企业倒闭和企业辞退人员的影响，薪酬福利有保障，社会地位较高。因此，近年来受到大学生的青睐，成为就业选择的热点。

我国公务员选拔录用有专门的法律法规规定，必须严格按照法定的条件和程序，采取考试和考核相结合的方式，公开进行。

（1）国家公务员考试的基本情况

①报名。

根据《中华人民共和国公务员法》，报考公务员的有关人员必须具备相关条件，符合条件的报考者，选择适合自己的职位和部门，携带相关证件到指定地点办理报名手续。

②公开考试。

考试的内容依据部门和地区的实际工作需要设计，主要包括以下内容：第一，公共科目，重点考查通用的基础知识；第二，专业科目，重点考查拟任职位所需的专业知识；第三，行政职业能力，即与工作有关的各种能力，包括视觉能力，对数量关系的理解与计算能力，资料分析，语言理解与表达，逻辑推理判断等能力；第四，分析能力，即对理论问题和实际问题的思辨能力，称为“申论”。

公开考试后，由人事部门划定合格分数线，并公布成绩，并按不同的行政区划，从高分到低分按录取计划人数的一定比例确定进入面试人选，并向面试人员寄发面试通知。

③面试。

重点测试应试者的语言表达、逻辑思维、灵活应变、人际协调、岗位适应、情绪控制能力以及仪表气质等。面试方法主要有：交谈式、小组讨论式、答辩式、模拟操作式等。

（2）国家公务员的录用

①考核。

主要是政治素质考核和拟录用职位工作要求的考核，还包括报考资格条件复审、职务回避考核、道德品质考核等。

常用的考核方法有三种，即查阅档案考核法、谈话考核法和座谈会考核法。考核结束后要形成考核材料，给出考核是否合格、是否可以录用的结论性意见。

②体检。

体检不合格者，不能录用。

③录取。

一是确定推荐比例。一般当合格者人数多于计划录用人数时，以综合成绩高低为序，实行差额推荐。对于合格者等于或小于计划录用人数的岗位，实行等额或缺额推荐。二是公布录用候选人名单。三是编制和管理录用候选人名册。凡考试考核体检合格者，编入录用候选人名册。录用候选人名册的有效期为 1 年，在有效期内，名册中人员保留被推荐资格。

（3）报考研究生

每年从 11 月份开始，学子的目光都集中在就业上。大家时刻关心着各种就业信息，时刻准备为就业而进行每一轮冲刺。与此同时，为了使自己储备更多知识，为今后就业赢取更多的机会，拥有更好的条件以及获得更高的收入，同时为了有效缓解就业压力，读研已经成为大学准毕业生关注的又一焦点。下面介绍一下国家硕士研究生入学考试的基本情况：

①报名。

报考硕士研究生的有关人员必须具备相关条件，符合条件的报考者，选择适合于自己的学校和专业。报名包括网上报名和现场确认两个阶段。网上报名一般在每年的 10 月，现场报名确认在每年 11 月。

②全国统一考试（初试）。

一般在每年 1—2 月、春节前 1—2 个星期。考试科目 3—4 门，依学校和专业不同而不同。第一，公共科目 2—3 门，包括思想政治理论、外语、数学（部分理工类专业考数学）、由教育部国家考试中心统一命题。第二，专业科目 1—2 门，由各招生单位自主命题。

对通过初试者，由各招生单位对全国统一考试合格者发出书面复试通知书。

③复试。

由各招生单位组织进行，复试形式和复试内容均由各招生单位自主决定。一般安排在每年 4—5 月。

④录取。

复试通过后，由招生单位发函到考生的档案所在单位，将考生的档案调往招生单位，审查通过后（主要审查政治题），发放录取通知书。

二、就业程序

随着我国高校毕业生就业制度的不断完善，毕业生就业工作已经成为一项常年性的工作，各级毕业生就业工作管理部门和用人单位都形成了一套完整的工作程序。毕业生在求职之前充分了解这些程序，有助于节约求职成本，避免造成人力、财力、时间的浪费，从而实现顺利就业。

大学生就业管理机构大致由三部分组成：教育部负责制定全国毕业生就业的相关政策；各省、自治区、直辖市和中央有关部委的毕业生就业工作主管部门负责属地内所有高校毕业生就业工作。学校的就业工作部门是信息的集散地，是学校与用人单位建立联系与沟通的桥梁和纽带。因此，了解高校毕业生就业管理部门的工作程序对于毕业生而言至关重要。

（一）高校就业管理部门的工作程序

1. 毕业生资格审查

毕业生资格审查是确认和核实每一位毕业生的入学资格，通过审查后才能取得毕业、就业资格。按照属地原则，实施毕业生资格审查的机构是高校所在地的教育主管机构。毕业生资格审查的主要内容包括：毕业生生源地、姓名、专业、学制、培养方式等。毕业生资格审查的唯一依据是各省、自治区、直辖市出具的招生计划表，通称“招生三联单”。

每年学校的就业管理部门会要求各院、系上报毕业生生源情况。学校根据生源情况进行初审，初审后对有问题的毕业生要求其出具相关资料，一般有以下几种情况：①姓名不符；②生源地变迁；③学籍变动。

学校毕业生就业部门收集以上材料（必须是原件，复印件无效）后进行复审，复审后到所在地教育主管部门进行资格审查。资格审查结束后形成本校的毕业生生源数据库，并形成毕业生生源表。毕业生生源数据库是学校发放各类毕业生就业相关材料的主要依据，而毕业生生源表主要是给用人单位提供生源信息，让用人单位了解本校有多少毕业生，每个专业有多少人，各个专业生在各省的分布情况，供用人单位在选择毕业生时参考。

2. 发布生源信息，收集就业信息

在进行毕业生资格审查的同时，学校还着手制定毕业生的专业介绍。专业介绍从所涉专业、培养目标、专业内容、课程设置（专业课、基础课、选修课）、毕业生适应的工作领域、专业前景等方面对应届毕业生的所学专业进行全面介绍。这是向用人单位提供的基础材料，主要是让用人单位对所需要专业的毕业生情况有所了解。毕业生应采取各种方式广泛收集就业信息，并积极了解各地区的就业政策，加强与用人单位的联系，建设毕业生就业基地，收集就业信息。

3. 发放就业相关资料

学校的毕业生就业部门将向通过毕业生资格审查的毕业生发放《毕业生推荐表》和《全国普通高等学校毕业生就业协议书》。

《毕业生推荐表》每人一份，是学校对毕业生综合情况的证明。由于毕业生在找工作时尚未毕业，所以《毕业生推荐表》也是证明毕业生身份的有效证件。《全国普通高等学校毕业生就业协议书》是为了明确毕业生、用人单位、毕业生所在学校方在毕业生就业工作中的权利和义务，经协商签订的协议。《全国普通高等学校毕业生就业协议书》一式三份。签约后由用人单位、学校和毕业生各存一份。就业协议书是高校毕业生与用人单位订立的确立劳动关系的协议，实质上是劳动合同的一种特殊表现形式。个别毕业生签了《全国普通高等学校毕业生就业协议书》，但不去报到或是报到时发现单位与他想象的不一样，提出解约，单位不同意解约就一走了之，这是不可取的。

《毕业生推荐表》和《全国普通高等学校毕业生就业协议书》是毕业生就业过程中的重要文件，毕业生要妥善保存，如有遗失需按有关规定到就业管理部门办理相关手续。

4. 对毕业生进行就业指导

各高校的毕业生就业部门将通过就业指导课、就业指导讲座、就业咨询、发放就业资料等形式对毕业生进行就业指导。现在许多高校都开设了就业指导课，大学生一入学就开始学习职业生涯设计的内容，逐步实现了全程化的就业指导。

5. 组织校园招聘会

学校的毕业生就业管理部门将在对申请来校的用人单位进行审核后，为其安排举办校园招聘会的时间、地点，并在恰当的时间组织全校规模的招聘会。由于学校的毕业生就业市场针对性较强，是当前毕业生就业的主渠道，毕业生要充分利用这些机会实现就业。

校园招聘会一般从每年的 1 月开始，在 12 月达到高峰。这一时期，用人单位的数量和质量都会达到顶峰，是毕业生就业的黄金季节。次年的 3 月末至 4 月初，会出现第二个高峰，这一时期也是毕业生与用人单位签约的高峰时期。

6. 制订就业方案

每年 5 月份开始，学校将根据毕业生与用人单位签订的就业协议制订就业方案。就业方案初步形成后需要毕业生本人核对并确认。在就业方案形成过程中应遵循以下原则：

①有具体单位的毕业生直接派往具体单位，毕业生要认真核对单位名称及单位所在地。

②录取研究生和专升本的毕业生不派遣，不发放报到证。

③申请档案留校的毕业生在办理相关的手续后，暂不派遣，暂不发放报到证。

④毕业生出国学习，派遣到生源地。

⑤定向毕业生原则上一律派回原定向单位，有特殊情况需要改派的，需按学校所在地的教育主管部门具体政策办理。

⑥没有落实单位的毕业生可以与地方政府的人事代理机构签订就业协议，办理人事代理，报到证发往人事代理机构。

人事代理是指各级行政部门所属的人才流动服务机构或者人事代理机构，受代理对象的委托，根据国家、省、市人事政策法规，运用社会化服务方式和现代科学手段为“三资”企业、私营企业、股份制公司、民办科研机构等无主管单位以及不具备人事管理权限的单位、要求委托人事代理的其他企事业单位以及为自费出国和以辞职等方式流动后尚未落实单位的专业技术人员和管理人员提供档案保管或有关人事方面的服务工作。它的出现，对于拓宽毕业生就业渠道、改革传统毕业生就业方式、保障毕业生和用人单位的合法权益有着重要的意义。

毕业生毕业后如果到“三资”企业、私营企业、股份制公司、民办科研机构等无主管单位以及不具备人事管理权限的单位工作，单位可为其办理人事代理手续。毕业生毕业后如果暂时无具体单位，也可以自己到各级行政部门所属的人才流动服务机构办理人事代理手续。具体办法是与当地政府的人才服务中心签订协议书之后，可以得到人事档案保管；办理毕业生见习转正手续；代办养老保险并计算工龄；接收人事关系、党组织关系和户口；按国家政策规定代办档案工资定级、调资手续；代办专业技术职务任职资格初定、申报手续；办理人才流动手续；办理考研、出国的政审并签署意见；推荐就业等服务。

⑦没有落实单位的（申请档案留校或留省级高校毕业生就业主管部门的除外）按各省主管就业部门的要求，一律派回生源所在地。

7. 就业派遣

学校形成就业方案并上报教育部，经过教育部审核后打印《全国普通高校本专科毕业生就业报到证》(简称《报到证》),《报到证》经所在省市的教育主管部门验印后生效。学校按此方案进行派遣。学校各有关部门根据就业方案办理户口迁移证明、党团关系转移证明等材料。

8. 办理离校手续

毕业生档案在毕业生离校后由学生档案管理部门统一以机要的方式寄送到用人单位。毕业生本人无权携带人事档案。毕业生档案材料必须包括：毕业生登记表、学习成绩登记表、奖惩情况、学位授予证明、入党（团）志愿、毕业生离校的体检结果、报到通知书等。档案是证明毕业生学习经历的重要材料，不可复制。毕业生一定要重视自己的档案。

（二）大学生就业程序

一个完整的择业过程指从大学生准备找工作，到去单位正式报到并转递完档案人事关系为止的整个活动过程。具体而言，包括收集信息、确定目标、准备材料、参加招聘、签订协议、去单位报到等步骤。

1. 收集就业信息

就业信息是指与就业有关的消息和情况，包括就业政策、就业机构、社会需求、毕业生资源等。在求职过程中，就业信息数量多少与质量高低关系到择业的成败。一个择业者如果所拥有的信息量大、质量高，就业视野就宽阔，成功率也会相应地提高；反之，择业的范围就小，就要受到一定的限制。随着就业制度的改革，就业信息越来越被求职者所看重。就业信息的获取对职业选择起着举足轻重的作用。

收集就业信息是就业过程的第一步。主要通过关注各高校毕业生就业指导中心、各级政府毕业生就业主管部门和就业指导机构、各地人才市场和人才交流会、各种传播媒体发布的信息和亲朋好友关系以及社会实践活动等多种渠道收集以下各种类型的信息。

第一，政策和法规信息。由于近几年大学生就业形势十分严峻，国家和各地方政府先后颁布了一系列有利于大学生就业和鼓励大学生创业的政策和法规，毕业生们必须时刻关注和了解这些信息。例如：国家及学校有关毕业生就业政策和规定，《中华人民共和国劳动法》《中华人民共和国劳动合同法》《普通高等学校毕业生就业工作暂行规定》《中华人民共和国公务员法》《公务员考核规定（试行）》等。

第二，当前大学生就业市场的供需信息。社会经济发展形势、社会各行业、各类企事业单位经营状况和对毕业生的需求等。尤其要重点了解本校、本专业的社会需求情况以及用人单位对毕业生的基本要求等。

第三，用人单位的信息。例如：自己所学专业哪些用人单位需要，需求数量是多少，用人单位的准确名称、地址、所有制性质、隶属关系、生产经营状况、文化背景、发展前景、工作条件、福利待遇、对人才的重视程度以及对毕业生的具体安排使用意图等。

第四，就业活动安排信息。例如：召开企业说明会，宣讲会的时间、地点；举办招聘会或供需洽谈会的时间、地点；举办网上市场等。

第五，择业和创业的经验、教训的信息。

大学生在获取信息后，还应尽快使用信息，这不仅因为求职信息的有效期限比较短，最长不过几个月，而且所有的信息对全国各高校的毕业生都是公开的。所以毕业生在使用信息时，既不能过急，也不能拖拉。

2. 自我分析

①自身综合素质、能力的自我测评。这包括学习成绩的名次、自己的兴趣、特长、爱好，有何出众的能力（包括潜能）等。

②分析自己的性格、气质。如果能从事与自己的性格、气质相符合的工作，就容易出成绩。可以用一些测试表对自己的性格、气质进行一定的分析。

③自己在择业过程中，具有哪些优势，哪些劣势，应该如何扬长避短。

④自己想做的和能做的。自己想在哪一方面有所发展，想成为什么样的人。

3. 确立目标

（1）就业地域

在沿海城市就业，还是在内地就业；是留在本地就业，还是去外地就业；是留在城市就业，还是下基层就业。此时，既要考虑是否符合政策规定，同时还要考虑生活习惯及今后的发展等因素。

（2）就业行业范围

在本专业范围内就业，还是跳出本专业到其他行业就业，是从事本专业范围内的技术工作、管理工作、社会工作，还是从事教学工作、科研工作等。此时，应多想自己的综合素质、能力及兴趣、特长。

（3）就业单位选择

是去大企业就业，还是去小公司就业或应聘公务员；是选择国有企业，还是选择三资企业或民营企业或选择自主创业等。在这些单位中，有哪些单位前来招聘，自己是否符合条件，自己最希望到哪一家企业工作。对于愿意从事教育工作的大学生，选择什么样的高校或什么层次的学校。

4. 准备自荐材料

自荐材料包括学校推荐表、个人简历、自荐信以及有关的辅助证明材料。这几种材料虽然单独都能使用，但各自的侧重点不同。自荐信主要表明自己的态度，个人简历主要说明自己过去的经历，证明材料强调自己所取得的成绩，学校推荐表则体现了学校对自己的认可。缺了任何一个方面，自荐材料都不够完整。

自荐材料是反映毕业生个人总体情况和综合素质的主要材料，是毕业生与用人单位信息交流的载体，也是用人单位透视大学生的一扇“窗户”和决定是否面试的重要依据，故自荐材料被称为大学生求职择业、赢得面试的“破门砖”。

5. 参加招聘会

在大学生就业活动中，招聘会或就业市场在用人单位与大学生之间架起了见面、沟通的桥梁。在招聘会或就业市场上，用人单位与大学生之间第一次接触，用人单位向毕业生宣传单位发展情况，同时收集众多毕业生的自荐材料（有的单位可能向应聘学生发放登记表）；毕业生则在了解用人单位的大致情况后，将自荐材料和登记表交给招聘单位。从某种意义上说，大学生参加招聘会或就业市场，大多数仅完成了一项材料递交工作。当然，也有一些毕业生与用人单位“一见钟情”，当场签约。

为提高效率，毕业生可以有选择地去几个招聘会或就业市场。另外，毕业生还可以将自己的自荐简历通过邮寄或电子邮件等方式寄给用人单位，用人单位可以凭借这些材料进行分析，决定是否通知你参加笔试或面试。

6. 应聘和签约

（1）应聘

应聘是指大学生通过各种途径与用人单位招聘人员接触，参加其组织的笔试、面试的一系列过程。应聘主要有两种形式：一是毕业生本人去用人单位参加面试、笔试；二是毕业生到各级就业指导管理部门主办的毕业生招聘会或就业市场应聘。

（2）签约

签约即签订就业协议。用人单位和毕业生通过“双向选择”确定意向后，由用人单位向被录用的毕业生发放录用通知书。毕业生在接到录用通知书后，双方签订就业协议书。就业协议书一旦签订，不得随意更改。如果一方提出毁约，必须征得对方同意，并根据协议缴纳违约金。

7. 报到

毕业生在顺利完成学业并与用人单位签订就业协议、做好各项离校准备工作之后，应在规定的时间内前往接收单位报到上班。报到需准备以下材料：报到证、毕业证和学位证、户口关系、档案关系、组织关系。

报到时可能遇到的问题及处理方法如下：

（1）报到证遗失或损毁

如果发生了报到证遗失的情况，应及时登报挂失，向学校主管部门提出书面申请，然后由学校主管部门上报上级主管部门予以补发。

（2）报到时接收单位拒收

毕业生与用人单位签约具有法律效力，双方均有义务遵守。但是，如果由于用人单位发生一定改变，如企业破产、削减编制、转产等原因，而无法继续接收毕业生时，则单位必须向学校出具退函，详细说明缘由，毕业生重新联系单位就业，必要时，单位应适当赔偿毕业生损失。

（3）毕业生未能按期报到

毕业生应在规定的时间内报到。如果由于不可抗拒的原因无法按期报到，应采取信件、电话、电子邮件、传真等方式向接收单位说明和请假。逾期不报到，又未向接收单位说明请假的，可能发生接收单位拒绝接收的后果。

（4）毕业生因表现不好被接收单位退回

在报到以后，由于工作表现不好而被用人单位退回，学校将把其档案、户口等关系转回家庭所在地。

8. 调整改派

（1）毕业生调整手续

调整指毕业生毕业时申请档案留校的和没有具体单位派回生源地人事局的，现已找到具体工作需要派遣的毕业生就业手续。申请档案留校的毕业生须将与学校签订的《申请档案留校协议》和与单位签订的协议一并交回就业中心，由学校就业指导部门到所在地教育主管部门办理调整手续；派回生源地人事局的，如在报到期限内只需将原报到证及已签单位协议一并交到学校毕业生就业指导部门，如超过报到期限，须有生源地人事局同意到其他地方解决的解除函、原报到证及已签单位协议一并交到学校就业指导部门，由学校就业指导部门统一到省教育厅办理调整手续。

（2）毕业生改派手续

改派指毕业生毕业时已派遣到具体用人单位，现与原单位违约又联系到新单位的需要重新派遣的毕业生就业手续。毕业生需提供原单位同意解除协议的退函、原单位报到证及新单位接收函等三份材料，由学校就业指导部门到所在地教育主管部门办理调整手续。

第二节　毕业目标与就业政策

一、明确毕业目标

每逢毕业季，生机勃勃、热情四射、思想自由的大学毕业生们都自信满满，热情地投入到即将自己独立奋斗的时代。曾经觉得无比漫长的大学时光，就要迎来终点。心怀梦想，我们的人生就会更加温暖、灿烂；坚持梦想，我们的人生才会绽放光彩，就像马云说的，“梦想还是要有的，万一实现了呢？”要做一个有梦想的、辛勤的人，不断学习，打造自己的职业品牌。

想一想，毕业的时候你希望成为什么样子？是否还记得自己大一时做的职业生涯规划定了什么目标？行动计划是什么？三年里为这个目标具体做了些什么？有过什么实践、实习？知识、能力、素质提升了吗？具体表现在哪些方面?

如今“大学生”早已不是高大上的代名词了。大学毕业在即，毕业生们纷纷开始对自己将来的发展做准备，毕业的去向有很多选择（如表5-1），有的开始考研，有的准备就业，究竟哪条路是正确的呢?

表 5-1　选择毕业去向

选择		去向
升学		考研
		保研
		出国读研
就业	公职招考就业	公务员
		事业单位
		选调生
	自主创业、就业	国企
		外企
		民企
		自由职业
	基层就业	村官计划
		西部计划
		三支一扶
		特岗教师
	参军	提前入伍
		毕业后入伍
创业	合作创业	创立研发型企业
		创立生产型企业
		创立商业性企业
	单独创业	创立研发型企业
		创立生产型企业
		创立商业性企业

无论如何选择，首先都要从自身情况出发，理性地选择，不要盲目跟风。

（一）升学

1. 国内考研

可以延缓就业压力，推迟就业期的到来；方便留在大城市，满足学历要求，增强竞争力；在自己的学术领域进行更深入的研究，学术上有创见，可以沿着这个方向一直努力，毕业后获得稳定的工作，并建立更高层次的人际关系网络。

考研之前要问问自己为什么考研，是找不到工作还是想深入研究专业而考研？如果想通过考研逃避就业压力，那就不现实了。研究生毕业后，就业压力仍在，毕业后年龄偏大，失去年龄优势，特别是女生，要面临更多的年龄歧视。而且有了更为年轻的竞争者，压力越加沉重；学术研究层次越高，就业面越窄，毕业后，面对更加激烈的竞争，此时却已无法放弃本专业。如果考研只是为了规避和缓解就业压力，建议不要考研，研究生毕业后压力只增不减，而且会使你丧失积累经验的机会。

2. 留学读研

我们听得最多的留学好处就是：到国外去学习不失为一个开阔眼界，增长见识的好机会。其实，当今社会资讯已经非常发达，我们完全可以从媒体、互联网上综合了解到外国的许多状况，也能够想象得到在国外是如何生活的。曾经有个留学生在微博上感慨说，留学让她得到的不止是学历，更重要的是获得包括“把自己丢在任何地方都能生存的能力”的各种能力。而就像会两种语言的人更加容易学习第三种语言一样，留学期间接触到不同文化的人，会让留学生更容易接受不同的文化。留学不仅极大地开阔年轻人的视野，真实体验多元文化，锻炼独立思考的能力，培养坦然面对胜利和失败的心态，并且有助于你以更全面的眼光理解人性和社会，而且这也是人生中一段享受优越生活环境的宝贵时光。

在国外学习，专业选择很多样化。这有两层含义，一是国外大学开设的专业非常广泛，很多专业在国内还是空白，或者国内同等专业不被国外普遍承认，典型的包括临床医学和法律专业。如果你想在国外执业，那么你只有选择拿国外的学位。二是在中国，报考研究生时大多仍然要求有本科同专业的背景，而去国外读硕士则比较灵活，有不少就读门槛并不需要学术考试，而且转专业比较方便。比如，英文专业的毕业生可以申请会计、教育、传媒甚至 IT 专业——这在国内几乎是不可能的。

获得海外工作和实习机会。这是一个留学生不可错过的海外经历。其实挣钱并不是首要的，工作过程中，学到他们的管理和做事风格，同事之间工作和业余的交流也是思想和文化的碰撞和融合。

省时高效，可以尽早进行职业生涯规划。读书效率是国外大学和国内大学之间比较显著的差异。一方面，发达国家在教育方式、理念、教学设施上比较先进。另外一个优势是时间，我们知道，国内大学的标准读书时间是本科 4 年、硕士 3 年，而在美国硕士普遍是 2 年，澳大利亚、英国、新西兰、新加坡等国，硕士只需一年，这就大大降低了留学的机会成本，因为你可以比国内的同龄人早 2 年硕士毕业，开始职业生涯规划！

（二）公职招考就业

公务员会有稳定的收入和生活，有良好的保障和一定的社会地位及相应的权限：职业轨迹确定，工作没有太大的浮动性；国家机构员工，本身带有荣誉性质。要求具备全心全意为人民服务、实事求是、秉公执政、勤政廉洁、禁绝奢华、严以律己、宽以待人的职业道德修养和调查研究、决策计划、综合协调、较好的表达等能力，并精通公文的撰拟与办理规则。但是工作枯燥，忙起来极忙，闲起来极闲；升职总与考试、考核挂钩；有些机关人际关系复杂，勾心斗角；收入稳定，但没有大幅提高的可能，只能保持平均水准；坐在清水衙门、没有晋升可能的人没有成就感。所以有志从政的人、真心想改变国计民生状况的人、想要一个稳定工作的人都可以选择。

（三）自主就业

1. 国企（或事业单位）就业

有稳定的收入，良好的福利保障；有国家做后盾，安全系数高；国企注重员工素质，要求员工为人处事遵循一定规则，可以有较多的培训机会；有些行业工作相对安逸，心理压力相对较低；国企锻炼人，能够形成良好的就业观。

但是国企存在论资排辈现象，人际关系较复杂；中西部的国企，大多待遇一般。

2. 私企就业

在多数私人企业的管理机构中，新人能够很快学到实用的知识、发挥能力，需要一职多能，无形中提高了自己的能力，发展空间较大；而且贡献决定待遇，自由度大，升职、积累经验相对更快，想跳槽也容易。

但是私企的素质参差不齐，毕业生缺乏经验，很容易被第一份工作定型，错误的观念和不良的职场习惯会限制发展。同时，私企同样有广阔的发展空间，不会束缚才能。

3. 外企就业

外企有系统的企业文化、管理制度，能够学到更多的东西；强调个性和创造性，有利于培养能力，也有利于搭建自己的人脉；注重员工发展，给予员工很多培训，高薪，福利好，工作环境好。

外企的高薪高酬是很多毕业生追求的目标，进入外企，感受成熟的企业环境和管理系统，有利于毕业生学到更多的东西，提高个人能力和改进行业观念、企业文化意识。外企能够全方位地充实员工的头脑。但是，外企竞争激烈，职位天花板现象出现较早。

4. 自由职业

自由职业也被称为“隐形就业”。当前的就业形式正在向多元化发展，隐性就业正成为一种新的趋势。它可以充分发挥自己的才能爱好，时间自由、充裕；能够全面安排自己的生活；自由职业适合有艺术气质的人，SOHO 族的生活虽然令人羡慕，但存在的隐患也不容忽视，自控力强、计划性强、有理财观念的人能够适应自由职业，并保证自己的生活；容易产生情绪的人，还是需要工作来规范，不建议太过“自由”。

自由职业没有稳定收入，必须自己注意社保和养老问题；脱离社会太久，不容易融入；对自制力要求极高。

隐性就业不是失业，而是就业甚至是创业，是新时代造就的新的就业形式。这种就业形式是对“显性就业”的一种有效补充，丰富了劳务供给方式，分流了就业压力，缓解了社会焦虑，也为经济注入了活力。

还有的毕业生不做上述选择，而是送了自己一个“间隔年”，给自己踏入社会加了一个缓冲期。他们说：“从小到大我都很听爸妈的话，但我不想走他们安排好的路。我想在这一年时间里，寻找到真正的自己，更好地融入社会。”悠闲“间隔年”最先是从国外流行开来的。它是西方国家的青年在毕业之后工作之前，选择做一次长期的旅行，体验与自己生活的社会环境不同的生活方式。其间，他们会离开自己的国家旅行，也适当做一些与自己专业相关的工作或志愿者工作。在此过程中，学生培养自己的国际观念和积极的人生态度，学习生存技能，增进自我了解，从而找到自己真正想要的工作或者找到更好的工作，更好地融入社会。面对即将到来的就业季，互联网上成长起来的 90 后也喜欢这一玩法。

（四）创业

“自己的事业自己做主”，创业可以最大限度激发人的潜质，培养系统性的思维能力；创业成功的成就感无可取代。“全面推进创新创业教育和自主创业工作”——教育部近日发布的一项年末例行公告《关于做好 2015 年全国普通高等学校毕业生就业创业工作的通知》中，这一条内容被“置顶”为最重要的部分。创业课程算学分，允许休学创业，落实创业优惠政策……这份通知传递了国家对扶持创业愈发重视的信号。

结构性就业难成为近年来中国毕业生面临的突出问题。专家认为，就业难已是常态，自主创业将成为新常态，摒弃就业“等靠要”的思想，鼓励创业带动就业问题的解决，已是大势所趋。创业能力是一个人在创业实践活动中的自我生存、自我发展的能力。一个创业能力很强的大学毕业生不但不会成为社会的就业压力，相反还能通过自主创业活动来增加就业岗位，以缓解社会的就业压力。

目前，大学生就业市场的竞争日益激烈，企业招聘大学生，既要看毕业学校，还要看大学生实践经验，而实践能力水平成为用人单位选贤任能的重要标准之一。学生可以通过自主创业这一平台提高实践能力，积累更多实践的经验以及社会经验，提前为毕业后进入好公司打好基础。

大学毕业生通过自主创业，可以把自己的兴趣与职业紧密结合，做自己最感兴趣、最愿意做和自己认为最值得做的事情。在五彩缤纷的社会舞台中大显身手，最大限度地发挥自己的才能，并获得合理的报酬。

创业有利于培养大学生的创新精神。近年来，商品经济时代的飞速发展，就业危机越来越严重，就业压力越来越大，在如此的压力之下，具有创新思想就具有很重要的意义，只有具有创新意识和创新思想的人才能在激烈的竞争中脱颖而出。在创业过程中，要学会逻辑分析，全方位思考，面对问题不断改进不断创新，从而提高思维的活跃性。

今年开始，国家鼓励和支持大学生休学创业。休学创业为那些有创业能力和热情的学生提供了空间和可能，对掌握核心技术，尤其是科技类院校的学生来说，有很大的吸引力。

二、了解就业政策

随着国家和地方经济增速进入新常态，宏观就业压力不减，如2015年大学生就业需求在结构性方面有变化，民营中小企业、二三线城市需求明显上升，例如，据江苏省教育厅提供的数据，该省2015年计划招聘江苏高校毕业生量比2014年实际招聘江苏高校毕业生量增加19.0%，很大程度上是源于其服务业的迅速发展，而对用人需求增量较大的交通运输、仓储、物流和邮政业等并不是国企的优势领域。鼓励高校毕业生下基层就业仍然是国家重要的政策导向。

众所周知，我国的现状是大城市、大机关、科研单位、高校人满为患，容易人浮于事。基层却人才匮乏，有的还相当奇缺。基层为大学生施展才华提供了有利条件。大学生要想成才，没有什么捷径可走，只有立足基层，才能大有作为。我国人事制度正在进行较大改革，而且边远地区与发达地区的差距正在缩小，越来越多的边远地区采取了很多吸引人才和有利于人才成长的措施。随着市场经济的不断发展，人事制度也正在适应新要求，越来越开放，人才流动的机会将会越来越多。首次择业成功或未能如愿，还可以有第二次、第三次甚至更多的择业机会，越来越开放的人事流动制度，将会为毕业生提供更为广阔的就业通道。

2015年，国家基层就业政策在保持连续性和稳定性的同时，又新增了一项利好消息：从今年起，高校毕业生在中西部地区和艰苦边远地区县以下基层单位从事专业技术工作，申报相应职称可不参加职称外语考试或放宽外语成绩要求。同时，国家也积极鼓励高校毕业生自主创业。据介绍，2015年继续执行的优惠政策主要包括：税收优惠、小额担保贷款和贴息支持、免收有关行政事业性收费、享受创业培训补贴、有关机构提供免费创业服务、除直辖市外大部分省对毕业生创业落户取消限制等。

（一）基层就业

1. 基层就业的内涵

我们不能把基层简单地想象成穷乡僻壤的代名词，它是一个内涵十分丰富的概念。它既包括广大农村，也包括城市的街道社区；既涵盖县级以下的党政机关、企事业单位和社会团体组织，也包括了非公有制组织和中小企业。基层还包括艰苦行业和艰苦岗位，如一些地质勘探队，虽说单位在城市，但工作地点长年累月在野外。

所谓基层就业，就是指到城乡基层去工作，到生产、服务第一线去工作。毕业生到农村或城市的街道社区、县级以下党政机关、企事业单位、社会团体等第一线工作，都是到基层就业。高等教育大众化时代决定了毕业生接受的不是精英教育而是通才教育，高素质的普通劳动者决定了高校毕业生必须面向基层就业、创业。

2. 基层就业的意义

在当前我国高校毕业生就业前景日益严峻的形势下，不少毕业生在认识上存在不少误区，还没有认识到去基层就业的必要性和重要性，有的深受“理想择业标准”的影响，宁可成为“啃老”族也不愿到基层去就业。其实，基层就业对国家是战略性就业项目，而对个人来说是一个难得的历练机会，是未来从事公职岗位必要的经历。

（1）基层就业是破解我国当前大学生就业难的必然要求

近几年，我国劳动力供应总量处于一个高峰值，人才市场的供需矛盾和就业结构性矛盾错综复杂地交织在一起。面对激烈的就业竞争市场，毕业生应该努力提高就业竞争能力，拓宽就业视野。在选择就业岗位和地区时，应该脚踏实地，从实际出发，首先要解决独立生活的问题。高薪固然可喜，低薪也不是不能就业。要勇于到基层、到农村去锻炼，让自己在艰苦复杂的环境中脱颖而出，为自己创造就业的岗位。

（2）基层就业是我国社会经济及高等教育发展的必然结果

改革开放三十多年来，我国经济的发展取得了举世瞩目的成就，高等教育实现了从“精英教育”到大众化教育的转化，在不久的将来还将进一步发展到高等教育普及化阶段。市场经济体制的确立，要求社会的一切资源包括人力资源由市场来进行选择和配置，要求毕业生通过参与市场的竞争来实现自己的就业。

3. 基层就业的途径

（1）国家基层就业项目

近几年，我国制定了一系列政策，积极引导和鼓励毕业生面向基层就业。目前由国家统筹实施引导高校毕业生到基层去就业的有四个专门项目：

中组部、教育部等四部门从 2008 年起组织实施的“选聘高校毕业生到村任职工作”（简称“村官”计划）。

教育部、财政部等四部门从 2006 年开始组织实施的“农村义务教育阶段学校教师特设岗位计划”（简称“特岗教师”计划）。

中组部、人力资源和社会保障部等八部门从 2006 年开始组织实施的“支教、支农、支医和扶贫计划”（简称“三支一扶”计划）。

团中央、教育部等四部门从 2003 年起组织实施的“毕业生志愿服务西部计划”（简称“西部计划”）。

鼓励高校毕业生到基层、到中西部地区就业的鼓励政策有：

第一，对到农村基层和城市社区公益性岗位就业的，给予社会保险补贴和公益性岗位补贴；对到农村基层和城市社区其他社会管理和公共服务岗位就业的，给予薪酬或生活补贴。

第二，对到中西部地区和艰苦边远地区县以下农村基层单位就业并履行一定服务期限的，由政府补偿学费，代偿助学贷款。

第三，对有基层工作经历的，在研究生招录和事业单位选聘时优先录取。

第四，对参加“选聘高校毕业生到村任职”“三支一扶”“大学生志愿服务西部计划”“农村义务教育阶段学校教师特设岗位计划”等项目的，给予生活补贴，按规定参加社会保险；项目服务期满并考核合格的，报考硕士研究生初试总分加 10 分，高职（高专）学生可免试入读成人本科；今后相应的自然减员空岗全部聘用参加项目服务期满的高校毕业生。

（2）基层灵活就业

我们把毕业生在非公有制组织和中小企业就业的形式统称为基层灵活就业，基层灵活就业包含在民营经济组织和民办教育机构就业。民营企业作为我国经济发展的一支重要力量，在吸纳毕业生就业方面发挥着相当重要的作用，为高校毕业生施展才华提供了广阔的发展平台。

第一，民营企业成为就业的主阵地。

“十一五”期间，我国登记注册的私营企业数量已经超过 840 万户，年均增速达 14.3%，私营企业已成为中国最大的企业群体，占全国实有企业总数的 74%。同时，民营企业（含个体户）所提供的就业岗位数量占全国城乡总就业人口的比例逐年提高。近年来，随着国内民办教育事业的逐渐壮大，民办教育机构在教师待遇、福利保障、职业稳定性等方面正在逐步缩小与公立学校之间的差距，这也使得不少求职者将视线转移至数量众多、职位“命中率”较高的民办教育机构。

据麦可思 2012 年中国大学生就业报告的调查结果显示，“民营企业 / 个体”是 2011 届大学生毕业就业最多的用人单位类型，本科院校有 46% 的毕业生就业于“民营企业 / 个体”，而且就业比例最高的用人单位规模是 300 人以下的中小企业，占 50%。高校毕业生进入非公有制单位就业已经是大方向。

第二，基层灵活就业政策保障。

国务院积极鼓励、支持高校毕业生到基层灵活就业，大力支持各类中小企业和非公有制单位聘用高校毕业生，在《关于引导和鼓励高校毕业生面向基层就业的意见》中，对高校毕业生在基层就业提供了以下政策支持：

对非公有制单位聘用非本地生源的高校毕业生，省会及省会以下城市取消落户限制。对到中小企业和非公有制单位就业的高校毕业生，在专业技术职称评定方面，与国有企业员工一视同仁；对他们当中从事科技工作的，在按规定程序申请国家和地方科研项目和经费、申报有关科研成果或荣誉称号时，要根据情况给予重视和支持。

依法加强对各类企业签订劳动合同、兑现劳动报酬和缴纳社会保险情况的监督检查，维护到中小企业和非公有制单位就业的高校毕业生的合法权益。到非公有制单位就业的高校毕业生，参加了基本养老保险的，今后考录或招聘到国家机关、事业单位工作，其缴费年限可合并计算为工龄。

（二）公职招考

1. 公务员招考

2005 年，《中华人民共和国公务员法》颁布，明确规定录用担任主任科员以下及其他相当职务层次的非领导职务公务员，采取公开考试、严格考察、平等竞争、择优录取的办法。

2007 年，中组部、原人事部下发了《关于印发〈公务员录用规定（试行）的通知〉》；同日，原人事部下发《公务员录用规定（试行）》。《规定》对公务员考录的原则、报考条件、招考程序和方法以及纪律与监督等做出全面规定，进一步完善了考录制度。

（1）中国公务员

中国公务员正规统一的叫法为国家公务员，不管是中央还是地方都是国家公务员，具体才分为中央、国家机关公务员和地方国家公务员。

公务员考试分为中央和地方两种形式。

国家公务员考试是指中央、国家机关及其派生机构、垂直管理系统所属机构录用机关工作人员和国家公务员的考试。

地方公务员考试是指地方各级党政机关、社团等为招录机关工作人员和国家公务员而组织进行的各级地方性考试。

中央和地方考试单独进行，不存在从属关系，考生根据自己要报考的政府机关部门选择要参加的考试，也可同时报考，相互之间不受影响。

中央公务员考试和地方考试性质一样，都属于招录考试，考生填报相应的职位进行考试，一旦被录取便成为该职位的工作人员。具体公务员政策可参看国家公务员网的相关政策。

地方公务员考试有资格考试和招录考试两种，资格考试即成绩合格者发给公务员资格证书，考生可凭此资格证在市、区、县等国家机关求职，如北京市。有的需要再参加具体部门一些考试，有的直接为面试考核。绝大多数地方公务员考试采用的是招录考试的方式，考生选择职位报名参加考试，考上后就直接录取为该部门的公务员，和中央公务员考试程序一样。

（2）考试方式

各个地方的考试科目都是地方自定的，一般都有笔试和面试，笔试科目各有不同，北京、山东、浙江、上海和广东等省（市）的笔试科目为《行政职业能力测验》和《申论》。要报地方公务员考试的同学要注意查阅当地政府公布的招考简章，以便有针对性地进行复习。当下就公务员考试改革来看，倾向于向考《行政职业能力测验》和《申论》两科靠拢。

第一步：笔试。

中央、国家机关的公务员考试包括笔试（公共科目、专业科目）和面试，以前公共科目笔试按 A、B 类职位分别进行。A 类职位笔试公共科目为《行政职业能力测验》（A）和《申论》；B 类职位笔试公共科目《行政职业能力测验》（B）；专业科目笔试和面试时间由招考部门自行通知。从 2006 年开始，A、B 类都要考一样的科目，就是《行政职业能力测验》和《申论》，只不过《行政职业能力测验》分别命题。

国家公务员考试按中央机关招录职位区分为三类，在考试内容和招录政策上有所区别，分别为中央机关及其省级直属机构、市（地）级以下直属机构、专业性较强的部门（单位）。

笔试包括公共科目和专业科目。公共科目由中央公务员主管部门统一确定，专业科目由省级以上公务员主管部门根据需要设置。

第二步：面试。

面试比例与计划录用人数比例一般有 3∶1、4∶1、5∶1 三种，只有通过笔试后，按录用人数与面试比例确认笔试成绩排名前几位的才有面试资格，进入面试关。如 2014 年的公务员面试中，湖南实行省、市、县、乡四级联考集中面试。在面试进行前的半小时，考官、考生分别“抽签”决定考场，考官 100% 异地交流。面试过程中考生不准透露自己的名字，仅交代考号。考生考完后当场宣布成绩，用公开透明的方式杜绝一切“猫腻”。

（3）考试时间

2002 年起，中央、国家机关公务员招考工作的时间被固定下来，报名时间在每年 10 月中旬，考试时间在每年 11 月的第四个周末。

省、直辖市、自治区国家公务员考试时间由各地自行决定并组织实施，部分地区每年在上、下半年各组织一次考试，全国大部分地区每年只考一次，省级以下公务员主管部门不组织开展公务员考试。

（4）体检和考察

面试和专业科目考试结束后，将按照综合成绩从高到低的顺序确定进入体检和考察的人选。拟录用人员由招录机关按规定的程序和标准从考试成绩、考察情况和体检结果合格的人员中综合考虑，择优确定。

（5）报考注意事项

网报。网上报名时要注意四个方面。一是要如实填写相关信息。虽然在网报的过程中不会进行资格审查，但在面试资格审查的环节中你所填写的资料会被要求开具证明，在面试过关后还有个公示的过程。二是要根据职位要求，选择自身条件与岗位要求相符合的职位报考。这些要求包括国籍、年龄、身体条件、专业、学历等。有的报考职位对政治面貌、工作经验、英语水平以及计算机水平等都有要求。三是选择中间的时间段报名。可以每天关注岗位报考人数的统计信息，根据岗位报名人数选择报名岗位。注意不要在最后一两天网报，因为报名信息和照片都有个审核过程，避免因报名系统拥堵造成信息传递不成功。四是上传照片采用合乎规格的证件照。这不仅是系统的要求，还因为这张照片构成对你的第一印象。

关注职位调剂信息。对面试人数不足的职位，会在网上进行公开调剂。调剂期间，凡笔试达到合格线，但第一批未入围面试的人员，如符合调剂职位的资格条件，均可在网上自愿重新报名参加调剂。

按时参加资格审查。资格审查时须提供本人毕业证、报名表、准考证、身份证、职位要求的有关证件等。如果是应届毕业生，资格审查时还未取得毕业证，就要提供所在学校开具的报名推荐表（表格在报名网站下载）。

体检。体检时应在医师指导下检查所有体检项目，千万别漏项，以免影响录取。体检后如果对体检结果有异议，可提出复检要求。复检要求应在接到体检结论通知之日起七日内提出。复检只能进行一次，结果以复检结论为准。

（6）公考“曲线救国”的其他途径

2014 年国考最火的岗位，是国管局政府采购中心采购三处。比较近四年的热门职位，我们发现近四年最热职位均来自“国务院参照公务员法管理事业单位”，其中有三个职位的机构层级为“中央”级。相较于中央党群机关“除特殊职位外均要求两年以上工作经历”的严格要求，“国务院参照公务员法管理事业单位”这一系统中部分职位门槛并不高；且享受公务员同等待遇，对于有心报考“中央级”职位的应届毕业考生来说，“曲线救国”、从其他系统“进门”无疑是一个很好的选择。

通过对比不难发现，近四年最热职位的基层工作经历均不限，其中三个职位政治面貌无要求，专业范围要求也较广，尤其2013年的“不限专业”，吸引了9000多人报考。因此，招录条件的“少设限”和“不设限”，成为考生竞相报考的原因。像2013年的采购三处副主任科员及以下职位，尽管要求建筑学、土木工程、工程管理专业，与往年最热门职位相比，专业范围相对狭窄，但学历要求为本科或研究生学历、政治面貌不限、工作年限不限，门槛并不高，只要符合专业要求就可报考。

国家机关事务管理局中央国家机关政府采购中心也拿出了几个职位招录，但均未“显山露水”。与采购三处副主任科员及以下职位相似的职位为采购监管处主任科员及以下职位，学历要求相同，也限定了专业，不同的是要求具有两年的工作年限，这马上抬高了门槛。

2. 选调生

选调生，是各省区市党委组织部门有计划地从高等院校选调品学兼优的应届大学本科及其以上毕业生及选拔具有2年以上基层工作经历的大学生“村官”到基层工作，作为党政领导干部后备人选和县级以上党政机关高素质的工作人员人选进行重点培养的群体的简称。

（1）报名条件

根据中组部有关政策规定，选调生主要是全日制普通高校大学本科及以上学历的优秀应届毕业生，要求是党员或学生干部。根据中央有关政策，2011年来，参加基层服务项目、符合选调生条件的往届高校毕业生（像大学生村官、“三支一扶”人员等）也可以报考。本科生必须是党员身份才可以报考，研究生学历可以例外。

实践证明，并不是所有的高校毕业生都适合报考选调生。综合各方面意见，以下人员比较适合：热爱中国共产党，热爱人民，具备从事机关工作的基本素质和党政领导人才的潜质，适应基层艰苦环境，在校期间综合表现优秀，学习成绩良好，群众威信较高的高校毕业生。

一般来说招考不限户籍（有中华人民共和国国籍），不限生源地。

（2）与公务员的异同

选调生是公务员的一种，录用后直接为公务员编制。选调生是省委组织部的后备干部，放到基层锻炼，人事权归省委组织部管辖，委托接收单位考评。调动范围是全省建有党组织的各线党政机关、事业单位、人民社团。选调生可以被理解成一种特殊的干部身份。

而公务员是针对具体职能的职位，人事权一般归该单位人事机构或上级单位人事机构或人事厅管辖。一般只要有人事权的单位都有管辖权。调动范围取决于人事归属单位，在该单位人事管理范围内调动。

总的来说，选调生提拔速度比公务员快得多，一般本科毕业定科员，硕研定副科，博研定正科。但相应报考条件限制也比公务员高得多，首先是本科应届毕业生，本科阶段要求必须是党员、学生干部，研究生可以例外。“三支一扶”人员可以没有相关要求。选调生与公务员随着国家对公务员队伍实行“逢进必考”的原则，报考“选调生”和公务员成了当前和今后大学生走进党政机关，实现“学而优则仕”理想的唯一途径。

选调生与普通公务员还是有一定区别的。

第一，报名条件不同。选调生的报名条件除符合一般国家公务员的报名条件外，还要求是政治素质好，有志于从事党政工作并有发展潜力的优秀学生。主要选调本科生、研究生中的共产党员、优秀学生干部，本科生大部分省份要求是应届毕业生、中共党员、学生干部，三者缺一不可；研究生条件可酌情放宽，一般只要求应届毕业生。

第二，培养目标不同。选调生的培养方向主要是党政领导干部后备人选和县级以上党政机关高素质的工作人员人选；公务员一般招考的是非领导职务国家公务人员。

第三，选拔程序不同，选调生的选拔采取本人自愿报名、院校党组织推荐、组织（人事）部门考试考核相结合的办法；而公务员录用考试采取笔试和面试的方式进行，不需要院校党组织推荐。

第四，培养管理的措施不同。选调生到基层工作采取岗位培训、脱产轮训等多种形式，在基层工作期间，至少要脱产培训一次，时间一般不少于3个月；而公务员主要采取岗位培训的形式，在工作初期一般不安排脱产培训。

第五，发展前景有所差别。选调生是省、市、县委组织部掌握的后备干部，而招考录用的公务员，是普通的机关工作人员。选调生提拔速度比公务员快得多，一般本科毕业定科员，硕士定副科，博士定正科。随着选调生的增加，我国干部队伍中，许多年轻有为的领导干部都是选调生出身。所以，部分省市组织部门一直把选调生工作视为优秀年轻干部的“源头工程”。

2014年，全国大学生村官工作座谈会强调，要把选调生工作与大学生村官工作衔接起来，完善相关政策，规范操作办法，形成良性互动机制。同年，中央机关开始注重遴选优秀选调生。截至目前，全国有20余万选调生活跃在广阔的基层大地。

党的十八大报告指出，要“加大培养选拔优秀年轻干部力度”，并号召“全党都要关注青年、关心青年、关爱青年”。经过多年实践，选调生已成为一个优秀“品牌”，越来越受到各级组织和用人单位的欢迎，逐渐成为干部队伍的中坚力量。

（3）报名方法

选调生考试报名采用网上报名的形式进行，报考人员在规定时间内登录各地人事考试网进行网上报名。资格审查贯穿考录工作全过程。对报考人员在考录环节中的违纪违规行为，按照《公务员录用考试违纪违规行为处理办法（试行）》（人社部发［2009］126号）等有关规定处理。

（4）报考事项

选调生考试科目为《综合知识》《申论》。

《综合知识》主要考《行政职业能力测验》和《公共基础知识》。一般来说，《综合知识》为客观性试题，《申论》为主观性试题。考试分为笔试和面试，笔试考查应试人员综合素质和发展潜能。面试阶段考试包括结构化面谈和专业测试（根据单位需要进行，不计入考试成绩）。面试和专业科目考试由招录机关确定考试方式和题型。

3. 事业单位招考

事业单位是指国家为了社会公益目的，由国家机关举办或者其他组织利用国有资产举办的从事教育、科技、文化、卫生等活动的社会服务组织。

事业单位“逢进必考”。事业单位招考有很多，自主招聘的单位考试也有很多，绝大部分招聘信息都会在网上公布。一般规模大的事业单位招聘采取网络报名的方法，考试也是由考试中心命题，组织报名、考试并交用人单位成绩名单。而规模小的、招聘人数少的则现场报名，有些专业性较强的事业单位是自行命题组织考试。因此，报考时要仔细阅读招考公告。

还有一些事业单位是自行组织考试，这种招聘可能要提交比较详细的简历。在报名通过以后，应根据报考要求做相应准备，在准备时应该仔细阅读招考公告，了解笔试和面试的基本程序，或者向对方人事部门询问考试流程和注意事项。

（三）大学生应征入伍

高校毕业生应征入伍服义务兵役，除享有优先报名应征、优先体检政审、优先审批定兵、优先安排使用这“四个优先”政策，家庭按规定享受军属待遇外，还享受优先选拔使用、学费补偿和国家助学贷款代偿、退役后考学升学优惠、就业服务等政策。从2013年起，全国征兵时间由冬季征兵调整为夏季征兵，即每年七八月份征兵，9月1日批准入伍，9月30日前征兵结束，实现征兵时间与学生毕业时间同步，开通青年参军从“校门”到“营门”直通车。可享受的具体优惠政策如下：

1. 优先选拔使用

同等条件下，大学生士兵在选取士官、考军校、安排到技术岗位等方面优先；具有普通高等学校本科以上学历、取得相应学位的高校毕业生士兵，表现优秀、符合有关规定的可以直接选拔为军官。根据总参、总政、总后《从大学毕业生士兵中选拔军官暂行办法》等有关规定，参加全国普通高等学校招生统一考试，取得全日制本科学历和学士学位，入伍后现实表现好，年龄不超过26周岁（其中三本毕业的还应担任班长或副班长，或荣立三等功以上奖励，或被评为军事训练标兵），入伍一年半以上且在推荐的旅（团）级单位工作半年以上，可以按程序提拔为干部。全日制专科学历的毕业生士兵，可以参加全军统一组织的本科层次招生考试，录入有关军队院校培训，学制 2 年。大学毕业生士兵参加优秀士兵保送入学对象选拔的，年龄放宽 1 岁，同等条件下优先列为推荐对象，按照有关规定保送入军队院校培训，具有本科以上学历的，安排 6 个月任职培训，具有专科学历的，安排 2 年本科层次学历培训。

2. 学费补偿代偿

国家对服义务兵役的大学应届毕业生和在校生，按照每年最高不超过 6000 元的标准，予以学费补偿或国家助学贷款代偿。今年国家进一步简化了学费补偿代偿程序，缩短了申领兑现周期，实行“当年先行拨付，次年据实结算”，由学校先行垫付，并将往届毕业生纳入补偿范围。同时，大学在校生和刚被高校录取的高中毕业生在批准入伍后可保留学籍，退出现役复学后享受国家学费资助政策。今年国家为方便大学生应征，规定大学应届毕业生和在校生可以在户籍所在地应征，也可以在学校所在地应征。从学校所在地入伍服义务兵役的，由学校所在地的县（市、区）人民政府发给家庭优待金。

3. 考学升学优惠

具有大专以上学历的退役士兵报考政法干警招录培养体制改革试点班时，教育考试笔试成绩总分加 10 分，同等条件下优先录取；退役后三年内参加全国硕士研究生招生统一入学考试，初试总分加 10 分，立二等功及以上的，退役后免试（指初试）攻读硕士研究生；具有高职（高专）学历的，退役后免试入读成人本科或经过一定考核入读普通本科；退役后可根据需要参照应届高校毕业生办理就业报到手续。今年，国家制定了被高校录取的高中毕业生入伍后保留入学资格及退役后入学的具体办法，还规定大学生退役复学后，入伍经历可作为实习经历，免修军事技能训练，直接获得学分。

4. 就业安置扶持

国家规定，退役大学生士兵可参加国有企业招录、基层专职武装干部配备、村居“两委”班子选举等。根据人社办发［2012］1406 号等有关文件，退役大学生士兵服现役期间视为基层工作经历，与“三支一扶”“一村一大”“志愿服务西部计划”等基层服务项目服务期满并考核合格的大学生享有同等待遇；各地把大学生退役士兵纳入当地党委、政府选拔任用干部体系，给予重点培养，基层专职武装干部重点招录退役大学生士兵；退役大学生士兵在报考省级事业单位时，在公共科目笔试与专业知识笔试按比例折合后，与面试成绩折合前的笔试总成绩加 2 分，被部队团级以上机关评为优秀士兵或荣立三等功奖励的另加 2 分，荣立二等功及以上奖励的另加 4 分，累计不超过 6 分。

（四）参与国家和地方重大科研项目

国家鼓励和支持科研机构和高校积极聘用优秀高校毕业生参与国家和地方重大科研项目，高校毕业生在参与项目研究期间，享受劳务性费用和有关社会保险补助，户口、档案可存放在项目单位所在地或入学前家庭所在地人才交流中心。聘用期满，根据需要可以续聘或到其他岗位就业，就业后工龄与参与项目研究期间的工作时间合并计算，社会保险缴费年限连续计算。

（五）对困难毕业生进行就业援助

就业困难和零就业家庭的高校毕业生，享受公益性岗位安置、社会保险补贴、公益性岗位补贴等就业援助政策。

机关、事业单位免收招聘报名费和体检费。

高校可根据实际情况给予适当的求职补贴。

对离校后未就业、回到原籍的高校毕业生，由各地公共就业服务机构免费提供就业服务并组织就业见习和职业技能培训。

第三节　就业协议与劳动合同

大学生与用人单位通过双向选择，达成一致后，与用人单位和学校签订就业协议，再与用人单位签订劳动合同确立劳动关系，这是成功就业的关键步骤。近年来，由于大学生与用人单位签订就业协议和劳动合同而引起的法律纠纷频繁发生。究其原因主要是因为大学生缺乏社会经验和法律知识，因此大学生需要在了解就业相关法规的基础之上，熟悉就业协议和劳动合同的相关知识。

一、就业协议

就业协议是明确毕业生、用人单位、学校三方在毕业生就业过程中权利和义务的书面表现形式，关系到应届毕业生户籍、档案、保险、公积金等一系列相关问题。协议在毕业生到单位报到、用人单位正式接收后自行终止。我国目前高校毕业生通用的就业协议是由国家教育部制订，省、自治区、直辖市就业主管部门以及教育部直属高校自行印制的《全国普通高等学校毕业生就业协议书》。

随着毕业生就业制度改革的深化，毕业生就业协议的内容也在进一步规范化、法律化。目前，一些用人单位或学校在就业协议书上已经附加上了有关劳动合同的内容，以保证毕业生的权益，进一步明确用人单位与毕业生之间的权利和义务。这些内容包括服务期、工作岗位和工作内容、劳动保护和工作条件、工资报酬和福利待遇、劳动纪律、协议终止的条件、违反协议的责任等。

签订就业协议是一种法律行为，协议书一经签订，便视为生效合同，具有法律效力。签订就业协议是确认签约三方权利和义务的必要程序，又是处理就业纠纷的主要依据，毕业生应该正确认识和严肃对待就业协议书，慎重签订就业协议。

（一）签约的基本原则

1. 合法原则

对毕业生而言，就是必须取得毕业资格，如果学生在报到时未取得毕业资格，用人单位可以不予接收而无须承担违约责任，对用人单位而言，必须具有从事经营或管理活动的资格和能力，并具有为毕业生提供工作岗位的实体，否则，毕业生可解除协议而无须承担违约责任。对高校而言，各院校应根据用人单位的要求如实介绍毕业生的在校表现，也应如实将所掌握的用人单位的信息发布给毕业生。高校在毕业生签订就业协议书过程中进行鉴证、审核、监督、管理、指导和争议调解等。

2. 平等协商原则

就业协议的当事人在签订就业协议时的法律地位是平等的，一方不得将自己的意志强加给另一方。学校也不得采用行政手段要求毕业生到指定单位就业（不包括有特殊情况的毕业生），用人单位也不应在签订协议时要求学生缴纳高数额的风险金、保证金。当事人的权利义务应是一致的。除协议书规定内容外，当事人如有其他约定事项，可在协议书“备注”内容中加以补充确定。

（二）就业协议的主要条款

①甲方已如实向乙方介绍情况，同意到乙方工作，服从乙方的工作安排。

②乙方已如实向甲方介绍情况，经了解，同意接受甲方，并负责有关接收手续。

③丙方经协议，同意甲方到乙方工作，负责列入就业建议计划和派遣。

④甲、乙、丙三方如有其他约定，应在备注栏明确，并视为本协议书的一部分。

⑤三方中有一方要变动协议，须提前一个月征得另外两方的同意，否则按违约处理。

⑥本协议一式三份，甲、乙、丙三方各执一份，复印件无效。

（三）签约的程序

签约的基本程序是在毕业生和用人单位供需见面、双向选择之后达成一致意见的结果。实际工作中，毕业生就业协议的签订具体操作一般须经过以下程序。

①由毕业生本人在协议书上以文字的形式，明确表达自己同意到选定单位应聘工作的意愿，同时签署本人姓名。

②由用人单位人事部门负责人代表单位签署同意接收该毕业生的文字意见，并签字盖章。如果该单位没有人事录用权，则还需要报送其上级主管部门签字盖章，予以批准认可。

③毕业生所在院（系）签署意见。

④学校毕业生就业主管部门审核并签字盖章，纳入就业方案并将就业协议书反馈到各方手中。

在完成上述程序之后，协议就正式生效，并列入国家就业方案，下达学校和有关部门、地区执行。

随着大学生就业制度改革的不断深入，国家和高校的审批权力已日益弱化。目前，一些地区和高校已经在此方面迈出重要一步，学校在就业协议上的签字已经基本不具有审批的意义，而是起鉴证的作用。可以相信，在不久的将来，在签订毕业生就业协议中，毕业生和用人单位将拥有完全的自主选择权，学校和政府主管部门不再需要直接审批就业协议，而只需要掌握毕业生就业情况即可。

现行的高校毕业生就业协议书一式三份，协议签订以后，其中一份由毕业生本人收存，一份送所在学校备案，一份交用人单位，作为接收毕业生就业的凭证，并以此做好相应的人事及其他安排。

（四）签约时应注意的问题

大学毕业生的就业协议明确毕业生、用人单位、学校三方的权利和义务，具有法律约束力，也涉及毕业生的切身利益，因而毕业生在就业签约时应注意以下几个问题，以切实维护自身在就业过程中的合法利益。

1. 了解用人单位，结合自身现实慎重签约

签订就业协议的当事人必须具备合法的主体资格。一般而言，用人单位必须具有从事各项经营或管理活动的能力，毕业生要明确单位有无录用指标和录用自主权，对无用人自主权的单位，要进一步明确人事关系代理的其他事宜，如委托什么单位管理，是自己办理还是单位统一办理，代理费用问题等等。毕业生就业协议书人手一份，只能与一家用人单位签约，学校也会采取各种排施避免“一女二嫁”现象的发生。由于就业市场招聘单位类型多样，不乏鱼目混珠的情况，因此，毕业生在与用人单位签约时应慎重。在择业前，要正确地进行自我分析，要了解自己到底适合从事什么样的工作，要结合自身充分考虑单位的一些客观现实，如所在地、可提供薪资、单位性质以及所属行业等，并仔细通过各种途径了解即将与其签约的用人单位的基本情况，在条件允许的前提下，必要时到单位进行实地考察，同时，要事先征求父母和其他有关亲人朋友的意见，再做出决定，以避免浪费其他的就业机会和造成不必要的损失。

2. 按照规定的程序签约

大学毕业生就业协议书的签订程序一般是毕业生与用人单位双方签好后，再由学校签署意见，之所以这样进行，是因为多数学校在整个协议的

签订过程中既是签约方又是鉴证方，有利于保护毕业生和用人单位，尤其是毕业生的合法权益。

3. 明确有关条款的内容

现行毕业生就业协议一般为教育部或各省市毕业生就业主管部门规定的统一格式，但考虑到单位不尽相同，协议书又有备注一栏，为双方添加一些附加条款提供便利。毕业生和用人单位要实事求是地填写就业协议书上所列的统一条款，字迹要工整；同时，双方可以将经过协商都能接受的一些约定条款，如薪资福利、毕业生就业单位的具体工作部门和岗位、毕业生是否考研或公务员以及录取后的处理以及违约责任等在备注栏注明。值得特别注意的是，当前毕业生中报考研究生或公务员的比较多，由于存在一定的时间差，有时可能会与就业发生冲突，因此，对于准备考研，尤其是已经参加过研究生入学考试的毕业生，应该事先与用人单位就此进行沟通，对如何考取研究生，如何处理达成一致意见之后再签订就业协议，最好在协议中对此做出明确约定，以免考取研究生后和已签协议的单位发生纠纷。

4. 就业协议的时间有效性和与劳动合同的衔接

就业协议是我国现行毕业生就业制度下毕业生从学校走上工作岗位的一种过渡凭证，一般情况下，在毕业生和用人单位签订劳动合同后，就业协议自动终止。毕业生在就业过程中应就劳动报酬、试用期、住房、服务期限等劳动合同的主要条款与用人单位事先协商，体现在就业协议中，并将协议结果书面化，而不应只做口头约定，避免今后发生纠纷，无证可查。

毕业生与用人单位签订了就业协议不能等同于签订了劳动合同，毕业生与用人单位在签订就业协议之后，还必须签订劳动合同，以保护自己的合法权益。目前的实际情况是毕业生到单位工作后，双方才签订劳动合同。

5. 档案转寄、户口迁移等具体问题

绝大多数毕业生毕业时涉及人事关系从学校转出的问题，加上当前毕业生就业形式的多元化程度越来越高，因此，毕业生在与用人单位签订就业协议，尤其是与本身没有人事权需要实行人事代理的单位签约时，要了解清楚日后自己人事关系的去向，并将档案转寄地址（户口迁移地址）在协议书相关条款填写清楚，以方便毕业派遣。

二、劳动合同

劳动合同是指劳动者与用工单位之间确立劳动关系，明确双方权利和义务的协议。劳动合同内容是劳动关系的实质，也是劳动合同成立和发生法律效力的核心问题。大学毕业生在与用人单位、学校签订就业协议后，还需要与用人单位签订劳动合同，这也是大学毕业生从事何工种的依据，涉及劳动报酬、劳动保护、工作内容、劳动纪律等内容。

（一）劳动合同的基本内容

劳动合同的内容可分为法定条款和协商条款两部分，前者是指劳动合同必须具备的由法律法规直接规定的内容；后者是指不需由法律、法规直接规定，而是由双方当事人自愿协商规定的合同内容。劳动合同需以书面形式订立，并具备以下条款：用人单位的名称住所和法定代表人或者主要负责人、劳动者的姓名住址和居民身份证或者其他有效身份证件号码、劳动合同期限、工作内容和工作地点、工作时间和休息休假、劳动保护、劳动条件和职业危害防护、劳动报酬、社会保险、劳动纪律、劳动中止的条件和违反劳动合同的责任、法律法规规定应当纳入劳动合同的其他事项。

违反法律、行政法规的劳动合同，采用欺诈、威胁等手段订立的劳动合同都视为无效合同。劳动合同可以约定试用期，试用期最长不超过六个月。

（二）劳动合同订立的原则

《中华人民共和国劳动合同法》第三条明确规定了合法、公平、平等自愿、协商一致和诚实守信五大原则。

（三）劳动合同的变更、终止

1. 劳动合同变更的条件和程序

第一，条件：订立劳动合同时所依据的法律、法规已修改或废止；用人单位转产或调整、改变生产任务；用人单位严重亏损或发生自然灾害，确实无法履行劳动合同规定的义务；当事人双方协商同意；法律允许的其他情况。

第二，程序：及时提出变更合同的要求；按期做出答复；双方达成书面协议。

2. 劳动合同的终止

第一，劳动合同期满或当事人约定的劳动合同终止条件出现。

第二，劳动合同主体一方意外消失或劳动者丧失劳动能力，无法继续履行劳动合同。

3. 劳动争议的处理

劳动争议又称劳动纠纷，是指劳动关系双方当事人之间因实现劳动权利和履行劳动义务产生分歧而引起的争议。劳动争议的处理要遵循合法、公正、及时处理、调解原则。劳动争议的处理方式有四种途径：协商、调解、仲裁和诉讼。

（四）签订劳动合同的注意事项

大学生与用人单位在经验和掌握专业知识程度等方面的不对称性，使他们明显处于劣势，因此签订劳动合同时一定要慎之又慎，不可大意。通常签订合同时应注意下面两项：

1. 签订的合同须合法

依法签订劳动合同是其产生法律约束力的前提。如果签订的劳动合同不合法，那么求职者的权益保护会遇到困难。为此，求职者一定要先确认自己签订的劳动合同是否具备产生法律约束力的条件，包括：用人单位这一劳动合同主体须符合法定条件，用人单位应当依法成立，能够依法支付工资、缴纳社会保险费、提供劳动保护条件，并能够承担相应的民事责任。双方签订的劳动合同内容（权利与义务）必须符合法律、法规和劳动政策，不得从事非法工作。此外，签订劳动合同的程序、形式必须合法，如经协商一致、书面形式等。

2. 关注内容应仔细

按照《中华人民共和国劳动法》（简称《劳动法》）的要求，劳动合同的必备内容包括：①用人单位的名称、住所和法定代表人或者主要负责人；②劳动者的姓名、住址和居民身份证或者其他有效身份证件号码；③劳动合同期限；④工作内容和工作地点；⑤工作时间和休息休假；⑥劳动报酬；⑦社会保险；⑧劳动保护、劳动条件和职业危害防护；⑨法律、法规规定应当纳入劳动合同的其他事项。

将合同内容与相关的具体规定比对。如劳动合同期限与试用期对应关系的规定有："用人单位与劳动者可以约定试用期。劳动合同期限三个月以上不满一年的试用期不得超过一个月；劳动合同期限一年以上不满三年的，试用期不得超过二个月；三年以上固定期限和无固定期限的劳动合同，试用期不得超过六个月。试用期包括在劳动合同期限内。"对于工作内容、劳动条件等内容应具体情况具体分析。这是因为《劳动法》虽将工作内容作为法定必备条款，但法律法规及相关文件未对此做出明确具体规范，需要求职者多花费些时间和精力。因为通常情况下，劳动合同的工作内容多是转换为岗位和工种在劳动合同中约定，且用人单位希望用尽量大的外延或者概念表示劳动合同中的岗位和工种，如管理人员、生产人员或服务人员等。岗位工种外延大或比较粗，说明在履行劳动合同期间，当事人从事的岗位工种变化范围大，这需要当事人做好适当的心理准备和能力储备，否则，需要承担较大的风险。求职者提出在劳动合同中约定工资的标准，应注意知己知彼。知己就是应结合自身的条件，包括学历技能和身体素质等；知彼就是应掌握人力资源市场供求状况、劳动力市场价位等。通常劳动保障行政部门提供的劳动力市场指导价位给出低位数、中位数和高位数三个指标，求职者不可漫天要价，以避免为签约设置障碍。对于试用期培训、竞业禁止的补偿、补充保险和福利待遇等求职者希望在劳动合同中体现的内容，当事人应提出在劳动合同中写明的要求。

根据《劳动法》规定，建立劳动关系应订立劳动合同。有一些用人单位为了达到不缴纳或者少缴纳社会保险（养老、失业、医疗、工伤、生育）、压低劳动者报酬、低成本轮换使用劳动力的目的，常常用拖延和逃避订立劳动合同、延长试用期等手段，侵害劳动者的合法权益。大学生应该提高就业过程中的法律意识和自我保护意识，到用人单位后及时与单位签订劳动合同。

三、就业协议与劳动合同的异同

就业协议是毕业生与用人单位确立劳动关系，明确双方在毕业生就业工作中权利和义务的协议。劳动合同是劳动者与用人单位确立劳动关系，明确双方权利和义务关系的协议。《劳动法》规定，建立劳动关系应当订立劳动合同。教育部颁布的《普通高等学校毕业生工作暂行规定》要求：经供需见面和双向选择后，毕业生、用人单位和高等学校应当签订毕业生就业协议书，作为制定就业计划和派遣的依据。

那么，就业协议与劳动合同两者之间有何相同与不同之处呢？

（一）就业协议与劳动合同相同之处

就业协议是高校毕业生与用人单位确立劳动关系的法律依据。就确立劳动关系这一点来说，就业协议与劳动合同是相通的，可以这样认为，就业协议的实质就是准劳动合同，是劳动合同的一种特殊表现形式。它们的相通表现在以下方面。

1. 合同的性质一致

用人单位对大学生这类劳动者，与面向社会公开招聘的劳动者，在培养、使用、待遇等方面可能有所不同，但从确立劳动关系这一点来说，就业协议与劳动合同是一致的。

2. 主体的意思表达一致

签订就业协议的双方在表达主观愿望、意思表示真实、无强制胁迫这一点上，与劳动者和用人单位之间签订劳动合同时，双方的主观意思表达所处的状态完全一致。

3. 法律依据一致

由于就业协议是确立劳动关系的一种协议，用人单位对毕业生录用、接收之后，要有见习期（或试用期）、最低劳动年限的规定，这与劳动合同的要求相一致，因此就业协议应当遵循《劳动法》中劳动合同等有关规定，发生争议纠纷，应依法解决。

（二）就业协议与劳动合同的不同之处

1. 适用的法律、法规不同

劳动合同适用《劳动法》及劳动人事部门颁布的有关劳动人事方面的规章。而就业协议因目前无《就业法》，也无国务院颁布的有关毕业生就业方面的法规，因此只能适用教育部颁发的《普通高等学校毕业生就业工作暂行规定》和有关政策。

2. 适用主体不同

劳动合同是劳动者与用人单位之间确立劳动关系的协议，只要双方当事人协商一致，符合国家的法律行政法规，无欺诈、胁迫等手段，经双方签字盖章，合同即生效。目前的就业协议除毕业生与用人单位双方签字、盖章外，尚需学校和签证机关（人事部门）介入。

3. 内容不同

依据《劳动法》的规定劳动合同的内容比较详细，而就业协议的条款就比较简单，主要是毕业生如实向用人单位介绍自己的情况，愿意在规定期限内到用人单位报到，用人单位如实向毕业生介绍本单位情况，同意录用该毕业生等，另外还有一些简单条款。

4. 适用的人员不同

劳动合同可以适用于各类人员。凡是中华人民共和国公民只要有劳动能力并符合法律规定的条件，经过供需见面、双向选择，一经录用都可以与用人单位签订劳动合同，而就业协议适用的人群相对单一，只适用于高校毕业生和毕业研究生。

5. 签订时间不同

一般来说就业协议签订在前，劳动合同订立在后。就业协议是毕业生在找工作过程中，落实用人单位后签订的，就业协议的签订在学生离校前。劳动合同是毕业生到用人单位报到后订立的。如果毕业生与用人单位在工资待遇、住房等方面有事先约定，可在就业协议的约定条款中注明，附后补充，日后订立劳动合同时对此内容应予认可。

因此，毕业生与用人单位签订了就业协议不等同于签订了劳动合同，毕业生在与用人单位签订了就业协议之后，还必须签订劳动合同，以保护自己的合法权益。

第四节　毕业生就业权益及保护

目前就业形势十分严峻，企业的用人自主权不断扩大，由于大学生缺乏足够的维权意识，大学生就业保护的法律法规欠缺等原因，大学生的合法权益受到侵犯的现象也逐渐增多。大学生在就业过程中有哪些权益？毕业生的就业权益如何维护？在个人就业权益受到损害时如何应用法律来维护自身权益？上述问题都是我们每个大学生应该掌握了解的。

一、毕业生就业权益

（一）大学生择业过程中享有的就业权益

大学生就业过程中享有多方面的权益，根据目前的有关规定，大学生在择业过程中享有的权利以及录用单位给予毕业生的主要权利表现在以下方面。

1. 获取信息权

就业信息是毕业生择业成功的前提和关键，只有在充分占有信息的基础上，才能结合自身情况选择适合自己发展的用人单位。毕业生获取信息权，应包括三方面的含义。第一，信息公开。也就是所有用人信息向全体毕业生公开。目前有部分省、自治区、直辖市建立了高等毕业生需求信息登记制度，凡录用高校毕业生的用人单位，须到省级高等毕业生就业指导中心和有关高校办理信息登记。由省级高校毕业生就业指导中心通过高校向毕业生发布的用人需求信息及高校毕业生指导中心通过各种途径获取的就业信息，任何单位和个人不得隐瞒或截留。第二，信息及时。也就是毕业生获取的信息必须及时有效，而不能将过时、无利用价值的信息传递给学生。第三，信息全面。毕业生有权获取准确、全面的就业信息，以便对用人单位有全面的了解，从而做出符合自身需求的选择。

2. 接受就业指导权

自 2008 年 1 月 1 日起实施的《就业服务与就业管理规定》对公共就业服务机构的就业指导内容做了规定。毕业生应充分利用该权利通过学校就业指导中心、公共就业服务机构获得就业指导，帮助自己早日找到适合的职位。

学生有权从学校接受就业指导，学校应成立专门机构，安排专门人员对毕业生进行指导，包括向毕业生宣传国家有关毕业生就业的方针、政策；宣传毕业生就业的有关原则和程序；对毕业生进行择业技巧的指导；引导毕业生根据国家、社会需要，结合个人实际情况进行择业。

3. 被推荐权

高校向用人单位推荐毕业生是高校毕业生就业工作的一个重要职责。经验证明，学校推荐在较大程度上影响着用人单位对毕业生的选择。

学校就业工作中的一个重要职责就是向用人单位推荐毕业生，毕业生享有被推荐权包含三个方面：第一，如实推荐，即高校推荐毕业生时应实事求是向用人单位介绍，不能故意贬低或随意提高毕业生在校的表现；第二，公正推荐，学校推荐毕业生时应做到公平、公开、公正，不能厚此薄彼；第三，优生推荐，学校根据毕业生在校表现选择推荐优秀的毕业生，激励学生在校努力全面提高各项能力、提高就业竞争力。

4. 公平录用权

根据我国《劳动法》规定，毕业生不分民族、性别、宗教信仰，享有平等的就业权利。用人单位在录用毕业生时应公平、公正，一视同仁。但目前毕业生的公平录用权受到很大冲击，也最为毕业生所担忧，同时也给在校其他学生产生不良影响。由于各项政策及配套措施的滞后，完全开放公平的就业市场尚未真正形成，用人单位录用毕业生还不同程度存在着不公平、不公正的现象，如性别歧视、关系就业、地域优势等仍有较大市场。公平录用权是毕业生最为迫切需要得到维护的权利。

5. 违约求偿权

毕业生、用人单位、学校三方签订就业协议后，任何一方不得擅自毁约。如用人单位无故要求解约，毕业生有权要求对方严格履行就业协议，否则用人单位应对毕业生承担违约责任，支付违约金，毕业生有权要求用人单位进行补偿。在目前就业过程中由于各方面原因，毕业生重复签订多份协议的情况时有发生，这一现象应当引起各方面的注意。

6. 职业选择权

毕业生有权按照自己的意思选择职业，包括自己选择是否从事职业劳动、从事何种职业、何时从事职业、在哪家用人单位从事职业劳动等权利。

7. 择业知情权

毕业生享有对用人单位的主体资格、工作岗位、工作条件、工作环境、工作待遇等真实情况的了解权利。现实中会有一些用人单位夸大资本、规模以及待遇，回避某些职业危害，这就侵犯了毕业生的知情权。近年来，我国职业病发病的年轻化倾向，也印证了择业知情权受损的严重程度。

8. 享受国家规定的与就业有关的其他权利

大学生择业过程，除享有以上就业权益外，还享有国家规定的与就业有关的其他权利。

（二）毕业生实现就业后享有的就业权益

1. 签订正式劳动合同的权利

有的用人单位认为只要不与劳动者签订劳动合同，就可以不受劳动法律的约束，在辞退劳动者时较为便利，并且不必给予经济补偿，于是频繁地“炒”试用员工就成为他们的一种用工手段。为了达到这些目的，他们往往以试用为名，不与劳动者签订劳动合同，或者只签订一份所谓的试用期合同，许诺等试用合格后再签订正式劳动合同。对此，劳动者应该学会依法维护自己的合法权益。用人单位聘用劳动者后不签订劳动合同是违反法律的。用人单位故意拖延不签订劳动合同，对劳动者造成损害的，应当赔偿劳动者损失。

2. 劳动报酬权

毕业生有按照劳动的数量和质量取得报酬的权利，法律同时规定了“最低工资”和“同工同酬”制度对这项权利予以保障。现实中，有些用人单位为了降低工资成本，往往在试用期即将届满时寻找各种理由解聘大学生，也有单位硬性规定女硕士与男本科只能享受同等待遇，实际上都侵犯了劳动报酬权。

3. 休息休假权

作为《宪法》规定的公民的基本权利，休息休假是实现劳动权的必要保证。《劳动法》和《中华人民共和国劳动合同法》（简称《劳动合同法》）规定：用人单位不得强迫或者变相强迫劳动者加班。目前比较普遍的现象是：一些用人单位利用大学生有激情、有干劲的特点，有意延长这些职场新人的工作时间或者加班加点，且不支付相应的加班费用，实际上侵犯了毕业生的休息休假权。

4. 社会保障权

用人单位只要与劳动者建立劳动关系，就应当根据社会保险规定的缴纳比例为劳动者缴纳法定的各种社会保险，包括医疗保险、失业保险、生育保险、养老保险、工伤保险、住房公积金等。实际上，很多用人单位不为毕业生办理社会保险，有的甚至将劳动合同更名为劳务合同以逃避社会保险义务。对于毕业生而言，缺乏社会保障的职业生涯将具有很大的风险。

5. 拒绝收费权

《中华人民共和国劳动合同法》规定：用人单位招用劳动者，不得扣押劳动者的居民身份证和其他证件，不得要求劳动者提供担保或者以其他名义向劳动者收取财物。现实中有的用人单位在招聘毕业生时，要求毕业生报名时交报名费，笔试和面试时交监考费、面试费、测证费等；还有的在签订就业协议时要求毕业生提供保证金或者抵押金，毕业生对这些费用都可以依法拒绝。

6. 解除劳动合同的权利

在试用期间，劳动者可以随时通知用人单位解除劳动合同，不需要任何附加条件。用人单位不得要求劳动者支付技能培训费用，还应按劳动者的实际工作天数支付工资。

二、毕业生就业权益保护

保障大学生的就业权益是我国当前亟待解决的一个重大问题，大学生要了解实现自我保护的法律保障和相关途径，牢固树立维权意识，用法律手段维护自身权益。

（一）毕业生就业权益保护的途径

1. 毕业生就业主管部门的保护

各省毕业生就业主管部门都有相应的规范来确定毕业生的权益，并对侵犯毕业生权益的行为予以抵制或处理。

2. 高校的保护

学校对毕业生权益的保护最为直接，通过制定各项措施来规范毕业生就业指导和就业推荐，对于用人单位在录用毕业生过程中的不公平、不公正行为，学校有权予以抵制以维护毕业生公平受录用权。对于用人单位与毕业生签订不符合有关规定的就业协议，学校有权不予同意。未经学校同意的就业协议不发生法律效力，不能作为编制就业计划的依据。

3. 毕业生自我保护

毕业生权益保护的一个重要方面就是毕业生自我保护，毕业生自我保护体现在三个方面：第一，毕业生应了解目前国家关于毕业生就业的有关方针、政策和规范以及它们之间的关系，熟悉毕业生在就业过程中的权利和义务，这是毕业生权益自我保护的前提；第二，毕业生应自觉遵循有关就业规范，接受其制约，保证自己的就业行为不违反就业规范，不侵犯其他毕业生的合法权益；第三，在用人单位接收毕业生的过程当中，毕业生也应对自身权益进行自我保护；第四，毕业生应学会运用法律手段维护自身的合法权益，针对侵犯自身就业权益的行为，毕业生有权向用人单位上级主管部门和学校进行申诉并听取他们的处理意见，同时也可提交给当地的劳动争议仲裁机构进行调解和仲裁，也可以直接向人民法院提起诉讼。

（二）毕业生就业权益的法律保障

与大学生就业有关的法律法规有《中华人民共和国劳动法》（简称《劳动法》）、《中华人民共和国劳动合同法》（简称《劳动合同法》）、《中华人民共和国就业促进法》（简称《就业促进法》）、《普通高等学校毕业生就业工作暂行规定》《中华人民共和国公务员法》《中华人民共和国教师法》《劳动力市场管理规定》《国家公务员执行条例》等。其中最重要的是《劳动法》以及《劳动合同法》。

第六章　就业心理与求职准备

第一节　调节就业心态

一、常见的就业心理问题

大学生群体是个体由青年期到成年期成长过程中的一个特殊群体。他们的心理健康状况比处于这一时期的其他群体明显要低。为了帮助广大毕业生更好地认识这些问题，为就业做好心理准备和心理调适，首先从以下几个方面来看看大学生就业时一般存在哪些心理问题。

（一）就业心理压力与焦虑

当前激烈的就业竞争环境使就业问题给大学生带来了较大的心理压力，而且这种压力在各年级学生中都存在。

（二）就业心理期望与失落感

许多大学生都有一种“十年寒窗，一举成名”的心理，因此对择业的期望相当高。大学生大多希望到生活条件好、福利待遇高的大城市、大机关、大公司工作，而不愿到急需人才但条件艰苦的中小城市和基层小单位，过分地考虑择业的地域、职位的高低和单位的经济效益。高期望驱使毕业生总是向往高薪水、高职位、高起点，渴求高收入、高物质回报率，并一厢情愿地对用人单位提出种种要求，将自己就业的目标定得很高，即使找不到合适的单位也不肯降低就业期望值。比如，有一些学生就说：“非北上广深等一线城市不去。”可是现实就业岗位大多不像大学生所想象的那么美好，因此当发现现实与理想的差异较大时，大学生就容易出现“高不成，低不就”现象，并产生偏执、幻想、自卑、虚伪等心理问题，并可能导致择业行为的偏差。

（三）就业观念不合理

大学生的择业观念虽然在总体上倾向于务实化与理性化，但由于处于择业观念的转型过程，因此各种不良观念也存在着，并影响了大学生的健康、顺利就业。这些不良观念主要表现在以下几个方面：

①只顾眼前利益，忽视职业发展。一些大学生在择业标准中只有工作条件、收入等眼前的实在利益，而对自我的职业兴趣、能力、职业的发展前景等因素不加考虑，因而极易选择到并不适合自己的职业。

②职业标准过于功利化、等级化。一些毕业生过分强调职业的功利价值，甚至还将职业分为不同等级，而不考虑国家与社会的需要，不愿意到条件比较艰苦的地区和行业去工作。

③求安稳，求职一次到位的传统观念根深蒂固。很多大学生仍然喜欢稳定、清闲、福利保障好的单位，希望一次就能选定理想的职业，而不愿意选择有风险、有挑战性的职业，更不敢自己创业。

④过分强调专业对口，学以致用。在求职时，只要是与自己专业关系不密切的职业就不考虑，这样做只能是人为地增加自己的就业难度。

⑤职业意义认识不当。从观念上来说，许多大学生还是仅仅把工作当作一种谋生的手段，没有充分认识到职业对个人发展、社会进步的重要意义。

（四）就业人格缺陷

1. 自我同一性混乱

许多同学对自己的职业目标、需要、价值观以及自身特点等没有明确的认识；在就业时不能正视自己的能力、素质和择业的客观环境，不能对自己有一个客观、清晰、全面的评价。因此，他们在选择职业时往往是茫然、犹豫不决、反复无常、见异思迁、躁动不安的，不能主动、独立地获取职业消息、筛选目标、规划职业生涯，也不能解决就业中的问题，做出正确的决策。自我同一性混乱在就业中的两个突出表现就是盲目从众与依赖他人。

2. 抗挫折能力不足

不少大学生在求职时只想成功，一旦遭受挫折就会像泄了气的皮球，一蹶不振，陷入苦闷、焦虑、失望的情绪之中不能自拔。他们对求职中的挫折既缺乏估计也缺乏承受能力，不能很好地调节自己的心态，也不会通过总结求职中的经验教训来获得下一次的成功。

自主择业给大学生提供了就业的自由及通过竞争获得理想职业的机会，应该说这也是大多数学生所期望与认可的。但当大学生真正面对激烈的竞争环境时，也有许多人表现出缺乏信心、缺乏勇气，求职时战战兢兢、顾虑重重、畏首畏尾，不敢大胆自荐，结果是有压力没勇气，不能真正向用人单位展现自己的竞争实力，错过机会，在竞争中陷入了不战自败的境地，特别是一些冷门专业或学习成绩不佳的同学及没有“关系”的同学就更容易出现不敢竞争、不敢尝试的问题。

3. 自卑与自大

一些毕业生在求职中常会产生自卑心理，对自己评价偏低。自卑的大学生不敢正视现实，对自己的长处估计不够，怀疑自己的能力，不善于发现适合自己的职业岗位，在对自己的抱怨、贬低中失去了求职的勇气。

与自卑相反的是自大，而且两者有时会相互转化。一些专业较好、就业资源丰富的大学生容易从自信变为自负。还有一些大学生则是脱离实际地自大，他们既缺乏对自己的客观认识，也对就业市场、职场现状缺乏了解，一切都凭自己的主观想象。在求职中自觉高人一等、自命不凡，因而四处吹嘘，一旦出现改变则容易陷入自卑、自责甚至一蹶不振。

4. 偏执与人际交往障碍

追求公平的偏执大学生要求公平的竞争环境，对一些不良的社会风气感到气愤是正常的，但有一些大学生表现为对公平的过分偏执，将自己求职中的一切问题都归结于就业市场不公平，以至于给自己的整个求职过程笼罩上了心理阴影。

高择业标准的偏执。大多数毕业生对求职有过高的期望，不过多数人能通过在就业市场的体验，客观地认识和接受当前的就业现状并调整自己的择业标准，但仍有部分大学生固执己见，偏执地坚持自己原来的择业标准，甚至宁愿不就业也不改变。

对专业对口的偏执。一些大学生在就业时过分追求专业对口，不顾社会需要，无视专业的延展性、适应性，只要是与专业不相符的工作就不问津，只要不能干本专业就不签约。这样无形中减少了自己就业的机会。

还有些大学生缺乏基本的人际交往能力。如有的在求职过程中过于怯懦、紧张，不取在用人单位面前表现自己，甚至连面试也不敢去，常常一开口就面红耳赤、语无伦次。还有的在求职中不会察言观色，不懂得照顾别人的感受，不懂人际交往的礼貌礼仪等。

5. 就业心态问题

（1）过度焦虑与急躁

就业时许多学生是既希望谋求到理想的职业，又担心被用人单位拒之门外，还担心自己在择业上的失误会造成终身遗憾，并对未来的职业生活感到心中无底。因此在就业过程中存在一定焦虑是正常的。但一些大学生的焦虑过了头，成天都充满了各种不必要的担心，精神上紧张不安，行为上无所适从。还有一些大学生在就业时显得过于急躁，整个就业期情绪始终处于亢奋状态，常常心急如焚，希望尽快找到合适的工作，但又缺乏对就业形势的冷静观察以及对自我求职的理性思考，做了许多吃力不讨好的事。因此常常有毕业生在并不完全了解用人单位的情况下就匆匆签约，一旦发现实际情况与自己想象的不一样或发现了更好的工作时，又追悔莫及，甚至毁约，给自己带来许多不必要的麻烦与心理困扰。

（2）消极等待与“怀才不遇”心理

与就业时的急躁心理相反的是一些大学生在就业问题上表现得非常消极，平时也不参加招聘会，有单位来了就看看，如果不满意就等下去，满意时也不主动争取，抱着“你不要我是你的损失”的态度，期待着有单位会主动邀请。还有些人这山望着那山高，不肯轻易低就，明明已经找到工作，但拖着不肯签约，总希望有更好的单位出现。另外有些大学生自恃条件很好，认为自己“满腹经纶”可以大有作为，但在择业时常常要么碰壁要么对找到的工作不满意，于是抱怨“世上无伯乐”，怨天尤人。

（3）攀比与嫉妒

求职中，同学之间“追高比低”的现象时有发生，一些同学在求职中经常相互吹嘘自己的待遇好，收入高，导致职业期望越来越高，求职变成了自我炫耀。还有些同学看见或听说班里同学尤其是室友找到了条件优越、效益较好的单位心理上就不平衡，抱着“他能去，我更能去”的态度非要找一个条件更好的单位，而不考虑自身的条件、社会需要特点、职业发展及就业中的机遇因素。一些毕业生对别人所找的工作心存嫉妒，特别是看到自认为条件不如自己的人也能找到很好的工作就更容易出现嫉妒心理，于是有些人故意对别人的工作冷嘲热讽、贬低、讽刺和挖苦，意图打击别人，更有甚者，抱着“我得不到，你也别想得到”的畸形心态在用人单位面前造谣中伤、打小报告。

（4）抑郁与逆反

在择业中受到挫折后，一些毕业生会感到无能为力、失去信心，表现为失落抑郁、不思进取、情绪低落、意志消沉，他们常常会放弃一切积极的求职努力、听天由命。严重时还会对外界的环境漠然置之，减少人际交往，对一切都无所谓，并进而产生抑郁症。而另外一部分毕业生，则对正面的职业教育、职业信息存在逆反心理。对来自辅导员、班主任、学校就业指导服务中心以及同学和用人单位的正确信息、善意批评与建议，他们不相信、不听从，偏要对着干，要按自己的一厢情愿去求职。比如当别人为其推荐某工作单位时，总是抱有戒心，别人讲得越多他越不相信。当求职失败时，不总结自己的问题，甚至明明知道自己失败的原因也不改正，在以后的求职中依然我行我素，听不进任何批评与建议。

（5）说谎侥幸与懒散心理

有些同学认为用人单位不可能去查实每个人的简历是否真实，而且因为面试时间比较短，不可能对自己做全面考察和了解，只要自己当时充分地表现一下，把工作骗到手，签好协议书就行了。于是，一些毕业生把别人的获奖证书、成果证明等偷梁换柱地收入自己的简历，而且自己明明没有当什么干部，也没有参加什么社会实践活动，也照着别人的写上，甚至胡编乱造一番，以至有时在用人单位收到的简历中一个班竟出现了五六个班长。还有的大学生在面试时把自己吹得天花乱坠、无所不能，结果经过现场实践考核或试用时就马上露出了原形。

有的毕业生签约比较早，往往在离毕业半年或更长时间的时候就落实了单位，这时就容易出现懒散心理，认为工作单位已定，没有什么可以担心了，应该松口气、歇歇脚了，于是学习没了动力，组织纪律散漫，考试仅仅追求及格，毕业论文只求通过，甚至长期旷课、上网、夜不归宿。还有极少数大学生因此受到学校处分，严重的甚至被开除或勒令退学，找到的工作也因此丢了，悔之莫及。

（6）心理不满与行为、生理反应失常

由于就业市场中确实存在一些不公平现象，也存在某些专业不易找工作的客观现实，一些大学生在遇到就业挫折时就容易出现各种不满心理，比如有些同学认为“学习靠自己，就业靠关系”，还有些同学出现了对专业、学校的抱怨、贬低。

在各种不满与不良就业心态的影响下，毕业生还会出现一些不良行为和生理反应。行为与生理反应的失常通常是比较严重的就业心理失常的表现，出现这些问题时要及时进行心理调节或寻求心理咨询专家的帮助。

二、缓解心理压力的有效方法

1. 自我反省法

面对矛盾和冲突时不要冲动，冷静、理智地进行反省思考。一方面客观分析就业环境，把面临的情况搞清楚；另一方面思考自我，找到自我的准确位置。

2. 放松练习法

放松练习可以帮助减轻或消除各种不良的身心反应，如焦虑、恐惧、心理冲突、入眠困难、血压升高、头痛等症状，而且见效快。如果毕业生遇到心理压力时，可以借助有关人员的指导做一些放松练习，安排好一日生活。前面我们已经提到，沮丧和焦虑是一种病，一种人人都有可能患的疾病，而不是一种性格上的缺陷。这种状态还可能因为身体的原因而引起或加剧，如感冒、疼痛、缺氧，或者是因为服用某类药物而导致的副作用等。

3. 自我转化法

有些时候不良情绪是不易控制的，这时可以采取迂回的办法，把自己的情感和精力转移到其他活动中去。如学习一种新的知识技能，参加有兴趣的活动，进行郊游，用以求得心理平衡，保护自己。在为毕业、就业而苦恼时，最好的办法便是找人聊天，及时疏导，排遣郁闷。又如应届毕业生有一个其他求职者无法比拟的优势，就是在你身边有一群和你同样经历、同样目的的同学，有你的知心好友，他们足以和你一道结成一个求职小组，一个好的听众，在你压抑或沮丧，需要找人倾吐时出现；一个紧随身后的智者，在你将要退却时出现，鼓励你“实现它”；一个啦啦队长，在你小获胜利时，送来一片喝彩。

4. 心理测验法

通过心理测验了解自己的心理特点和问题，从而有针对性地调节自己，避开心理弱点，发挥优势。例如，毕业生可以进行智力测验、人格测验、神经心理测验、能力测验，根据测验的结果，来决定自己的职业选择或调整自己的情绪，使之达到良好的状态。

5. 专家咨询法

在求职时可以寻求心理专家辅导，提高就业能力。人的心理出现矛盾，特别是出现较大的心理负担之后，内心冲突激烈，自我调节难以奏效，这时候，外来力量的帮助就显得非常重要。毕业生应当主动及时地寻求外来帮助，如通过心理咨询专家帮助消除择业挫折带来的焦虑、烦恼、抑郁等不良情绪，进行心理训练，使毕业生更加客观正确地认识自我，提高择业求职的技能技巧。心理咨询作为一种教育服务形式，在高校发展迅速，深受大学生的欢迎和喜爱，它担负着培养大学生良好心理素质，解决心理矛盾，预防心理疾病，提高心理健康水平，促进大学生人格完善的根本任务。心理咨询对毕业生择业心态的调适，更是起到主导和指引的作用。

三、做好就业心理准备

（一）正确全面地自我评价

毕业生要对自己的所学专业、工作能力、爱好特长、优势劣势有一个完整的把握，同时做好职业心理定位，这样才能在就业中克服劣势，发扬优势，找到自己较满意的职业。现在，不少高校的心理咨询中心设计了兴趣、人格、职业能力倾向等测试表，为学生提供职业心理定位的服务。通过这类测试，学生可以了解适合自己的职业，在学习中拾遗补阙，今后找工作时能沉稳应对。

（二）积极调适职业意向

有些学生的职业取向过高，有些不切实际。在求职过程中往往眼光过高，常常产生要么他看不中人家，要么人家看不中他的现象，从而造成就业受挫，产生心理失衡。因此，大学生在就业过程中，应不断调适自己原有的不切实际的就业取向，使自己的心理定位与择业目标要求相适应。

（三）增强自身心理品质

大学生应不断增强自身的心理品质，如加强自控力，保持心理情绪平静等，使自身在内心与外在因素冲突下，达到一种动态均衡，及时消除因就业受挫而引发的心理失衡等问题。

（四）脚踏实地做好第一份工作

有人说，对待第一份工作应该像对待刚出生的婴儿一样，要小心地呵护，还要不断地适应，要有身体上的准备，更要有充足的耐心与耐力。第一份工作是毕业生接触社会的开始，它考验着我们的能力与适应力。

四、入职之后的几点建议

尽快熟悉企业各方面的情况，熟知企业的目标、方向、文化、规章制度以及在行业内的地位；尽快找到自己的位置，熟悉并胜任自己的本职工作。干好自己的本职工作是领导对你最基本的要求，也是决定你能在这个企业里生存下去的基本条件。

尽快熟悉领导、同事，了解他们，也让他们了解自己，尤其让大家了解你工作方面的长项。但是切记要少说多做。工作成绩不是你自己说出来的，而是你做好之后被别人看出来的。夸夸其谈、不做实事只会招来大家的反感。

在发现工作中存在问题时，不要急于提出来，要找到解决问题的办法，然后一起汇报给主管领导。领导最不愿意听到的是问题，最愿意看到的是你能拿出解决问题的好办法。这个过程中如果有同事帮助了你，一定不要忘了一起向领导汇报或者汇报的时候强调一下，否则你会因此失去一群同事的心。

工作中或者在同事们交往中遇到任何困难和难题时，要经常听取别人的意见和建议。在大家都没有好的主意时要敢于拿主意，不论你的主意是否是最好的。这样会逐渐建立起你在同事圈里的威信，大家会逐渐依赖你，即使你不是领导。多数人是愿意追随别人的脚步走的。

有了这样的地位，你的提升就有了群众基础。除了出色地完成自己的工作以外，还要学会做别人的工作，尤其是会做你的直接领导的工作。有了这个能力你的提升就是早晚的事。企业永远以业绩论英雄。周围有人需要帮助时，一定要热情真诚地伸出援手，这会帮助你建立起很好的口碑和群众基础。你付出的热心就像把钱存进银行，需要的时候就能取出来并且还会多收获利息。

对工作负责，在原则问题上一定要用正确的方法坚持己见，并敢于担当。不敢担当的男人最被女人看不起，不敢担当的员工永远不会被重用。要大度，胸怀宽广，在非原则的小事上不要计较。适当吃点亏也无所谓，吃亏是福。

一定要时刻保持谦虚的心态，不要有一点成绩就目中无人。谦虚使人进步，骄傲使人落后。更严重的骄傲不只是使人落后，还会让你失去朋友，失去群众基础。要多交朋友，多一个朋友多一条路。他们会在关键的时候帮助你，让你的人生更顺利，更快达到你的目标。不要一个人吃饭。不要认为别人请你吃饭是应该的，在中国饭桌是最好的社交场所。要多交有用的朋友。看一个人能有多大成就，只要看他周围经常来往的朋友就知道。

遇到不满的事要有一颗平常心，对待自认为不公平的事有一个正确的态度。使自己保持乐观向上的心态，在人生的第一份工作中，磕磕绊绊总是异常多，这就需要调适心情。工作环境一时改变不了，唯一可改变的是我们自己，是我们对待工作的态度，更是我们自己的心情！

随着国家和地方经济发展进入新常态，深化改革成为新动力，随着以互联网经济为代表的新商业模式的崛起，经济社会形态和群体交往模式都发生了巨大的新变化。在新常态下，具备了“高自律性”“高素质”“高积极性”“高协作性”的“四高型”人才将受到就业市场的青睐。“高自律性”是“人才的首要标准”，它要求员工具有自我克制、自我约束、自我改善的能力。“为何有的企业能成为百年老店？核心还是价值和理念。企业好，是企业文化的导向。”而“高素质”是“人才的能力基础”，表现了人力资本的属性，特别是新常态下，面对复杂多变的环境，要求人才具备不同背景下高效完成工作的能力。“高积极性”是“人尽其能的前提”，要求人才具有更强的探索精神，面对工作难题与挑战，要勇于试错，以更强的创造性与能动性去提出解决问题的新思路，面对挫折与困难时更有弹性与韧性。“高协作性”是“人才能力的放大器”，主要是指人才的团队意识与协作精神。

“不积跬步，无以至千里；不积小流，无以成江海。”毕业生在求职时必须正视现实，对社会、对自我有正确的认识，使自己的求职愿望与社会需求及时对接。结合自己的专业、爱好、特长、性格、愿望挑选工作岗位，通过各种途径和方法来展示自己、推荐自己，使自己得到用人单位的认可。第一份工作不会是人生的最后一份工作，因此更重要的是进入职场、体验社会的经验积累。

第二节　做好求职准备

随着国家和地方经济增速进入新常态，宏观就业压力不减，2015 年大学生就业需求在结构性方面有变化，民营中小企业、二三线城市需求明显上升；鼓励高校毕业生下基层就业仍然是国家重要的政策导向。经济新常态下，毕业生就业也进入了新常态。新常态指的是国家经济换挡减速，增速从过去的高速增长转向中高速增长。来自教育部、人社部的数据显示，我国每年需要就业的人员大约有 2500 万，尽管我国劳动年龄人口从 2012 年起已经开始下降，但劳动力供给仍处于高位。经测算，到 2030 年左右，我国劳动力将一直保持在 8 亿人以上，就业的总量压力长期存在。

一、外语外贸院校就业相关行业介绍

随着中国与世界的交流逐渐深入，特别是北京奥运会之后，我国对外语类人才的需求旺盛，应该说其就业前景是乐观的。但由于前几年外语类专业招生过热，这几年总体就业趋势显得较为平稳。从近几年需求情况

看，需求量最大的是英语、日语。此外，俄语、德语、法语、西班牙语、意大利语的需求也较大。这些语种的毕业生就业较为容易，高层次的外语人才供不应求。有专家预测，今后一些小语种也将走向热门。

北京外国语大学就业指导中心办公室主任孙眉认为，近年来，外语类毕业生去向已完全呈现了多元化态势，除了传统的外交外事领域，越来越多的毕业生到金融、通信、传媒、咨询、体育、物流等领域就业。就业领域的扩大无疑意味着就业机会的增加。那些具有扎实的语言功底，同时具备金融、法律、经贸、外交、新闻、中文等知识背景的外语类毕业生，契合社会对于复合型人才的需求，直接推动着外语类人才培养模式的变革。

同时，外语类专业毕业生还能在传统就业优势领域获得机会，如外交部、文化和旅游部等中央部委以及各部委所属事业单位或新闻出版机构、图书情报机构、各省市的外事机构等。

（一）外语专业的就业前景

如果你口语不错，可以去做外贸类市场工作，前景很广阔待遇也还不错。另外，英语专业可以有很多证可以考，比如 BEC（剑桥商务英语），还有口译、笔译等。在全球化的时代里，英语是一种基本技能，如果能掌握一些财会或金融的知识就完美了。外语专业如果学得好，就业前景很广泛：英语教师、培训机构、报社编辑、文秘、外贸、谈判员、翻译等等，学外语的同时要是能再学一门专业技术就业范围将大大扩大，身价也要提高不少。

同传、高级翻译等每个月的收入都是几万，随着国际化步伐的加速，各种外语 + 专业的复合型人才日益走俏，外语人才的市场需求很大，正是我们一展身手的好时代。北京、上海、广州、苏州等经济外向型发达城市，有很大市场，内地需求会少很多。

翻译是门艺术，要做一名合格的翻译非但要有扎实的中外文基础，还要有广博的知识，从某种程度上说，翻译承担着“信使”的职责，在传播不同语言和文化之间的信息方面肩负重任。为了准确地传递信息，我们可以为一个词、一句话殚精竭虑，曾有人以“戴着镣铐跳舞的人”来形象地比喻翻译工作。

翻译的苦和累不是一般人所能了解和体会到的，作为一个劳动和技术双重密集的行业，翻译所承受的压力之巨大让人无法想象。由于中外语言、文化、思维认知方式等各方面的差异，翻译人员除了必须具有较高的中外文水平这一基本条件外，还要有过硬的对外传播业务素质和广博的社会文化知识，真正做到“内知国情，外晓世界”。如果从事经贸、法律、科技、医学等专业翻译，还要掌握相关领域的专业知识。

承接大型国际会议的翻译业务经常要通宵加班，几百份资料需要翻译，有的甚至是同时翻译成英语、俄语、日语、韩语四种语言，熬夜是常有的事，还得保持头脑清醒，以保证质量，力求最准确地表达出原文作者的意图。从事翻译工作真是比较辛苦，加之目前翻译行业价格偏低，使得翻译工作价格和价值在某种程度上不成正比，也导致一些水平较高的外语工作者不愿从事这个行业，我们企盼着翻译行业尽早能在市场环境、准入机制、职业资质、价格保障、翻译权益等方面走向标准化、规范化之路。

（二）纯粹的英语专业人才将受到挑战

师范类英语专业应该成为热门，因为传统的英语教育是中学教育和大学教育，现在英语教育的年龄不断往前移，从以前的中学移到现在的小学，甚至幼儿园教育，所以对于师范类英语人才的需求还会保持一定的增长。从我们现有的师资来看，受过良好教育的英语教师还是非常缺乏的。

现在，整个社会发展情况发生了很大的变化，英语已经成为一种工具，越来越多的人能够自如地应用。早期的政府官员或企业的管理人员的英语水平不是很好，需要有专门的翻译来帮助，在一段时间内出现了翻译人才供不应求的现象。随着中国的开放，英语教育的逐渐普及，人们学英语的意识也在提高，学习英语的环境也在改善，很多企业家或管理者已经有这个技能，不再需要一个专门的英语人才来帮助他，这样的话对纯粹学习英语的人的需求就大大减少。同时，现在非英语专业的学生的英语水平的不断提高也形成了英语专业学生的强劲对手。所以，非师范英语专业的学生将面临着更大的压力，当然他本身也可以从事英语教育。

天津外国语学院就业指导中心的史学红老师介绍说：“在我们学校，英、日语种的需求量比较大，其他的小语种毕业生较难找到对口的工作。但双语种的学生也很受欢迎。所以学校要求小语种的学生至少要掌握一门大语种，以增加他们的就业机会。”

英语专业是一个工具专业，但是真正能够把英语学得精通的人，即使是英语专业的人也是不多的，即使是过了英语专业八级的人，口语和写作不流利的情况都相当普遍，所以，你在学校里一定要把口语和写作学好。

二、制定求职方案

了解了行业的发展方向，制定一个有效的求职方案可以让求职变得事半功倍。因为寻找工作是最具挑战的工作之一，要找到一份“你的”工作，而不仅仅是“一个”工作。

（一）求职的基本思路

求职这件事情其实就是求职者找到自己想去的职位，弄清楚这个职位需要的典型特质；反观自己，找到自己具备这些特质的证据，不断地向HR证明自己适合该职位的过程。

制定求职方案首先要思考三个问题：

一是求职求什么。这个问题解决的是求职目标定位的问题。去什么行业、什么企业、做什么职位，切不可不知道自己想要什么，不知道社会需要什么。我们处在一个变革的社会，变化多，挑战多，机会同样多。解决这个问题的方法也很多。

二是求职要求谁。这个问题解决的是信息来源问题。毕业生可以有很多途径来找到就业信息，要主动出击，抓住每一个就业资源。首选是学校给予的就业信息，还有亲朋好友提供的信息，学长的就业单位、社会服务机构提供的信息，其他学校的信息等。

三是求职怎么求。这个问题解决的是如何行动、如何准备的问题。严格来说，这个准备是从三年前学生们还是新生的时候就开始了。这三年里所学、所为，都将成为求职简历内容和面试问题的答案。所以要好好梳理一下自己的大学收获，制作一个编年史，看看哪些内容能够写进简历，怎么写才能打动你的心动企业。因为简历是写给企业的情书，哪些故事可以讲给面试官听，以佐证你的能力，让他觉得带你回去可以跟老大交代；什么经历让你可以胜任你钟情的职位，因为面试是你与未来雇主的相亲，务必用心多多练习。

例子：

小曹是市场营销专业的大四学生。新年后在市人才市场新春大型招聘会上，他选择了某大型房地产开发集团公司，并准备应聘公司的策划专员。为了获得下一轮面试机会，他将自己的求职简历做成了一份楼盘预售公告——一份楼书。这份简历体现了策划人员应具有的独有的创新意识和表现能力，给 HR 留下了深刻的印象，并获得了一周后到公司面试的机会。在面试准备的一周里，他对公司所在城市的房地产市场做了细致的市场内调查，从市场份额到与竞争对手各方面情况对比，都了解得详细，并形成了一份详实的该市房地产市场调研报告。在面试环节，小曹凭借着自己充分的面试准备，击败了其他众多优秀的竞聘者，被该房地产集团公司录用。

点评：小曹针对目标公司及其岗位，制定了一个有效的求职方案，撰写给人印象深刻的求职简历获得面试机会，并结合自己的专业知识撰成可行性市场调研报告，证明了自己的能力。

求职第一步：自我评估

自己喜欢做什么？最擅长做什么？最娴熟的技能是什么？什么对你最重要？这些信息中包含了职业兴趣和个性特征、你拥有的专业知识技能、可迁移技能、自我管理技能以及你的价值观，它们将引导你的求职，并帮助你向未来的雇主推销自己。如果你的爱好、擅长、技能和申请的工作有很多相关之处，你将是一位具有明显优势的候选人。

求职第二步：了解你想要什么

想从事全职还是兼职工作？公司离家路程多远你可以接受？更喜欢什么样的工作环境？希望薪水多少？喜欢独立工作还是团队工作？喜欢数字吗？富有创造性吗？是否喜欢在工作中长期与计算机、工具、机器等打交道？

求职第三步：了解你要去的地方行业情况、环境、组织文化、能力要求、团队风格、规范

通常企业在招聘人才时，都会同时发布岗位任职要求、岗位职责及工作地点。求职者事先要做一些功课：从企业相关网站上和人脉上了解企业

的相关状况、经营策略和发展规划，从而在应聘简历中有针对性地突出个人技能正是企业需求的人才技能。

求职第四步：确定职业方向和求职渠道

求职第五步：准备求职材料

工作和雇主信息（目标企业的有关资料等）；推荐表（体现学校对学生求职择业的推荐意见）；各种证书（学历证书、专业证书等）、成绩单、证件的原件和复印件；学习、实习、培训记录和报告；相关的求职活动记录（听讲座、咨询谈话记录等）；相关的照片和音像资料；各种社会活动记载资料（团队或个人项目成就）。

求职第六步：撰写简历、求职信、网申简历；传统求职简历

求职第七步：参加面试

求职者一定要了解企业选人时在挑选什么，一定要清楚地知道自己所拥有的技能，看清招聘简章中的职位描述，在求职时展示企业最需要的技能，而不是卖力地表现自己认为最优秀的技能，正如一个好司机“记住路线比玩得爽重要得多”。

在市场经济背景下，竞争已成为资本经济的代名词了。找工作也一样，当求职者认为自己是能力强、有价值的人才时，就要通过一些渠道和平台，增加曝光度，让企业能找到你。在求职过程中，达到目标的路线往往并非直线，而是一条呈上升状态的波浪线。求职是人生历程中不得不面对的事，只要用积极心态去面对，对自己进行不断分析和总结，采取一些好的求职方法，你就不会是求职者中的失落者。

（二）如何选择企业

选择国家政策鼓励和扶持的行业中的企业就业。国家鼓励的行业多数都是朝阳行业，有发展前途。

选择规范经营的企业就业，行业中排名前几位的企业一般都比较规范。

选择企业的老板。老板个人的素质要好，有上进心，能力要强，目标要高。有宽广的胸怀，在行业和社会上名声很好。跟着这样的老板才能学到各种各样的能力，才能有进步有前途。正所谓“跟对人做对事”。

选择企业的文化。每个企业都有自己独有的企业文化，企业有什么样

的文化就有什么样的行为，有什么样的行为就会有相应的结果。这一方面决定企业的前途，另一方面企业的文化是否适应你也决定你能否在这个企业里生存和发展。企业的文化是什么？就是企业的目标、企业的宗旨、企业的理念、企业的精神、企业的使命、企业的责任。

选择和自己的目标一致或者相近的企业就业。

选择能提供你学习和培训的机会，让你不断成长的企业。

选择能给你实实在在工作的企业就业，有工作才有锻炼，才会很快进步。有些企业给你的岗位很清闲，可能薪水也不错，但是这种工作会把你养得懒惰，会消磨掉你的激情。这种工作比较适合追求安逸生活的人。如果你是想成就一番事业的人，就不要选择这样的工作，记住温水煮青蛙的故事。如果不小心选择了这样的岗位，也要努力把应该做的做好，再尽早调整自己的岗位。

（三）选择求职途径

1. 传统思维的求职途径

通常可供我们选择的求职途径包括以下七种。

网申。网申是最常用的方法。投递过程有两种方式：一是发送简历到指定邮箱；二是填写对方公司的网申表格。招聘网站和求职社区都是很好的网申信息获取途径。网申时必须海投，如果你只投递一两家你很感兴趣的公司职位，那你能够拿到 offer 的机会就可能微乎其微。宣讲会是我们了解目标公司招聘职位信息和公司文化的好时机，很多企业在接受网申前会先到学校举办宣讲会。有的企业也会在宣讲会上收取简历，甚至直接举行笔试、面试。

大型招聘会。主要是校园招聘会。校园招聘会的参展单位通常都是和学校的诸多专业非常对口且针对应届生的，应聘成功概率非常大。不建议应届生参加社会招聘会。

企业实习。近年来，越来越多的企业愿意到学校选拔实习生，对实习生提供完善的培训和成长指导，并在优秀的实习生中选留员工。大二、大三的同学可以利用空余时间或寒暑假去实习，一方面锻炼自己的业务能力，另一方面增加社会经验，更有机会在实习后直接就业。

内部推荐。内部推荐的成功率非常高。学生可以通过亲朋好友、师兄师姐、学校、导师等关系获得内部推荐机会。在求职过程中要充分利用身边的一切资源，平时一定要注意人脉的积累，如果你有机会更快捷地获得职位，就可以有更多时间在岗位上实现自己的价值，体现自己的实力。

上门自荐。如果有足够的自信以及足够的勇气，选择这种最直接的方式是不错的。成功率比网申要高很多。

商业竞赛。这其实是现在非常流行的招聘方式，企业通过各类商业策划发掘具有出色商业头脑的毕业生。对学生而言，能够通过商业竞赛展示能力，获得企业的青睐，是非常高效的求职路径。

其他有效的求职途径还有对职业人士进行人物生涯访谈、参加培训与学习、加入俱乐部、参加义务工作、成为目标企业的客户等，毕业生可以根据自身情况进行尝试。

2. 互联网思维的求职途径

以下是现在互联网上找工作的几种途径。

（1）招聘网站

目前来说，通过招聘网站来求职的学生已大大超过了通过人才市场找工作的人数，很多学生都可以通过大型的互联网招聘网站找到适合自己的工作，但通过招聘网站求职需要注意一点，少去一些小型招聘网站，因为小型站点审核机制不健全，有许多虚假职位信息，很容易使人上当受骗。

（2）微博

很多人都有过通过微博求职的经历，中华英才网的一位人力资源总监说："我很少看学生的简历，因为这些简历的内容无法判断真伪，从校内活动看貌似人人都成绩优秀，个个都当过班长或者各种班委会成员。很多时候我现在判断大学生就看看他的微博，如果天天只会自拍几张相片，那样的花瓶有什么用？或者只会发一些我在哪里我吃的是什么，那样的饭桶对我们企业有什么用处？很多时候我会看看他自己写过哪些内容，以此来判断这个人。"

想通过微博找工作的学生切记，微博的简介有 70 个字，如果写得精彩的话，足以让企业了解你，而且可以展现出你的概括和表达能力。

（3）微信

微信用户现在突破3亿，而且很多企业平台账号也会在微信内直接发送招聘信息。现在也有很多专门帮助求职的微信公众账号，可以给用户推送一些职位信息，让求职者可以了解到最新的职位信息。如果学生对某家公司感兴趣，可以关注这家企业的微信账号，这样的话可以了解企业的最新动态，而且一旦公司发布招聘信息，你也可以快速地得到信息，大大增加了入职的可能性。

（4）豆瓣

豆瓣也可以用来找工作，豆瓣上有许多兴趣小组，很多HR喜欢去有相同爱好的人群集中的地方发布招聘信息，例如要找程序员可以去IT技术小组，找推广人员可以去互联网兴趣小组等等。另外，豆瓣上面也有专门找工作的小组，上面也有很多职位信息，找工作的时候可以去了解一下。

（5）知乎

知乎上有专门的“找工作”页面，里面有各种大神分享的求职经验、职业规划以及防止上当的技巧等等，而且由于是问答平台，通过提问的方式，可以了解心仪的公司的发展、动态等等，而且有可能回答者就是公司现有员工。

互联网、微博、微信、智能手机等新媒体以其独特的功能和互动体验特色吸引着最易接受新生事物的大学生群体。网络对“90后”大学生的就业观和求职行为均产生了深刻的影响。

人人校招发布的《2013应届生求职反馈调研报告》显示，互联网已超过传统的招聘会、校园宣讲会，成为2013应届生投递简历最多的渠道，其中招聘网站的使用率最高，约占整体的70%。在目前的在线招聘市场，垂直细分招聘、职业社交招聘、分类信息门户网站招聘和新媒体招聘等模式对传统网络招聘提出了极大的挑战，企业都在用互联网思维创新和重构自己的招聘模式，以实现供需双方的及时交互和精准匹配。

互联网思维影响下，用人单位更重视招聘平台和资源的整合，如压缩招聘过程，扁平化招聘管理，在招聘海报上加入微信二维码，开发网络求职系统，增加用人单位和学生的互动体验，创设微信网申平台，力求实现指尖上的精准人职匹配，提高招聘效率。如阿里巴巴等大型企业已尝试通过开发移动考试系统（即基于移动智能终端的考试产品），让求职者可在任何地方通过手机等新媒体访问、提交求职材料甚至参与考试。用人单位则可借助移动网络实现一体化移动招聘、面试调度、面试反馈、在线笔试、在线评卷等功能。

很多用人单位的招聘官在面临岗位空缺时，第一时间想到的一般不是打招聘广告，而是借助各种各样的微圈子寻求合适的人员。招聘官在微圈子里面经常做的事情一般有两件：一是有个“坑”（岗位），寻求合适的“萝卜”（应聘人员）；二是有合适的“萝卜”往外推荐。

不难看出，用人单位正努力适应“90后”大学生求职新特点，主要调整招聘方式，提升人职匹配度，降低招聘成本。互联网思维开创了用人单位和求职者的双赢局面，满足了双方对效率的追求。大学生可以通过博客、微博、微信、QQ群、专业论坛等链接各种各样的HR圈子，有针对性地参与相关专业人士发起的话题讨论，为自己创造合适的就业路径，绝不要做一个被动等待的、默默无闻的粉丝。在一个人人都有麦克风的自媒体时代，学生要学会利用新媒体传播途径，积极推销自我，及时交流互动，塑造具有正能量和好声音的靠谱青年形象。

“90后”大学生更善于运用网络获取就业信息，开展求职活动，如通过网络论坛、“学长求职过程微博直播”等方式对用人单位形成更全面的认识。“90后”大学生创造性地将网络热点语言、呈现方式嫁接在求职包装中，如“凡客体”“淘宝体”“咆哮体”成为近年来求职流行语言；“微简历”、多媒体简历等新型的求职形式层出不穷，其中2013年网上热传的以“今麦郎”为主题的“90后”神求职视频堪称互联网求职的典型。小米教父雷军说：“只要站在风口，猪也能飞起来。”在日新月异、瞬息万变的互联网时代，“90后”大学生可以充分整合和运用互联网思维和平台，积极探索和寻找适合自己的“风口”，在未来就业探索和职业发展中聚焦、沉淀、积累、修行，让生涯之旅在自己的追寻中倾情演绎，让生命之花在自己的“风口”上绚烂绽放。

第三节　获取就业信息

一、就业信息内容

（一）就业政策

为做好毕业生的就业工作，近几年从国家到地方都出台了一系列相关政策，为毕业生提供了更多的服务项目。有些城市还结合本地的实际情况，对毕业生的引进、安排、使用、晋升等制定了一系列更为具体的规定，不少地区为了吸引人才还制定了许多优惠政策。

（二）就业法律法规

尽可能掌握《劳动合同法》《就业促进法》以及教育部、人力资源和社会保障部等部门出台的相关就业法规。学习相关法律法规不仅可以清楚自己的合法权益，而且可以捍卫自己的正当权利，减少不必要的损失。

（三）就业市场

要把握就业形势，如全国当年毕业生的供求形势中同类高校、同类专业毕业生的情况；哪些专业紧俏，哪些专业供大于求等；求职目标城市的基本情况、发展战略定位、支柱产业；老百姓的生活水平、房价、生存成本等。

（四）行业信息

关注自己感兴趣的行业或与自身专业相对应的行业、相近行业的信息。特别是一些工具类专业（如语言类、管理类专业）的同学，或职能性专业（如财务、人力资源等专业）的同学，行业特征不明显，更需要结合自己的兴趣、优势，重点关注一两个行业。

（五）用人单位信息

详细了解用人单位的准确全称、隶属关系、单位性质、发展沿革、组织结构、企业文化、薪酬水平、员工数量、员工稳定性和一些关键事件，并详细了解所提供职位的名称、工作内容和任职要求等。这一点非常重要，因为同一个职位名称，不同单位的要求是不尽相同的。了解得越充分，求职准备就越有针对性。

二、就业信息来源

就业信息的获取对职业发展起着至关重要的作用。获得就业信息应把握两个原则，一是便捷，二是权威。毕业生可以重点使用以下几种途径获取就业信息。

（一）用足学校资源

在校园招聘活动中，毕业生和用人单位直接见面，所以求职者不仅可以从中获取许多就业信息，而且还可以抓住时机当场签订就业协议，既简捷又有效。从学校得到的就业信息可信度高，其针对性、准确性、可靠性都较强，专业更对口，用人单位更有选人的诚意，应格外重视。不少高校的“网站＋微博＋微信＋短信平台＋手机报”的立体式就业信息服务体系，实现了信息服务体系的全面性、个性化、交互式推送，使新媒体信息服务体系成为新时期学校就业工作高效开展的重要助推器。微信、微博不但实现了就业信息的实时推送，还实现了就业信息的交互功能。

（二）分享社会服务

每年教育部、人力资源和社会保障部都会制定毕业生就业的有关工作政策，各级各类就业服务机构以及行业主管部门则会开展信息交流和提供咨询服务，这些都是获取就业信息的重要渠道。一些地区的就业指导中心或人才服务中心也会举办规模不等的毕业生供需见面会，包括分行业举办的和分地区举办的，在供需见面会上，毕业生可以掌握较多的信息。由政府主管部门所属的毕业生就业机构组织和举办的针对毕业生的招聘会，往往具有时间集中、信息量大、针对性强、双方了解直接的特点，值得我们格外重视。

（三）关注公共传媒

网络、报刊、广播、电视等途径传递的就业信息速度快、范围广、容量大、竞争性强，但仍然受篇幅、时间的限制，在内容上比较笼统、不够全面。在使用这些媒体信息时，要注意其权威性和专业性。其中，全国大学生就业公共服务立体化平台、各省高校毕业生就业管理部门的网站、社会知名人才招聘网站以及各行业主管部门主办的就业招聘平台，都能为毕业生提供专业性和权威性的信息。微信、微博等新媒体的应用要更加关注。

（四）参与实践活动

通过毕业实习及平时的各种课外实践活动，毕业生能够了解用人单位，并让用人单位了解自己，这是毕业生在求职择业过程中增进与对方相互了解的最好途径。

（五）善用社会关系

通过家长、亲戚、朋友、老师、同学等渠道来获取就业信息，有时会起到事半功倍的效果。

三、就业信息解读与处理

求职信息筛选过程实际上是一个求职决策过程，是择业的关键。毕业生通过各种渠道收集到的原始就业信息可能比较杂乱，在处理这些信息时应把握以下几点：

一是分析已获取信息的具体情况，把握重点。毕业生将收集到的所有就业信息进行比较、初步筛选之后，选出重点信息并注意留存。

二是结合客观的自我认识，剖析信息。每个人的情况不一样，毕业生应结合自己的求职意向、专业水平、工作能力、性格特点等选择适合自己的就业信息。

三是结合就业政策进行考虑。有些城市对企业选聘应届毕业生设定了一些条件，比如上海需要英语四级证书、计算机等级证书才能办理“五险一金”，深圳对本专科生落户有毕业院校和专业的限制等。

四是分析信息的来源、可靠性与时效性。用人单位在确定招聘计划后会通过媒体发布，如校园网、本单位的网站、专业网站或本行业人才服务机构和人才网站。在求职过程中，要警惕不法分子利用“立即就业、高收入”等噱头，散布虚假信息诱导大学毕业生进入传销等非法行业。

求职者可以运用一些简单的方法来鉴别：

一是看清楚招聘内容。如有的招聘信息把所有的专业都列进去，而且还没有岗位描述，这个时候你就要小心了。

二是看清楚招聘单位的地址和电话。合法的单位一般在招聘信息中都会留下详细的地址和固定电话，而不法招聘单位只留下一个手机号码，连固定电话都没有。当你询问地址时，他只提供一个比较大的范围，说你来到后会有人接等等。

三是了解目标城市毕业生的平均薪酬。企业一般都是遵循市场规律和自身的薪酬体系给员工提供薪水和福利。作为刚刚大学毕业的“菜鸟”，工作能力和专业技能肯定比不上老员工，而且即使你够优秀，也不可能为了你而打破整个薪酬体系。

四是拒绝那些求职时收费的单位。当遇上设有交纳所谓培训费等项目的公司或者个人，应立即拒绝。

目前各地政府部门都实行政务公开，建设了电子政务平台。毕业生可以在招聘单位所在地的工商局网站“企业信用公示”或“企业注册信息”系统中查找招聘企业的基本信息。如果系统中显示该企业未进行工商登记、未经过年检或已经注销，从法律意义上来讲，这家企业是不存在的。一些大企业在各地的分公司，也应在各地工商部门注册登记。

第四节　准备求职材料

在求职之前，你需要认真准备一份求职档案，内容包括：针对不同求职目标的简历和求职信，工作和雇主信息（目标企业的有关资料等），求职日记，推荐表（体现学校对学生求职择业的推荐意见），各种证书（学历证书、专业证书等），成绩单及证件的原件和复印件，学习、实习、培训记录和报告，相关的求职活动记录（听讲座、咨询谈话记录等），相关的照片、音像资料和各种社会活动记载资料（团队或个人项目成就）。

一、简历

> 本人热爱搜索成痴，只要是做搜索，不计较地域（无论天南海北、刀山火海），不计较职位（无论高低贵贱一线二线，与搜索相关即可），不计较薪水（可维持个人当地衣食住行即是底线），不计较工作强度（反正已习惯了每日 14 小时工作制）。
>
> ——百度前副总裁俞军当年求职简历

简历的主要目的是获得面试机会，而辅助目的才是个性与能力的展示。HR 筛选简历时常常采用“扫描式”，在每份简历上所花的平均时间为 15 秒，每 245 份简历中有 1 份获得面试机会。有的大公司每年会收到超过 10 万份简历。

简历是传播个人品牌的“自媒体”，其主要目的是获得面试机会。这种“媒体”属性，要求简历“客观、以事实说话、具有说服力”，避免出现太多主观描述（特别是性格描述）、抒情性表达。

（一）中文简历

1. 简历撰写

如果一个学生想要应聘一个职位，首先就必须认真研读岗位要求，然后在简历中把自己拥有的与之相似的能力和素质以经历和实践的形式呈现出来，面试官会根据简历上的这些内容来决定你是否具备适合这份工作的专业知识和技能。如何做个简历赢家，顺利进入面试关呢？

以下是一位经验丰富的资深 HR 对毕业生的建议：

怎样写简历让招聘经理一眼就看到你就是他们想要的人？怎样写简历能够吸引招聘经理的眼球？怎样写出令人印象深刻的简历？

理解简历的真正意义是非常重要的，我们从两个方面谈：从含义上来说，简历是用于应聘的书面交流材料，它向未来的雇主表明你拥有满足特定工作要求的技能、态度、资质、自信；从 HR 的角度谈，你是谁？为什么选择你而不选择他人？你想做什么？你能做什么？你可以做到什么程度？你怎么做？我们一起来看看如何写求职简历。

首先，个人信息部分。这部分解决的问题是“你是谁，我可以怎样联系到你”。在个人信息栏写上姓名、手机号码、电子邮箱这三项足矣。手机号码在早九晚六处于开机状态，保证招聘经理找到你，需要提示一下，请勿留家里的电话，有时候父母或其他长辈不知道发生了什么，当时不是你个人接到的电话有时会使你错过面试机会；使用专业的电子邮箱，避免使用 qq 等不职业化的邮箱；如果目标企业要求有照片，精神干练的带微笑的职业化的蓝底或红底的两寸照片特别重要。

第二，明确求职目标。这部分解决的问题是“你想做什么”。招聘经理经常会看到以下类似情形：求职目标的位置写着“应聘人力资源 /

教师 / 办公文职”，求职目标的地方同时写着两到三个职位，造成了招聘经理不知道你想做什么，现在我们来体验下面三组信息，你会选择哪个：

a. 应聘职业规划师 / 招聘经理 / 教学管理

b. 应聘 CBA 公司的职业规划师 / 人力资源

c. 应聘 CIBA 公司 + 咨询部 + 职业规划咨询师

我个人觉得我会选择第三种情形，目标明确清晰简洁：公司 + 部门 + 职位，让他人了解你想要的。

第三，工作经历。这部分解决的是“你能干什么，干到什么程度，你拥有什么能力和资源，你可以为企业带来什么价值，你是否可以提供企业想要的结果”。工作经历部分不是职业生涯经历的堆砌，而是体现个人在过去的公司里曾经创造了哪些业绩，例如：2012—2013 年，在公司负责管理课程咨询部门，通过打电话，在相关网站上发送课程信息，召开课程说明会，邀请老学员介绍，培训团队成员等形式招生，业绩达到 400 万。读到这里，我个人觉察到：多用动宾结构，如打电话，召开说明会，邀请老学员；数字量化；使用专业术语，体现职业修养。企业都是期待求职者来到公司之后为公司创造价值，创造利润。写简历时要以结果为导向，突出个人的业绩是至关重要的。

第四，写简历之前充分的准备也是很有必要的，对内自我探索，我的职业兴趣是什么，我拥有怎样的能力，我的职业价值观是什么。

对外探索工作世界，了解目标企业的愿景、企业文化、价值观，深入研究岗位的要求、上升的发展路径等，通过探索将二者相结合，把自己放到最恰当的岗位上去。

所以说简历是个人能力的清单，写简历，是对个人能力的梳理，个人的哪些知识、技能、才干能够与目标企业匹配；简历不是写出来的，是工作中用心干出来的。

2. 具体来看看一份简历上该写些什么

（1）简历内容

一般来说，简历的基本内容包括以下 8 个部分。

基本信息：姓名、地址、电话和 E-mail 是必不可少的内容（籍贯有时也是必要的）。电话前加上区号，长的电话号码采用分节的方式，找工作申请一个新的邮箱，如张三的邮箱用户名最好为 zhangsan@163.com。

求职意向：这是简历的重点部分，向雇主传达你期望的职位信息，描述你期望的职位层次，明确告诉未来雇主你愿意加入的公司类型、规模和范围。

教育背景：按时间顺序逆向排出你的学历和学位，注明你就读的学校名称和专业，阐明你所修相关的主要课程（不超过五门，最好注明成绩），列出你在读期间发表的论文。

校园活动：例如为“五月花”活动拉赞助。三周内通过 100 余个电话和 224 封邮件，并到过多家公司分别与 ×× 公司签下合作合同，获得 600 元现金赞助和晚会舞蹈指导支持；锻炼了沟通技巧，学会了如何成功地与别人谈成互利共赢的合同。

社会实践 / 实习经历：每一段描述性文字都用动词开始（如管理、取得等），确保你的工作经验与你的求职目标相符。按时间顺序逆向排出你从事过的每一份工作，包括公司名称、所在地、就职日期和主要的工作内容及收获。

所获奖项 / 所获证书：注意强调奖励的含金量，如果奖励众多，要有所选择，注意奖励与职位的相关性，同一种奖励，写一项即可。如奖励年级排名前 5%的学生、获奖比例不足千分之二，n 次获得“优秀三好学生”。

发表论文 / 科研成果（部分）：即“我之所长，人之所短”。如主持完成“国家大学生创新性实验教学计划”项目，投资“乘数—加速数模型与中国经济周期波动研究”，鉴定等级为“优秀”（国家级）。

自我评价 / 兴趣爱好（不一定写）：别忘了贴一张你的职业化的照片！

（2）准备过程

首先，要准备一份不受字数限制、内容分类清晰、非常详实的简历。其次，认真分析不同类别职位的特点（销售类、技术类、管理类、行政类），有针对性地突出重点，根据所应聘的职位需求进行剪裁，突出那些和职位要求相吻合的部分。第三，要以事实作为主要的描述内容。检查是否使用了关键词，简历上的照片是否职业化。第四，再次检查与核对调整后的简历，做到语句通顺，不虚夸，不过谦，和所应聘的职位要求相吻合。确认无误后，将这个版本的简历做好标记，标明是应聘哪个职位的简历后发出。决定简历成败的细节很多，包括简历的编辑排版和简历的投递。关注细节，不要因一时的疏忽而留下遗憾。

（3）撰写原则

撰写简历时需要把握三个原则，即“三分之一”原则、“金字塔”原则和“三个我”原则。“三分之一”原则强调简历内容的布局，是指将个人亮点写在简历的第一个三分之一位置上。招聘者花在一张简历上的时间以秒计，只有一开始抓住他的注意力，引起其兴趣，才能引导他继续阅读简历。若将一张简历等分成三部分，那么第一个三分之一的位置应该点明你最需要突出的信息，次重要的信息紧随其后，最不重要的信息放在最后那个三分之一的位置上。

“金字塔”原则强调简历信息间的逻辑，是指简历的信息要由上至下，像金字塔一样突出顶端的要点，再有逻辑地一点点展开，层层支撑，每一层可由下一层得到证实。撰写时首先用一段精练的话总结出你最大的个人特质，当然这个特质必须是企业所需要的，再通过过去的实习经历或社团经历论证，最后分别具体阐述在这些经历中你所做的事和各种收获。

“三个我”原则即通过介绍自己的基本信息、经历和能力，说明“我是谁、我为什么适合这份工作、我能给企业带来什么”，用这三个方面的信息将企业所需全面地介绍出来。

需要注意的关键点有：突出重要细节，找出1—3项长处，使用数字和比例，营造比较优势，使用专业术语，突出职业素养，标明绩效和成果，突出个人能力，应用黑体，定位面试官注意范围，有所言，有所不言，扬长避短。

（4）简历排版

标准的简历的篇幅刚好是一页A4纸，要利用好2/3处的黄金区域；反复校对不要出现错别字等低级错误；不要用斜体字，使用标准字体或打印字字体，比如宋体、黑体，字体介于小五号至四号之间；字体不要太花哨，推荐宋体、楷体，便于HR快速阅读，做到分类清晰、层次清楚、排版整齐、字号美观、关键词加粗；栏目之间一定要对齐，如果字数不够可以用空格代替。

（5）网申简历

网络申请越来越成为求职者的第一选择，但是很多公司的招聘网站上，“网申”填写的内容量大得惊人，少的四五页，多的十多页，不仅涉及学校、专业、籍贯等基本资料，更有大量的自我阐述、标准题问答、实习经历评价等开放式问题，有时候填一份问卷就需要三四个小时。

由于网申简历信息量大，很多重复问题每投一个简历就要回答一次，很多毕业生对此都比较苦恼，往往会有“网申如此麻烦，到底有收获没有，这样的投入值得吗”一类的疑问。其实网申简历虽然看起来很繁复，但是在填写过程中，还是可以运用合适的技巧，有效提高填写速度和效率的。

杜绝低级错误。一定要注意拼写、语法等细节问题。一般大公司都比较注重专业精神，“网申”虽不见面，但也别因手指的失误，而失去宝贵的印象分。如有的毕业生把自己的电话号码写错，使得原本感兴趣的HR根本无法与其取得联系。使用简历模板时一定要注意格式的变化，避免因为格式问题导致简历信息不完整。

注意包含关键字。在网申过程中，简历筛选的第一步，就是由系统按照关键字进行检索。如果你的简历中，包含一些重要的关键字，例如做IT行业，你的简历中包含java，.net等，将大大提高你的网申投中率。

提高简历匹配程度。要有明确的求职目标，并且要围绕求职目标展示你所拥有的与其相匹配的知识、技能和经验；对于名企来说，选择过程是“优中选优”，如果没有相对突出的重点或亮点，求职者是很难获得面试机会的。

避开高峰，从容填写。在高峰时间，由于申请人较多，有些公司的服务器常会出现死机或连不上服务器的情况，所以网申最好选择午餐时间、凌晨等网络比较空的时段。此外，要记得及时保存所填写的内容，以免做无用功。另外，在填写比较大篇幅问题的时候，尽量在word环境下填写，然后再粘贴到网页上去。很多公司的“网申”提供在线修改的服务，只要在结束期限之前，都可以登录并更新简历和答案。

决定网申通过率的关键词。网申各部分填的东西越多分数越高，实习的公司越好时间越长分数越高，一般企业设定的关键字标准不同，对第一项的分值设定也就不同，一般为10分、7分、5分、0分，或5分、4分、3分、2分、1分。

微简历即是一种不以求职为目的、规定在简短的140个字里介绍自己、展示自己的一种简历。说起微简历的起源，那得追溯到童话大王——郑渊洁。2014年年底，他率先用诸多网络流行语为自己编写了一份趣味十足的简历，其原文为："偶郑渊洁童鞋，中国银，1955年生于石家庄，飘过，5岁到北京潜水。小学四年级遇'文革'，悲摧辍学。塞翁失马，自学更给力。为毛下乡务农。从军报效郭嘉。做工神马的都是浮云。靠写作养家糊口，被读者围观，人生鸭梨渐微。老来学会织围脖，从out到nb。"其中"童鞋""给力""悲催""浮云""神马"等网络热词在简历中被应用得出神入化。这份不以求职为目的的搞笑简历在引起了一波转发热潮后，也孵化出了微简历这么一个新鲜玩意儿。许多人相继模仿，"凡客体""咆哮体""古文体""三字经体""打酱油体"等各类微简历层出不穷，微简历已经成为表现网民们无穷智慧的一个载体。如今，或文言或白话的各类微简历相继出炉，轻松诙谐又能表现自我，微简历已成为不少网友在网上的最好名片。微招聘将微简历140字的限制打破，实现微简历与求职简历相互链接、转化，更加方便用户。

从功能来看，"微简历"相当于吸引招聘方注意的探路石、敲门砖，因为有140个字的字数限制，很难全面、完整地展现个人信息，故有新意的表现形式是吸引眼球的最大卖点。如：

人力资源专家表示，微博发简历虽然便捷而且紧跟流行，但毕竟每条微博信息量有限，因此求职者还是要对正式简历多加打磨，或做一个关于自己详细简历的链接。此外，随着微博招聘信息与日俱增，但信息来源缺少必要的监管，求职者筛选信息时应尽量选择有信誉的企业或者微博里认证的大企业，避免掉进招聘陷阱。

3. 英文简历

不论是外企还是国企，现在对求职者的英文水平都十分关注，因此制作一份高水准的英文简历就显得十分重要了。

（1）个人资料

名称有四种写法：Personal，Personal Information，Other Information，Additional Information。无论是教育背景、工作经历，还是个人资料，既可以首字母大写，也可以全部字母大写，还可以全部字母小写。哈佛商学院的标准格式是全部字母小写，这在主流商业社会中已沿用多年。另外，名称可以写在最左侧，也可居中。

语言。有几个层次，Native speaker of 指母语；从严谨的角度讲，Fluent in 显得更流利；English as working language 显得非常不流利，但可靠性更强；Some knowledge of 会一些，没有把握的千万别写。在面试中，语言是最轻松的，一旦被考倒，他会认为你在撒谎，甚至认为通篇简历都有很多撒谎的地方。

计算机。中国人最爱用“熟悉”（familiar），无论中文还是英文简历。“熟悉”是一个很弱的字眼，说明你不熟练，不常用。如果几个软件，有的熟练，有的熟悉，建议只写软件名。完全没把握的，一点儿也不熟悉的，千万不要写。不要以为没有电脑，就不会考你，他也会考你一两个关键用法。如果真的用得很多，不妨用“Frequent user of”。

资格证书。最需要注意的是，有些人将注册会计师笼统地翻译成 CPA，但全世界各国都有自己的 CPA，有些是互不承认的，所以一定要写上国别，写明考取年份。有一些业余爱好，能显示出一定素养的内容，也可以写上，如钢琴考级。TOEFL、GRE 和 GMAT，最好哪个都不写，因为外资公司一般都希望新聘雇员不要很快就离开，如果他们知道您要出国的话，当然不愿充当无谓的跳板。但也有例外，如一些美国的大型咨询公司，如 McKinsey，BCG，Bain，A T Kearney，Booz Allen 等，以及华尔街的投资银行。他们会在北大、清华这类学校招聘应届毕业生作 Analyst（级别相当于科员），三年之后自动期满，一般都会去美国读 MBA，若知道，你如果已把 TOEFL 与 GMAT 考完，他们就不再担心您会在工作期间，利用业余时间去听课了。

爱好与特长。写强项。弱的一定不要写，面试人员说不定对哪个项目感兴趣，有时会跟你聊两句，尤其是接连几个、十几个面试之后，有些招聘人员爱聊一些轻松的话题，一旦是你的弱项，绝大部分人会很尴尬的，显出窘态，丧失自信，这对你是很不利的。

（2）教育背景

时间要倒序。最近的学历情况要放在最前面。

学校名要大写并加粗。

地名右对齐，全部大写并加粗。地名后一定写中国。例如，海口（Haikou）的拼写与日本北海道（Hokaido）的拼写很相近。读简历的有可能是外国人，不知道的会搞不清楚是哪个国家。可能你出过国，这是件好事，但如果去的地方并不太出名，没加国名，大家也意识不到。总之是造成了一些不方便，效率不高。我们应该一切从最完善的角度出发。如果是大城市，如广州、大连等，大城市后面不必加省名，因为如果不知道这些城市的老外，也很难对它们所属的省份有什么概念。而像黄石、邯郸这样的城市，后面还是加上省名为好，但 province 一词可以省略。如果地名的字数过多，甚至公司名的字数也不少，不妨将所有公司名、学校名及地名都改成只第一个字母大写，这样就腾出地方了。

学历。如果正在学习，用 Candidate for 开头比较严谨；如果已经毕业，可以把学历名称放在最前。

社会工作。担任班干部，只写职务就可以了；参加过社团协会，写明职务和社团名，如果什么职务都没有，写“member of club（s）”。社团协会，国外一般都用 club。不必写年月和工作详情，有些可留待工作经历中写。顺便讲一下几个职务的译法：

班长。国内很流行用 Monitor，但国外常见的是 Class President，这样显得更国际化。

团支部书记。用 Secretary 也可以，但在与外国人打交道时，如果参加的是纯商业机构，背景中政治色彩越少越好。经常一个班就是一个支部，我们可以用 class 表示支部，那么 class 用 Secretary 不合适，不妨用 President，在某种意义上，班长和团支部书记二者的角色是相同的。

副会长。用 Vice President 是最合适的，在国外也很常见。

奖学金。一般用一句话概括。如果有多个，也争取用一句话概括。但如果是在校生，则见学生简历。

成绩。如果不是前五名，建议不写。因为如果排在五名之外，感觉您不是一个优秀的学生。一旦写上，有些人会穷追不舍地猛问，让你尴尬。

（3）工作经历

对于正在工作的人，Experience 应写在 Education 的前面，而对于在校生 Education 则应放在 Experience 之前。

第一，时间。

目前的工作要最先写，左侧写时间，如写成 1997-present。此外更要注意拼写，不要把 present 写成 president，否则您现在就成了总裁，老板怎么还敢雇佣您呢？这种往往是拼写检查无法查出的“漏网之鱼”，所以要特别小心。

第二，公司名。

公司名称应大写加粗。若全称太复杂，可以写得稍微简单一些。如 ARRAIL CHAINSHINE INVESTMENT COMPANY LIMITED 不如写成 ARRAIL CHAINSHINE 来得简单明了，大家一看就知道指的是哪家公司。

第三，地名。

地名写法与 Education 部分相同。

第四，职务与部门。

从公司名称之后的第二行开始写，如果想介绍公司情况，则职务与部门应写在公司简介之后。职务与部门应加粗，每个词的第一个字母要大写，如 Manager，Finance Department。

第五，公司简介。

对于新公司、小公司或招聘公司不甚熟悉的某些行业的公司，为了保险起见都不妨介绍一两句。甚至那些业内知名的企业往往也不一定名声在外。求职者一般不会针对每家应聘的公司都量身定做一份专门的简历（tailor-made resume），目前可能只想在行业内跳一跳，但也不排除将来在别的行业发展的可能，所以不妨都略带提一下公司的简介。

第六，工作经历顺序。

倒序，这是非常流行的方式。

技能类别，这主要是为了强调自己的某种技能，如翻译、电脑等。如果招聘公司正是需要一名翻译，这样写可以正中下怀。此外，对于那些工作经历有时间断层的人，如下岗、休产假等，不妨也可使用这种方法。其他可参考前面所提到的只写年的方法加以弥补。如果断层时间长达两三年，则一定要解释清楚，说明确切的原因，实事求是。越诚实坦荡，越能给人好印象。

第七，工作内容。

点句的长度以一行为宜，最多不要超过两行；句数以三到五句为佳，最多不超过八句。一位美国的招聘经理曾对我说，一般只重点看前三句，超过八句之后的百分之百不看。

第八,五个避免。

长句：没有人愿意看太冗长的句子，而且切记 YRIS 原则，雇主只是在扫描你的简历。缩写：因为外行人往往很难看懂，不要想当然地认为这是人所皆知的事情。我：因为正规简历多用点句，以动词开头，是没有"我"的。

不利因素：我们讲过简历的原则是不要撒谎，但不写不等于骗人。"Reference available upon request "：这个短语的意思是如需证明，可提供见证。

二、求职信

（一）求职信的撰写要点

1. 自我介绍

说明自己的情况，介绍信息来源，阐明你要应聘的职位。

2. 能力说明

综合介绍自身能力，强调自己能为公司做出哪些贡献。

3. 传递有效信息，争取面试机会

请求答复，再次详细告知自己的联系方式。

（二）求职信的撰写技巧

应聘不同的雇主和行业，你的求职信要量体裁衣，不能以不变应万变。

事先细心阅读招聘广告，搜集有关资料，针对每一项要求来撰写。

自我推销，尽量突出自己的优点和长处。不要夸大其词吹嘘自己的工作能力；也无须妄自菲薄，过分谦卑，以免雇主会觉得你缺乏自信。

内容要精简，直奔主题，段落要分明，条理要清晰。

集中精力于具体的职业目标。

提出你能为未来雇主做些什么，而不是他们为你做什么。

语气诚恳，不卑不亢，表现出自信及积极的态度。

注意正确的文法，切勿写错别字。

不要说不着边际的大话，不要写煽情的话，不要写没有实力的空话。

不应超过一页，除非你所应聘的公司索要进一步的信息。

（三）求职信种类

求职信分为封面信和跟进信两种。

封面信通常是针对一个空缺的职位与简历一起发出的。与雇主面谈后，未被确定为正式待选人前，是发送跟进信的理想时机。

1. 封面信

封面信和简历同样重要。它不仅能向公司进行自我介绍，更是你根据某空缺职位特别展示相关资历的机会。封面信的目的是引起雇主的兴趣，目标是获得面试的机会，一页纸就足够了。在自我评价中应尽量避免使用“果断的”“雄心勃勃的”“有高度积极性的”和“成熟的”等词语，而应该列举具体业绩来证明这些特点。

下面是撰写封面信的基本要素。

第一段：写明申请的职位，在哪里看见职位广告或如何得知这个空缺职位。准确的信息能够确保你的简历被传递到正确的招聘人员手中。下面是具体例子：“您好！我在阿里的网站上看到您发布的总部人力资源培训生的招聘广告，特此给您写信。”

第二段：解释你为什么能胜任这份工作。这一段起到将简历与该职位相关联的桥梁作用。你可以在这个段落简要概述相关经验和成就，为什么相信自己能胜任这份工作。如果你的业绩描述里使用数字、统计数据、完成的项目等事实资料，可能会出现更加意想不到的效果。

2. 跟进信

一封优秀的跟进信不是一句简单的“感谢您的时间”，它是加深交谈印象、描述你资质的好机会。在跟进信中你可以重复强调封面信里的部分相同信息。撰写跟进信时，请记住以下几点：

在会面后的24小时内发出信函；写明收信人的名字和职位感谢他们的时间；总结你们谈话的要点（表明你确实认真听了，也提醒招聘人员你们的谈话内容）；表达你对该项目和公司的强烈兴趣；表明在合适的时候，希望得到面试机会；附上简历。

第五节 掌握求职礼仪

一、面试中的礼仪

（一）按时到达

千万不要迟到，因为这是对考官的一种不尊重。如果有一些特殊原因不能如约按时到达，应事先打个电话通知考官。万一迟到了，不妨主动、简单明了地说明原因，这是必需的礼仪。

（二）放松心情

有的人面对考官就会面红耳赤，神情紧张而说话不流畅。所以尽量调整心态，达到最佳状态。

（三）以礼相待

不要旁若无人、随心所欲，对接待人员熟视无睹。如果你目中无人、没有礼貌，在决定是否录用你时，他们可能会有发言权，所以，要给所有在场的人留下很好的印象，而不仅仅是主考官。

（四）注意手机

将手机调到振动或关机，这是明智的选择。

（五）进场敲门

即使面试的门是虚掩着的，也要敲门，千万不要冒失进入，那样很鲁莽，没有礼貌。

（六）微笑面对

面带真诚的微笑，显得自信，有亲和力，这是一个人风度、风采的展示，会给考官留下很好的印象。

（七）莫先伸手

行握手礼应该是主考官先伸手，然后求职者才能去握手。若考官没有主动握手，求职者切莫主动先伸手。

（八）“请”才入座

求职者进入面试室时，要等主考官请你入座，你才可以就座。

（九）交谈自如

求职者应聘时回答问题要吐字清楚、表达规范、语速适中、音量合适。手势适当，不要太多，需要时适度配合。还需要学会倾听并及时回应，切记不打断、不质疑、不补充、不争辩。

（十）递物大方

求职者在递自己的简历时，一定要事先整理好，最好是能迅速完整地取出来，不可乱翻。

（十一）告辞有礼

面试结束时要对考官表示感谢并摆好椅子，然后鞠躬告辞，如要关门则注意进退礼让。不要忘了对其他现场服务人员表示感谢。

二、面试之后的礼仪

许多求职者只留意面试时的工作，而忽略了面试后的礼仪。面试结束并不意味着求职过程的完结，要把事情做完整。

（一）诚意致谢

时间：面试后的 24 小时，最晚也要在两三天之内。

方式：打电话，写邮件，发短信。

（二）耐心询问

面试结束之后的两星期左右，如果还没有得到任何回音，就给负责招聘的人打个电话，询问一下面试结果。打电话询问面试结果，有两个礼仪细节必须要注意：什么时间打电话？问什么？

从礼仪角度来说，打电话最得体的时间是对方方便的时间。

不方便的时间：工作繁忙时间、休息时间、用餐时间、生理疲倦时间。因为询问面试结果是公事，所以当然必须是在正常工作日的时间段内打这个电话。

问什么？——面试结果。

如果知道自己没被录用，就应请教一下原因，情绪要非常稳定。同时，冷静地、仍然热情地请教一下未被录用的原因，可以说“对不起，我想请教一下我没有被录用的原因，我好再努力”。谦虚有可能赢得对方的同情，同时给你下一次面试机会。

第七章　笔试、面试与应试准备

第一节　笔　试

笔试是用人单位对求职者的专业知识以及文字表达能力和书写态度等综合能力的一次有据可查的测试，主要考察求职者的文化基础、专业知识、心理素质、办事效率、工作态度、思维方式等。主要适用于应试人数较多、需要考核的知识面较广或需要重点考核文字能力等情况。

一、笔试种类和内容

（一）笔试种类

技术性笔试。如教育行业的高考题测试，计算机行业的编程设计测试等，这类职位特点就是涉及工作需要的技术性问题，专业性较强，其笔试结果与毕业生在校学习的成效是分不开的，要成功应对这类考试需要坚实的专业基础。

非技术类笔试。非技术类笔试的考查内容相当广泛，如阅读、写作、逻辑思维、数理分析等，也有时事政治、生活常识、情景演绎、心理和智商测试等。

（二）笔试内容

常见内容为专业知识技能、综合能力测试、个性特征测验、智力测试。

1. 理论考试

理论考试是为了检验毕业生的实际文化程度。毕业生虽然有学校开具的学习成绩单，但用人单位为了直接掌握毕业生的文化水平，往往采取笔试的方法进行。这种考试题目类型以灵活题型居多。如要求文科生运用历史知识或某项原理，分析某一问题；要求理工科学生运用专业知识，解决某一实际问题，从而达到考查毕业生文化基础是否扎实、文字表达能力是否熟练等目的。

专业理论考试主要是检验应聘者担任某一职务时，是否能达到所要求的专业知识水平和相关的实际能力。专业知识考试的题目专业性很强。有些用人单位不考专业知识，只看毕业生在大学期间的学习成绩和学习内容。有些特殊的用人单位则要进行专业考试，如外资企业、外贸企业对应聘者要考外语，公检法机关录用干部要考法律知识，等等。值得注意的是，这种考试方式已被愈来愈多的热门单位所采用。

2. 技能测试

技能测试是为了检验应聘者的实际工作能力或专业技术能力，这种考试往往是针对特定的工作岗位来设计的。比如用人单位要招聘一名秘书，为了考查应聘者是否具有这方面的技能，可以通过下面的题目来测试：阅读一篇文章，写读后感；自编一份请求报告和会议通知；听取五个人的发言，写一份评价报告；某公司计划在 5 月份赴日本考察，写出需做哪些准备工作。

3. 心理测试

心理测试是用事先编好的用于测试被试者心理素质的标准化量表或问卷，要求被试者在一定时间内完成，根据完成的数量和质量判断其心理水平或个性差异的方法。一些特殊的用人单位常常以此来测试求职者的态度、兴趣、动机、智力、性格等心理素质。

4. 命题写作

命题写作的目的在于考查被试者的文字表达能力以及分析问题的逻辑思维能力，主要侧重于一些公文文体的写作。比如在规定时间内，写一份会议通知、请示报告或某项工作总结。

当然，也可以提出一个论点，让被试者进行分析论证。

二、笔试技巧和复习方法

（一）笔试注意的细节及技巧

参加笔试时，一般应注意以下一些方面：

1. 服从安排

应当在监考人员的安排下就座，不要选择座位，更不要抢座位。如果因特殊情况，座位实在有碍自己考试需要调整时，一定要有礼貌地向监考人员讲清楚并求得谅解，若实在不能调换，也应理解其工作上的难处。

2. 遵守考试规则

在落笔之前，一定要听清楚监考人员对试卷的说明，不要仓促作答，不要跑题、漏题或文不对题；不做一些不顾考场纪律、我行我素的行为，比如未经许可携带手机等通信工具，擅自翻阅或使用辅助工具。

3. 填写好姓名等必备事项

做题前一定要先将自己的姓名等被要求填写的个人情况写清楚，以免百密一疏，白白地做一回“无名英雄”。

4. 卷面要整洁

答卷时应注意卷面整洁、字迹清晰、行距有序、段落齐整、版心适度。因为求职过程中的笔试不同于在校时的考试，“醉翁之意不在酒”，有时用人单位并不特别在意应聘者考分的稍许高低，认真的态度、细致的作风会大大增加被录用的可能性。

5. 不得有作弊等不良现象

不得作弊，诸如偷看别人的试卷，私自拿出被考试单位所禁止的参考材料，与旁人商量，等等。另外，口中念念有词、把试卷来回翻得哗哗作响、用笔击打桌面、经常移动身体或椅子、显出烦躁不安等不文明或不光彩的举止是不会为自己带来任何好处的。

毕业生需要认真了解笔试的内容和形式，做到心中有数；了解笔试的目的，运用综合能力答题；熟悉考试环境，做到有备无患；保持良好的身心状态；认真对待，结合面试公司情况科学答题。注意以下几点：技巧不能代替专业知识，有技巧则更加从容；保持稳定心态；拿到试卷，快速熟悉题型（类似高考应试技巧）。

（二）笔试复习方法

复习重点在基础知识，不在怪题、难题上；了解一下综合能力测试题，如常见推理题；个人心理测试题，可以看看相关书籍；浏览应聘公司主页，了解公司业务，以此查漏补缺；查阅往年试卷，借鉴前人经验。

第二节 面 试

面试是通过当面交谈问答对求职者进行考核的一种方式，是用人单位选拔人才的常用方式之一。通过“面”考察和了解求职者的礼仪、核心竞争力以及与职位相关的程度，面对评委的互动能力以及心理状态；通过“试”考察和了解求职者的思维能力、学习能力以及组织、协调、领导能力。

一、面试程序

（一）寒暄、问候

可别小瞧这几句口头语，它可是至关重要的开场白。所谓“前三分钟定终身”，这是面试官从来都不愿承认的公开秘密。即求职者给面试考官的第一印象，从言谈举止到穿着打扮将直接影响到求职者应聘成功率。我们知道既然已被通知去面试，说明求职者背景已基本合格，那么面试者主要看什么呢？气味相投。求职者必须能够和这个企业，和企业中的员工气味相投。

寒暄问候的主要话题有：天气、一路的交通、办公室附近的建筑物（一定要事先弄清大建筑物的英文怎么说）、时事以及近日的热门话题等等。

（二）公司简介

面试官会简明扼要地介绍一下公司的情况。

（三）被告知程序

这时已开始进入正题。面试官或许会把面谈的整体程序安排预先告诉求职者，以消除求职者的紧张情绪。

（四）走一遍简历

分为两种。一种是粗线条整体快速串，另一种是摘录重点串。不过两种方式的目的是一致的。

第一，确认大环节。千万不要在简历里做假或夸大其词，否则很容易被当场戳穿。可别小瞧了那些面试官，他们一个个可都是火眼金睛。

第二，对简历中的可疑部分提问。当然面试官会避免直截了当地提问，而把具体的疑问放在貌似不经意的小问题之中。

第三，套情报。面试官会从求职者的学校生活谈起，寻找轻松的话题，勾起求职者对往昔的美好回忆。而当求职者聊兴正酣，滔滔不绝时，求职者的工作信息也在不知不觉中传入了他的耳朵。到底应该透露给对方多少自己的信息呢？这个问题要靠自己拿捏。

（五）试探性提问

一般围绕一些敏感、重要或很棘手的问题提问，目的是要了解求职者对业务难题或一些重大问题的看法。这些问题通常业务性很强，回答的好与坏充分反映出求职者的专业水平、反应的敏感度、逻辑思维性、分析问题的能力以及语言的组织能力。求职者的大智慧都将在这里熠熠生辉，可要抓住机会，大显身手。

（六）轻松话题

一般由求职者在简历的个人信息部分中所列举的细节中提取话题，比如聊一聊兴趣爱好、外语水平、将来打算或校园生活等。要知道除了业务和学历外，白领之间的人际融合也很重要，兴趣相投是相互融合的前提。这就是为什么只有志同道合的人才能打成一片。

（七）向面试官提问

出于礼貌，求职者起码应该问一个问题。此时若一言不发，会给对方造成两种印象：一是求职者对该企业没多大兴趣，因此实在没啥可问的，这样当然会惹恼面试官；二是求职者没有能力提出好问题，这样面试官会认为求职者是个笨瓜，而且反应迟钝，不会应酬。

求职者从没在这个企业干过，总该有不懂的地方吧。不要犹豫，放心大胆地问。

二、面试形式

面试的流程一般为宣讲、笔试、一面、二面、三面（即终面）。一面一般由HR负责实施，二面则由业务负责人组织实施，三面常常是由总负责人组织进行，有时甚至要加上测评环节。

（一）结构化面试

结构化面试，也称标准化面试，须按照事先拟好的面试提纲的问题一一发问，并按照标准格式记下面试者的回答和面试官的评价。这是一种最常用的面试方式。

1. 结构化面试的结构

典型的结构化面试通常由四部分组成：

第一，自我介绍。95%以上的面试要做自我介绍。这是应聘者与面试官建立互动关系的第一步，一般用2—3分钟即可。面试官将会对应聘者的精神面貌、表达方式、对工作的渴望态度等进行初步的判断，形成至关重要的第一印象。应聘者要围绕应聘职位、岗位选择和组织精心准备自我介绍材料，一个长的，一个短的，根据时间选用。最好写成书面稿，熟悉后变成口语表达，脱稿，但不要背诵。内容上不同的岗位侧重点应该不同，要用事实说话，要写实，不要太虚。语言要简洁、准确。

第二，背景陈述。重点考核应聘者是否与未来工作要求相符。

第三，交流讨论。这是面试过程中最关键的部分，面试官将试图把应聘者的资质和职业兴趣与单位可提供的工作职位进行有机对应。在这一阶段，应聘者应该针对所讨论的话题进行富有建设性和吸引力的交谈，还可以结合没有涉及或没有充分展开的问题与面试官进行交流。

要记住，面试官提问题，是希望从中发现你为什么适合这个工作和公司的理由。

第四，结束阶段。面试官会再次对单位做简要介绍，回答应聘者仍有困惑的问题，告知何时得到面试结果或介绍接下来的考核方式。

由于结构化面试的程序性比较强，因此，在面试过程中，考官会合理地利用各种面试技巧来获得有利的信息。例如发觉某一问题应聘者只说到其中的一部分时，考官会追问一句：还有其他需要补充的吗？应聘者此时应该做更详细的说明，以便考官据此得到更全面的信息。

2. 面试时的常见问题及提问目的

请你做简单的自我介绍？——全面了解

你认为自己有什么优点、缺点？——自我认识

你的老师和同学对你的评价如何？——自我评价

你有什么爱好和特长（特长展示）？——兴趣、个性

你为什么来我单位应聘？——求职动机

你想得到的薪水是多少？——薪酬问题

你以前的经历和求职的工作有哪些联系？——能力迁移

你对以后有什么打算？——职业规划

3. 常见问题的回答要点：自我介绍

一段短短的自我介绍，犹如“商品广告”，“××职位要求______，我______”，是简历中“应聘优势”部分的扩展，通常1—3分钟。在短短几十秒内，针对“客户”的需要，将自己最美好的一面毫无保留地表现出来，不但要令对方留下深刻的印象，让对方产生“难忘”的情绪，还要引发起“购买欲”。所以自我介绍应该是关于为什么个人适合目标职位的简要陈述，要围绕应聘职位、岗位选择和组织精心准备，将岗位职责与个人素质能力结合起来，不同的岗位侧重点应该不同，用实例和数据说话，语言要简洁、准确。最好写成书面稿，熟悉后变成口语表达，脱稿，但不要背诵。语速在每分钟80—100字。逻辑、思路、层次一定要清楚，明白先说什么，后说什么。

自我介绍前先弄清以下三个问题：“你现在是干什么的？你将来要干什么？你过去是干什么的？”这三个问题不是按时间顺序从过去到现在再到将来，而是从现在到将来再到过去。其奥妙在于：如果你被雇用，雇主选中的是现在的你，他希望利用的是将来的你，而这将来又基于你的历史和现状。

投面试官所好。清楚自己的强项后，便可以开始准备自我介绍的内容，包括工作模式、优点、技能、突出成就、专业知识、学术背景等。好处众多，但时间有限，要分析雇主的需求，最大限度投其所好。有一点必须谨记：话题所到之处，必须突出自己对该公司可以做出的贡献，如增加

营业额、减低成本、发掘新市场等。

铺排次序。内容的次序亦极重要，是否能抓住面试官的注意力，全在于事件的编排方式。所以排在头位的，应是你最想让他记得的事情。而这些事情，一般都是你最得意之作。与此同时，可呈上一些有关的作品或记录增加印象分（特别是在终面的时候）。

方式新颖。让自我介绍在最开始的时候吸引面试官的注意和兴趣。如面试中国银行，自我介绍可通过三个英文字母 BOC（中行的英文简称）展开，分别代表 balance、opportunity、collaboration，然后把自己的经历融合进去。

和用人单位套近乎。任何个人都会有虚荣心，代表公司的面试官也是，而虚荣心的体现就是，当你在自我介绍的过程中，说出一些值得公司骄傲的事情，或者你和公司的一些渊源的时候，面试官肯定感兴趣。尤其是讲的故事把自己包括在内，面试官的注意力会高度集中。

身体语言。在自我介绍当中，必须留意自己在各方面的表现，尤其是声线。切忌以背诵朗读的口吻介绍自己（要饱含感情，充满爱心，有适当手势）。最好事前找些朋友做练习对象，尽量令声线听起来流畅自然，充满自信。身体语言也是重要的一环，尤其是眼神接触。这不但令听众专心，也可表现自信。

注意事项包括：尽量少用“我”这个字眼，在自我介绍的开端，如果连续三句都用“我”做开端，面试官一般认为你是一个极端自私自利、自以为是的自我中心主义者。心急吃不了热豆腐，面试一开始，许多面试者就迫不及待地历数自己的“光辉历史”，这不是明智的做法，容易给面试官一种自吹自擂、夸夸其谈的感觉。给自己留条后路。有些没办法确定的话题，先不要夸口。

（二）情境模拟面试

情境模拟面试是设定一定的情境，在此基础上要求应聘者对一系列相关问题做出回答。问题的设计多来自工作，或是工作所需的某种素质体现，属于结构化面试的一种特殊形式，通常对问题有预先的答案。典型的情境类问题如：

“假如领导给你安排了一项工作，告诉你如何去做，但他的上级反对这么做，你怎么办？”

“你知道有可能会在电梯里遇到你的销售对象，在电梯里面的时间大概有 15 秒，你如何在这段时间里打动他？”

（三）行为事件面试

行为事件面试是针对应聘者过去发生的事件进行询问。通常使用“最……”的方式提问。

例如：

“到目前为止，你取得的最大的成就是什么？为什么？”

“大学期间你印象最深刻的事情是什么？为什么？”

提问的过程，通常采用不断追问细节的方式，以判断应聘者的行为方式、思维方式和能力素质，并对其描述的真实性进行验证。

（四）压力面试

压力面试指在有意制造的紧张气氛中提出一连串问题，穷追不舍，直至求职者无法回答，这是面试官为了选拔到优秀的人才，在面试中设置的语言陷阱，以此观察求职者应对压力的智慧、性格、应变能力和心理承受能力、逻辑思维能力。常见的压力面试情景有以下几种：

1.“激将法”遮蔽的语言陷阱

这是面试官用来淘汰大部分应聘者的惯用手法。采用这种手法的面试官，往往提问之前就会用怀疑、尖锐、咄咄逼人的眼神逼视对方，先令对方心理防线步步溃退，然后冷不防用一个明显不友好的提问激将对方。如：“你经历太单纯，而我们需要的是社会经验丰富的人”“你性格过于内向，这恐怕与我们的职业不合”“我们需要名牌院校的毕业生，你并非毕业于名牌院校”“你的专业不对口”等等问题。

面对这种咄咄逼人的提问，作为应聘者，首先要做到的就是无论如何不要被“激怒”，面对这样的发问，如何“接招”呢？

如果对方说：“你经历太单纯，而我们需要的是社会经验丰富的人。”你可以微笑着回答：“我确信如我有缘加盟贵单位，我将会很快成为社会经验丰富的人，我希望自己有这样一段经历。”

如果对方说：“你性格过于内向，这恐怕与我们的职业不合适。”你可以微笑着回答：“据说内向的人往往具有专心致志、锲而不舍的品质，另外我善于倾听，因为我感到应把发言机会多多地留给别人。”

如果对方说：“我们需要名牌院校的毕业生，你并非毕业于名牌院校。”你可以幽默地说：“听说比尔·盖茨也未毕业于哈佛大学。”

如果对方说：“你的专业与所应聘的职位不对口。”你可以巧妙地回答：“据说，21世纪最抢手的就是复合型人才，而外行的灵感也许会超过内行，因为他们没有思维定式，没有条条框框。”

应聘者若结结巴巴，无言以对，抑或怒形于色，据理力争，脸红脖子粗，那就掉进了对方所设的圈套。应聘者碰到此种情况，要头脑冷静，明白对方在“做戏”，不必与他较劲。

2. 挑战式的语言陷阱

这类提问的特点是，从求职者最薄弱的地方入手。

对于应届毕业生，面试官会设问：“你的相关工作经验比较欠缺，你怎么看？”对于女大学生，面试官也许会设问：“女性常常会对自己的能力缺乏自信，你怎么看？”如果回答：“不见得吧”“我看未必”或“完全不是这么回事”，那么也许你已经掉进陷阱了，因为对方希望听到的是你对这个问题的看法，而不是简单、生硬的反驳。

对于这样的问题，你可以用“这样的说法未必全对”“这样的看法值得探讨”“这样的说法有一定的道理，但我恐怕不能完全接受”为开场白，然后婉转地表达自己的不同意见。

又如：“你的学习成绩并不很优秀，这是怎么回事”“从简历看，大学期间你没有担任学生干部的经历，这会不会影响你的工作能力”，等等。

碰到这样的问题，有的求职者常会不由自主地摆出防御姿态，甚至反击对方。这样做，会误入过分自信的陷阱。而最好的回答方式应该是，用明谈缺点、实论优点的方式巧妙地应答。

比如说，当对方提出你的学习成绩不很优秀时，你可以坦然地承认这一点，然后以分析原因的方式带出你另外的优点。如：在校期间学习成绩之所以不很优秀，是因为我担任社团负责人，投入到社团活动上的精力太多。虽然我花在社团的心血也带给我不少的收获，但是学习成绩不是最优秀，这一点一直让我耿耿于怀。当意识到这一点后，我一直在设法纠正自己的偏差。

又如："你的成绩好像不太出众哦，你怎么证明自己的学习能力呢？"可以说："除了学习，我还有其他活动。不是只有成绩才能反映人的学习能力的。其实我的专业课都相当不错，如果你有疑问，可以当场测试我的专业知识。"这番回答可以将考官的注意力引导到你最拿手的专业知识上来。

3. 诱导式的语言陷阱

这类问题的特点是，面试官往往设定一个特定的背景条件，诱导对方做出错误的回答，因为也许任何一种回答都不能让对方满意。这时候，你的回答就需要用模糊语言来表示。

如："依你现在的水平，恐怕能找到比我们企业更好的单位吧？"如果你的答案是"YES"，那么说明你这个人也许脚踏两只船。如果你回答"NO"，又会说明你对自己缺少自信或者你的能力有问题。对这类问题可以先用"不可一概而论"作为开头，然后回答："或许我能找到比贵公司更好的企业，但别的企业或许在人才培养方面不如贵公司重视，机会也不如贵公司多；或许我能找到更好的企业，我想，珍惜现有的最为重要。"这样的回答，其实你是把一个"模糊"的答案抛还给了面试官。

4. 误导式的语言陷阱

对方的提问似乎是一道单项选择题，如果你选了，就会掉进陷阱。

比如说，对方问："你认为金钱、名誉和事业哪个重要？"

对刚毕业的大学生来说，这三者当然都很重要。可是对方的提问在误导你，让你认为"这三者是相互矛盾的，只能选其一"。这时候切不可中了对方的圈套，必须冷静分析，可以首先明确指出这个前提条件是不存在的，再解释三者对我们的重要性及其统一性。

你可以这样回答："我认为这三者之间并不矛盾。作为一名受过高等教育的大学生，追求事业的成功当然是自己人生的主旋律。而社会对我们事业的肯定方式，有时表现为金钱，有时表现为名誉，有时二者均有。因此，我认为，我们应该在追求事业的过程中去获取金钱和名誉，三者对我们都很重要。"

5. 测试式的语言陷阱

这类问题的特点是虚构一种情况，然后让求职者做出回答。

比如："今天参加面试的有近 10 位候选人，如何证明你是最优秀的？”这类问题往往是考查求职者随机应变的能力。无论你给自己列举多少优点，别人总有你也许没有的优点，因此正面回答这样的问题毫无意义。

你可以从侧面回答这个问题。你可以回答：“对于这一点，可能要因具体情况而论，比如贵单位现在所需要的是行政管理方面的人才，虽然前来应聘的都是这方面的对口人才，但我深信我在大学期间当学生干部和主持社团工作的经历已经为我打下了扎实的基础，这也是我自认为比较突出的一点。”这样的回答可以说比较圆滑。

有时，面试官还会提出这样的问题：“你对琐碎的工作是喜欢还是讨厌，为什么？”这是个两难问题，若回答喜欢，似乎有悖于现在青年人的实际心理；若说讨厌，似乎每份工作都有琐碎之处。因此，按普遍心理，人们是不愿做琐碎工作的，这是面试官在明知故问，我们可以推测出其醉翁之意不在酒，而在“工作态度”。

我们可以这样表述自己的态度：“琐碎的事情在绝大多数工作岗位上都是不可避免的，如果我的工作中有琐碎的事情需要做，我会认真、耐心、细致地把它做好。”这句话既委婉地表达了大多数人的普遍心理——不喜欢琐碎工作，又强调了自己对琐碎事情的敬业精神——认真、耐心、细致。这种回答既真实可信，又符合对方的用人心理。

6.“引君入瓮”式的语言陷阱

在各种语言陷阱中，最难提防的，可能要算这种形式的语言陷阱：

比如，你前去应聘的职位是一家公司的财务经理，面试官也许会突然问你：“您作为财务经理，如果我（总经理）要求你一年之内逃税 100 万元，你会怎么做？”如果你当场抓耳挠腮地思考逃税计谋，或文思泉涌立即列出一大堆逃税方案，那么你就上了圈套，掉进了陷阱。因为抛出这个问题的面试官，正是以此来测试你的商业判断能力和商业道德。要记住，遵纪守法是员工行为的最基本要求。

面试中，面试官也许会设计出各种各样不同的语言陷阱，但是只要看准了，兵来将挡，水来土掩就是了。

（五）无领导小组讨论

也称为 Group Interview 或 Assessment Center（简称 AC 面），这种面试

有助于应试者较好地发挥特长，展现优势。通过给一组考生（一般是5—7人）一个与工作相关的问题，让考生们进行一定时间（一般是1小时左右）的讨论，来检测考生的组织协调能力、口头表达能力、辩论能力、说服能力、情绪稳定性、处理人际关系的技巧、非言语沟通能力（如面部表情、身体姿势、语调、语速和手势等）等各个方面的能力和素质是否达到拟任岗位的要求，由此来综合评价考生们的优劣。

在无领导小组讨论中，不给考生指定特别的角色，也不指定每个考生应该坐在哪个位置，而是让所有考生自行排位、自行组织，考官只是通过安排的活动，观察每个考生的表现来进行评价，这也就是无领导小组讨论名称的由来。

无领导小组讨论主要测试应试者的论辩能力。其中既包括对法律、法规、政策的理解和运用能力，也包括对拟讨论题目的理解能力、发言提纲的写作能力、逻辑思维能力、语言说服能力、应变能力、组织协调能力。

（六）电话面试

很多外企在收到简历之后，为了在面试前做进一步的筛选，用人单位往往用打电话的形式进行首轮面试。电话面试的时间一般在20—30分钟左右，用以核实求职者的背景和语言表达能力。

对于求职者来说，电话面试不像面对面交流时那样直接，表现余地相应较小，仅能凭声音传达个人信息。电话面试里用人单位将如何提问？求职者又该如何应对呢？

1. 电话突然打来怎么办？

企业突然来电，往往令你措手不及，也许你正在上课，也许正在运动，也许正在公交车上，此时没有任何准备，建议你首先试探看看对方是否可以给你一些准备时间稍后再进行电话面试，如“对不起，我正在有事，能不能换个时间给您打电话？”等等，千万不要说自己没有准备，否则很有可能让你失去这次机会。

一旦赢得时间，最先做的应是马上摊开资料写一份提纲，从容应答。当你能坦然放松地与对方进行电话交谈时，应该将对方单位名称、招聘岗位，以及你所感兴趣的职位等弄清楚。

假若对方表示占用时间很短，要你配合的话，也不要紧张，先找个安静的地方坐下，然后理清思路，先做简短的自我介绍，之后有条不紊地回答提问。

2. 电话面试会问什么？

为确认求职简历的真实性，企业人事部门首先会对简历内容进行确认，看看是否有漏洞，是否有不符合事实的地方。此时，应聘者必须冷静快速地回答问题，回答过程中的任何犹豫都有可能给对方造成说谎的印象。因此，最好将简历放在手边，可以看着内容回答提问。其次，对简历内容确认之后，面试官会针对应聘岗位问些专业技术方面的问题，比如你的专业技能、对应聘职位的看法，有时会问得更细一些。对于这些问题，千万不要慌张，保持镇静，抓住问题要点，尽你所能，如实回答。

在回答一些专业问题时，你的答案要尽量显示你对那些专业术语非常熟悉，并能用简短的语言表达清楚，重点突出，不要回答得含糊不清。

任何面试都是双方进行相互观察和了解，而不是面试官单方面“审问”应聘者。面试官会对应聘者提出各种问题，以此来衡量你是否适合本公司，同时应聘者也可以向面试官提出任何你想了解的问题，但工资待遇问题最好不要提及，否则对方会认为你比较功利。

三、面试技巧

（一）面试之前

1. 基本准备

把握面试前的关键 15 分钟——面试也如同一场考试，越接近反而越不紧张，甚至还有点赶紧结束的迫切感。当然，即便你再胸有成竹，也还是要注意调整自己的状态，毕竟面试和学生时代的考试还有所不同，只带着脑袋还是远远不够的。

准备几个成就故事，例如描述一项成果以及在那个项目中所用到的技能，这个故事要能够完整地描述挑战、行动和结果等重要元素。当面试中要求举例说明的时候就可以用这些故事来回答，同时也能帮助你在紧张状态下更容易地回忆你的业绩与成就。

找到最近的洗手间，记住，一定不能在大庭广众之下，即使没有洗手间，也可以找个没人的角落，从头到脚检查自己的仪容仪表，包括自己的牙缝是不是还嵌着食物残渣，最好再嚼一粒口香糖，顺便再解决一下内急问题，因为谁也不知道接下来的面试会进行多久。因此，为了给自己留出一定整理着装的时间，请在约定时间前20分钟到达。

将通信工具调成震动状态或关闭。虽然说，求职者与HR是处于平等的地位，但毕竟是你去“求”职，始终处于一个被动的状态，所以起码要做到基本的尊重。曾经有过调查显示，对于面试过程中接电话或是被电话打断的求职者，会被HR减分。

再次检查自己所带的资料，并进行整理。资料包括身份证明、学历文凭证明、个人简历、以往作品（若有）等。若东西齐全，请对这些资料做一个整理排序，没有哪个HR希望看到求职者捧出一叠东西塞给他，让他一页页地去翻找自己需要的内容，或是资料七零八落散至一地，那这样的求职者一定不是一个有条理、让人放心的员工。若此时发现东西没有带全，也不要慌张，你得庆幸自己此时做了检查，好有足够时间去组织向HR解释的语句。

在等候HR的时候，可以暗自观察一下公司的大体状况，比如员工的着装风格、公司的Logo或是贴在墙上的企业文化、公司的环境等等。一来可以在接下来的面试过程中表现出自己对公司的认同感；二来也可以让自己对求职公司多些了解，以确定是否要接受这里的工作。

如果你身边有公司的宣传资料架，不妨取一本下来翻看。当HR看到你正在翻阅公司资料时，自然对你会有一定好感。当然，多了解公司的业务状况，也可以为自己在后面的面试环节增加些可聊话题。带一份报纸或一本与你专业相关的书和杂志，等候时翻阅。因为这时人最容易产生紧张心理，看看报纸等一来可解等候的不安，二来可显示自己平时的素质。

放松心情，调整呼吸。万里长征，这只是开头第一步。即便是失败了，那也是你人生的重要经历。还可以带一只事先整理得井井有条的公文包，可能会在消除面试紧张心理时发挥奇特效果。包内要多带一些有关工作的资料或有助于谈话的东西。例如“关于这个问题，我已做了某些设想，请过目”，这样就可以尽量减少与主考官正面接触。

请管住以下方面：

管住自己的嘴：不要和前台或是进出公司的人乱搭讪套近乎，尤其忌讳向别人打探公司的情况，包括薪资、人员状况等等。因为你完全搞不清楚对方到底是什么身份，或许前台姑娘是老板的弟妹等等，乱打探套近乎只会暴露你的不良动机，因此，一切后果请自负。

管住自己的手：请收起你的手机游戏等一切娱乐工具。你是来应聘的，而不是来排队吃饭唱 K 的。不要再以为自己还是个学生，当你踏进公司大门的那一刻起，你是一个社会人，没有谁会因为你的年轻而对你网开一面。请记住，表现你最成熟的一面，除非你应聘的是幼儿教育行业。

管住自己的脚：不要在别人的办公间闲逛，更不要探头探脑地打量别人的工作区域，参观公司不是你今天要做的事情，你随便的态度会引起公司员工的不满，甚至会打扰到别人的正常工作，这样闲逛的后果可能是直接被请至保安室。

2. 信息准备

如果想在面试环节表现突出，应该对未来雇主有所了解。对雇主企业进行深入彻底的研究，会让招聘人员对你留下积极和难忘的第一印象。

面试前要了解的信息包括：公司提供什么产品和服务？公司正在开展什么活动？公司有哪些成就？销售什么产品？资产多少？收入多少？它的成长模式是怎样的？它的预期增长如何？公司有多大规模？现有哪些类型的职位？潜在的增长力何在？公司的目标和文化是什么？公司地点在哪里？有多少个分公司？公司成立多久了？竞争对手是谁？公司的声誉如何？

上述信息主要来源于公司网站、年度报告、公司宣传册、专业协会、会议或展览会、商会、普通报刊、商业周刊、行业杂志和互联网。

（二）面试过程

1. 应对技巧

第一，面试礼仪。

面试，就是当面考试，谁懂得礼仪，谁就容易拿到高分，谁就最先通过。求职面试需要注意的基本礼仪有哪些呢？

面试前要做到：头发干净自然，如要染发则应注意颜色和发型不可太标新立异；服饰大方，整齐合身；男女皆以时尚大方的套服为宜；面试前一天修剪指甲，忌涂指甲油；不要佩戴标新立异的装饰物；选择平时习惯穿的皮鞋，出门前一定要擦拭干净。

面试中要注意：任何情况下都要注意进房先敲门；待人态度从容，有礼貌；眼睛平视，注视对方，面带微笑；说话清晰，音量适中神情专注，切忌边说话边整理头发或捏衣角；手势不宜过多，需要时适度配合。

面试结束时别忘记：礼貌地与主考官握手并致谢；轻声起立并将坐椅轻手推至原位置。

第二，面试的交谈技巧。

回答的技巧：第一，要听清题意，稍加思考后再回答。第二，回答问题要做到条理清楚，重点突出，切不可漫无边际，东拉西扯。第三，诚实作答。这包含两层意思，一是真实地披露个人的情况，不要弄虚作假；二是对于知识性的问题，能够回答，就从容作答，不能回答或根本不熟悉这方面的知识，或已遗忘，应坦率承认不能回答。

发问的技巧：第一，如果确有问题要询问，应征得考官的同意，并表示谢意。第二，如果考官指出应试者可以提问，则可以适当提出一些问题。第三，所提问题应尽量限定在对用人单位的基本情况、应聘职位的任务和职责、如何尽快进入职业角色等信息的了解上。第四，不要过多涉及职务晋升、收入增加、工作环境改善等方面。

交谈的技巧：第一，与人交谈要面带微笑，两眼平视对方，并留意对方的反应。第二，谈话中切忌抢话、插话，也不可误解话题，独占话题。第三，谈话中应使用普通话，语调要得体，音量要适中，语速要适宜。第四，对谈话要表现出兴趣，并认真倾听，记住要点。第五，说话要简洁，表达要流畅，用词要得体。

第三，面试时倾听的技巧。

目光要专注，要有礼貌地注视主试者，进行眼神交流，不可东张西望。要尽量微笑，适时爽朗的笑声可令气氛活跃，但不可开怀大笑。用点头对主试者的谈话做出反应，并适时说些简短而肯定对方的话语。身体要稍向前倾，手脚不要有太多的姿势。

第四，摆脱面试困境的技巧。

克服紧张的技巧：第一，以平静的心态参加面试，否则压力越大越紧张。第二，面试前做充分准备，不把·次面试的得失看得过重。第三，深呼吸是减轻紧张的有效办法。第四，不要急于回答提问者的问题，回答问题时注意讲话的速度。第五，如果的确非常紧张，最好的办法是坦白告诉招聘者："对不起，刚才有点紧张，请让我冷静一下，再回答您的问题。"通常招聘者会同情你，而你也因为讲了出来，觉得舒服多了，紧张程度也会大为减轻。

打破沉默的技巧：有时招聘者长时间保持沉默，故意以此来考验应聘者的反应。应对这种局面的最好办法，是预先准备一些合适的话题或问题，乘机提出来；或是顺着先前谈话的内容，继续谈下去，来打破僵局，走出困境。

讲错话的应对技巧：人在紧张的场合最容易说错话。比如在称呼时，把别人的职务甚至姓名张冠李戴。若说错的话无关紧要，也没有得罪人，可以若无其事，专心地继续面试交谈。通常招聘者不会因为求职者一次小的失误，而放过合适的人才。若说错的话比较严重，为防止误会，在合适的时候要更正道歉。例如："对不起，刚才我紧张了点，好像讲错了，我的意思是……请原谅。"出错之后，坦诚地纠正自己的错误会博得招聘者的好感。

遇到难题时的应对技巧：在面试中往往会遇到有些问题不会回答，这时不要掩盖，应当坦诚地说："这个问题我回答不了。"不会就坦然承认不会，会给人留下诚实、坦率的好印象，进而反败为胜。当遇到一时不易回答的问题时，可设法延缓时间，边思索边回答，或者直截了当地提出："我想想，再回答您。"然后很快地考虑怎么说、说什么，这样也许会获得构思敏捷、思路清晰、能抓住要害的好评。

2. 面试心态

明确角色。应试者和面试官是平等的，求职不是乞讨，录用也不是施舍，是平等交流的过程。古人云："胜败乃兵家常事。"求职面试也同样如此。当面试失败，没有被用人单位录用时，绝不能气馁，更不能灰心丧气。因为做事不可能次次成功，事事如愿。一定要调整好心态，振作精神，认真总结，冷静地分析失误的原因，为下一次应聘成功做好准备。

自信。面试最怕的是应试者不自信，自己都不相信自己能被录用，如何让别人相信你呢？

3. 面试之后

面试之后有很多事可以做：

写一封感谢信邮件挑战遗忘曲线。邮件内容就是“姓名 + 简单情况 + 面试时间 + 感谢”，重申对公司职位的兴趣，希望在公司工作的原因，用面试感受来强调对公司的喜爱。这封信可能让你获得意外机会（注意时机）。一定要表达你对职位仍感兴趣，对公司目前的挑战和机遇有一定的认识，请对方指教自己面试中的问题，如果不能录用，自己应该从哪方面提高。

电话礼貌询问最终结果。打电话注意避开周一上午和周五下午，避免占用对方休息和用餐时间，最后让对方先挂电话。若得到录用则表示感谢，请教下一步该做的事；若没被录用，态度冷静热情地请教原因。

第三节　应聘准备

面试是用人单位考核求职者仪表、性格、知识、能力、经验、思想道德和人品等方面的内容，看求职者各个方面的条件和工作动机与期望是否符合本单位的要求。面试是做简历想要达到的直接目标。能面试说明简历已经被认可——即在简历中“实在挑不出”可以淘汰你的理由了。所以接下来，通过面试来找找“淘汰你的理由”。这正是标准人力资源招聘的理念：寻（询）劣以汰。因此，面试过程其实就是求职者避免被“劣汰”、与面试官的博弈过程。因此，面试过程的首要任务就是回避否决点。大量的面试研究表明，许多应聘成功的人并不是因为优秀，而是因为面试官没有找到淘汰他的理由。

那么，我们在应聘面试前要做好哪些准备呢？

一、注意形象，留下良好的第一印象

面试是 interview，即 inter+view，意即相互瞧一瞧。因此，面试过程中的互动标准更多时候是“瞧”出来的。当然，第一瞧就是“首印象为王”了。

虽然第一印象并不一定能准确地判断一个人，但大多数人还是喜欢凭借第一印象做出自己的判断，负责招聘的主管人员也是如此。因此求职者在参加面试之前，一定要对自己的整体形象进行设计，争取给用人单位留下好的第一印象。

二、了解单位，知己知彼

面试的时候，主考官提的问题通常是“你为什么想加入我们公司？我们公司最吸引你的地方是什么？”等有关公司的问题，如果求职者对所要应聘的公司不了解，那么面试的结果可想而知。因此，在面试之前一定要对应聘单位的情况有所了解，如薪资水平及福利待遇、企业历史及背景、核心产品和技术、工作内容、文化差异、行业内排名、培训及晋升制度、领导风格、工作环境以及诚信度等，做到知己知彼。

三、保持良好心态

许多面试者在面试之前都或多或少地存在一些心理问题，有的面试者面对用人单位严格的录用程序，如笔试、口试、面试和心理、技能测试等时常感到胆战心惊。尤其是对自己向往的高职位、高待遇的单位，参加竞争的人越多，录用的条件越严格，紧张的程度也就越高。有的面试者面对众多的竞争对手，尤其是名牌院校的高才生便自惭形秽，自暴自弃，甚至觉得自己就是丑小鸭，肯定不能被录用。其实，这种担心是没有必要的。你要相信，是金子终究会发光的，人与人互动就是一个相互影响的过程，但不同的人有一致的影响倾向。

四、充分准备材料

参加面试的时候要准备好个人简历、自荐信、推荐表、协议书、成绩单以及各种相关证书等材料和一支笔。个人简历和自荐信最好中英文各一份，因为有些企业在面试的时候会提出要英文简历，尤其是外企。在面试的时候，即使曾经在网上发过相关资料，自己也还要带一份，出发前一定要检查一下是否携带齐全。

五、遵守时间

面试的时候，最好提前到达，这样可以稳定自己的情绪以准备面试。面试时绝对不能迟到，也不要太早到达，最好是提前 10 分钟进场。这表明你很准时，但又不是无所事事。因为很多企业都是统一安排面试，错过了面试的时间，就可能错过了面试的机会。如遇到意外情况，也要尽量在面试前电话通知单位，说明情况，请求谅解，以免影响单位对自己的印象。

六、其他注意事项

在接到面试通知电话时，一定要问清楚应聘的公司名称、职位、面试地点、时间等基本信息，最好是顺便问一下公司的网址、通知人的姓名和面试官的职位等信息。最后，别忘了说声谢谢。

面试时如何看出谁是关键考官？关键考官都是公司的权重人物，在整个面试过程中一般有三个特征。一是位置上常坐在中间。二是喜欢听。关键考官主要以倾听为主，而且全神贯注地听。三是必要时发问，而发问一般有两种情况：一是感觉候选人很优秀，饶有兴趣地发问；二是发现问题漏洞，进行刺破性发问。

第八章 职业适应

第一节 签约报到与角色转换

一、签约的重要性

毕业生经过了笔试、面试的重重考验，终于拿到了 offer，下一步要面临的问题就是：签约。而如果有的同学之前已经跟其他单位签约，现在又想和新单位签约，那么又涉及一个问题：违约。那么签约前应该了解哪些注意事项呢？

（一）签 offer

所谓 offer letter，还没一个统一的名字，有人称之为“录取通知”，有人谓之为“录用信”，也有人称为“邀约函”。offer 一般是单位提供给毕业生的一个录用意向，以合同的形式提供给毕业生，要求毕业生在上面签字，表明毕业生接受对方的录用意向，愿意到单位工作。所以，这实际上相当于个人和企业签署的一个合同。一般这种形式在外企中比较常见，另外就是那些不给解决户口的单位，通常也会跟毕业生签署一个这样的 offer，然后等正式工作后，再签署劳动合同。签 offer 前应了解以下类似问题：如果签了 offer 以后，又不去这家单位了，算不算违约？需不需要交违约金？

答案是需要。尽管 offer 不是三方协议，但它实际上是毕业生和公司之间签署的一个非正式的合同。所以，如果在 offer 中约定了违约金，那么，当毕业生不去时，就算违约，仍然要交违约金。这点请大家一定要注意，违 offer 也是需要交违约金的，如果上面规定的话。如果 offer 上没规定违约金事宜，那么一般情况下是不用交违约金的。但这时，毕业生损害的是个人信誉。所以，在签 offer 时，还是要慎重。

（二）签就业协议（也称三方协议）

这是应届毕业生与单位、学校签署的正式协议，对单位、学校、个人都有很强的约束力，也是正式的签约形式。这个过程涉及非常多的因素，在签约前一定要向 HR 或其他人打听清楚以下信息：

1. 户口

要问清楚，这个单位是“保证解决户口”“尽力解决户口”“不保证解决户口”还是“不管户口”。一般来讲，大多数国企、事业单位、研究所、公务员都是有能力解决户口的，但是，除了公务员外，其他还是要问清楚。外企和私企解决户口的能力跟前面的单位比要差很多，但是不同的单位也有很大的差别。所以，对于这些单位，更要问清楚，到底有多大可能性解决户口。

2. 待遇

签约前必然要谈的部分。这里面的因素非常多，但要记住：不要看面上的钱，也不要看 HR 说可能的收入，要看你实际真正能到手的年收入，以及当地的消费水平。待遇主要包括工资、奖金、补贴、福利、股票（期权）、保险、公积金。关于具体操作方式，应聘者应格外关注。

3. 工作内容

要问清楚自己的具体职位，这个职位的工作内容，在公司所处的地位。一般来讲，如果是公司的核心业务部门，会比较受重视，发展前景会更好，如果是其他辅助部门，可能受重视程度会差一些，当然没有绝对的，关键还要看你的工作有没有技术含量，对于你个人能力的提高、职业生涯有没有帮助，对于你跳槽升职有没有帮助。

4. 加班 / 出差情况

对于有些公司来说，加班是在所难免的，而对于有些职位来说，频繁的出差是在所难免的，例如，现场工程师、HR、销售等。对于这些，要提前有所了解，有思想准备，像一些跨国公司可能会派到海外若干年等等。如果自己不能忍受长期的加班、出差，建议不要签。另外，要问清楚加班是否有加班费，这都是自己的合法权益。

5. 培训

对于应届毕业生来说，公司的培训体系是一个非常重要的考虑因素，如果一家公司有非常好的培训体系的话，那么可以让你在几年内迅速成长为一个出色的人才，对你的职业生涯无疑是有巨大帮助的。从某种程度上来讲，良好的培训是比优厚的待遇更有吸引力的。所以，在签约前一定要问清楚单位有哪些培训计划，再看这些培训计划对个人的成长是否有帮助。

6. 发展机会

这也是非常关键的一个因素，在找工作时，它应该作为要考虑的第一要素，试想：如果有一个很好的工作机会，可以让你直接接触最先进、最核心的业务，或者可以接触到公司的高层，或者可以获得一些非常有用的客户资源，或者可以在短期内迅速进入管理层，这对于未来的发展是极有利的。在考虑发展机会这个因素时，应主要考虑行业背景、公司背景和个人机会这三个方面的内容。

7. 签约年限及违约金

一般单位签三年，也有签五年的，还有的单位签一年。此外，有的单位还有保密期，有的单位会和你签一个竞业禁止合同，不同单位情况不一样。同时，违约金也会有相关规定。一般来讲，违约金特别高的，要慎重签约，因为很可能是单位不好，留不住人，才通过高额的违约金来拴住你。

8. 三方违约金

三方违约金和劳动合同违约金是不一样的，它只约束你在去公司报到前的行为，所以，也要清楚三方的违约金。千万不要主动问，通常公司在签约时会主动跟你说，三方的违约金是多少，然后写到三方协议的备注栏里。有些公司不要违约金，例如华为。

签约是一件非常严肃的事，也可能是你人生中最重要的一件事，所以，请毕业生一定要认真对待，尽可能获取足够多的信息，听取各方面的意见，做出理性的决定，不要让自己后悔。

（三）其他准备

在正式上班之前就接触你未来的同事，向他们表明你热切希望有个好的开局。这一点恰恰为多数职场人士所忽视，在这方面做足功课的人总是能给别人留下良好的第一印象。而且这样做的好处在于，你还可以迅速找到公司不成文的行为习惯或准则。比如，你会发现电子邮件是大家推崇的交流方式，或者了解到公司希望所有人都参加早上的例会，哪怕并没有硬性规定。

1. 联系直接上级获得指导

工作中的直接上级一般就是专业知识面试过程中的考官，或者是与这个专业考官有直接工作关系的人。在进入职场前最好能够和自己的直接上级取得联系，争取他的指导和帮助。这样对于将来的身份转变与工作衔接都会有非常大的作用。

（1）电话沟通

可以通过打电话和他（她）取得联系。得到电话号码的方式有如下几种：打电话向人力资源部门的工作人员索取，在面试时直接向技术考官索取名片，向公司公用邮箱发邮件询问。

（2）直接拜访

与电话沟通相对应，直接拜访也是和未来上司取得联系的一种重要方式。这样更能显示你的诚意和对工作机会的重视。要知道，一个单位之所以招聘，是因为这个岗位上缺人手，所以一名签约毕业生的出现无疑是这个单位的“及时雨”，所以千万不要害怕直接拜访。

2. 收集工作资料用心学习

在工作之前最好能够收集到一份关于自己具体岗位的工作职责，进行有针对性的学习，在尽可能短的时间内消化吸收，给自己争取入职以后的主动权。

3. 调适心理适应新环境

从大学生转变为员工，心理准备不充足，在理想与现实之间出现难以愈合的落差，都会产生强烈的挫折感和失落感。失落感也是一种多重消极情绪组成的情绪体验，如忧伤、苦恼、沮丧、烦躁、内疚、愤怒、心虚、彷徨、痛苦、自责等。职场之路并不平坦，对于很多新员工来说，消除失落感本身就是一次浴火重生的挑战。如何摆脱失落感呢?

（1）转换心境制定目标

尽快树立工作后的职业发展目标。入职前就要做好职业发展的目标定位，较早地明确自己一生的职业方向。根据能力状况及客观条件制定合适的目标，一个适当的目标使行动具有了成功的极大可能性。

（2）调适心情转变角色

工作后身份、角色都要进行转变，在入职前应该尽快让自己静下来，去除由于频频应聘带来的躁动和不安，忘却由于同学各奔东西带来的眷恋和惶惶不可终日的空虚，投身新的工作环境并迅速地适应它。无论遇到怎样的困难，不要怨天尤人或者过早地收回热情，全力以赴是成就一番事业必备的品质之一。

（3）独立自主迎接挑战

首先，从照顾好自己开始。踏入职场，每一个工作人员都不会再被当作孩子看待，职业，是成年人的游戏。所以作为成人即将迈出的第一步，必须做好独立生活、自己照顾好自己、自己规划好自己各方面的生活的准备。其次，要准备适应新环境。上学的时候，每到新班级、新学校时，总有人带领新同学去熟悉环境，开展学习与生活。工作了面对新环境时，必须快速进入工作角色，处理好人际关系。

二、《就业协议》与《劳动合同》的异同

（一）《就业协议书》

1. 什么是《就业协议书》

在我国目前的就业体制下，就业协议是教育部门制订就业计划的依据，是办理毕业生就业手续的依据，是确认就业意向和劳动需求的凭证，是高校毕业生在就业阶段通过与用人单位的平等协商、自愿签订、单位愿意接收、学校审核同意派遣的协议。因此，它具有民事法律上的合同效力。

《就业协议书》每个毕业生仅有一份，务必妥善保管，不要损坏、丢失，每一份协议书编号都由学校记录在“××省高校毕业生就业信息网络监测和共享系统”的数据库中，转借、转送他人均无效。毕业生如单方

面违约，不履行就业协议，又未能妥善处理好与用人单位的关系或给学校就业工作造成负面影响的，学校将不予办理有关手续。

《就业协议书》是为保护毕业生和用人单位双方的利益，由用人单位和毕业生双方签订的具有法律效力的协议，是明确毕业生、用人单位、学校三方在毕业生就业工作中的权利和义务的书面表现形式，能解决应届毕业生户籍、档案、保险、公积金等一系列相关问题。其作用是监督用人单位和毕业生履行各自的义务，保护各自的权益，最终达到毕业生能够顺利到用人单位报到、上班的目的。因此毕业生在落实就业单位时，必须与用人单位签订《就业协议书》。

2.《就业协议书》签订注意事项

（1）要注意弄清用人单位是否具备合法的主体资格

只有具备合法主体资格的单位，才拥有录用毕业生的自主权，因此，毕业生签订就业协议前，要仔细了解用人单位的主体资格，以免造成损失。

（2）要按规定的程序签订就业协议

按照签订就业协议的程序，学校应是最后签章。但在实际工作中，为方便毕业生就业，一些学校的部分学院在发放协议书之前先盖好学院党总支公章和学校就业专用章，再交用人单位签章，这样一来，毕业生应该特别注意三种情况：

一是经用人单位应聘考核合格后，毕业生将协议书交给用人单位，用人单位要及时签章并将协议书中的学校联、毕业生联交还毕业生，以便毕业生办理其他就业手续。毕业生要注意防止用人单位拿到协议书后迟迟不签章，一拖再拖，之后，突然找个理由说不能录用了。用人单位未签章，协议难以兑现，毕业生有口难言，浪费了精力不说，还耽误了与其他用人单位签约的机会。

二是个别用人单位未经协商便在协议书上增加一些毕业生不愿接受的条款，待毕业生提出异议时，协议已经盖章生效，若要违约，毕业生又不得不承担赔偿责任。

三是毕业生与用人单位签约后，不将有效协议书上交学校，不履行就业协议，致使学校无法将毕业生的实际就业去向列入就业方案，未将毕业生派遣到协议单位，从而造成学校违约，损害学校声誉。

（3）双方协商条款的内容必须在备注栏中注明

在毕业生与用人单位洽谈中，必然会就一些具体问题进行协商，达成一致意见后，这种协商条款一定要在备注栏中说明，并由双方签字盖章。备注栏中需要注明的条款一般有以下两类：

一是关于工资福利待遇、住房条件、服务期限等等。这些条款的提出，有利于保护毕业生的自身权益，毕业生报到后与用人单位签订劳动合同时，不需要重复协商此类问题。

二是明确违约处理办法。就业协议书一经订立，任何一方都不得随意解除，否则就应承担违约责任。但由于各种各样的原因，违约现象也是客观存在的，为维护自身权益，有必要约定双方违约所要承担的责任，如规定违约金数额等等。这样一来，若用人单位提出违约，毕业生可获得一定的补偿；若毕业生违约，也可避免一些用人单位不允许违约或漫天要价，从而使自己处于被动状态。

三是考研出国问题。若毕业生考研待录或准备出国，与用人单位签订就业协议时，一定要注明“毕业生考研录取或办理出国手续后，协议自行解除”等相关内容，这样就可避免承担违约责任，避免造成经济损失或引起其他争议。

（二）《劳动合同》

1. 什么是《劳动合同》

《劳动合同》是指劳动者与用工单位之间确立劳动关系，明确双方权利和义务的协议。订立和变更《劳动合同》，应当遵循平等自愿、协商一致的原则，不得违反法律、行政法规的规定。劳动合同依法订立即具有法律约束力，当事人必须履行劳动合同规定的义务。根据《中华人民共和国劳动法》（以下简称《劳动法》）第十六条第一款规定，《劳动合同》是劳动者与用工单位之间确立劳动关系，明确双方权利和义务的协议。

根据《中华人民共和国劳动合同法实施条例》第十八条、第十九条规定，劳动合同有“固定期限劳动合同”“无固定期限劳动合同”和“单项劳动合同”。

固定期限劳动合同，是指用人单位与劳动者约定合同终止时间的劳动合同。用人单位与劳动者协商一致，可以订立固定期限劳动合同。

无固定期限劳动合同，是指用人单位与劳动者约定无确定终止时间的劳动合同，即原劳动法规定的长期合同。

单项劳动合同，即没有固定期限，以完成一定工作任务为期限的劳动合同，是指用人单位与劳动者约定以某项工作的完成为合同期限的劳动合同。

2.《劳动合同》的内容

《劳动合同》应填写用人单位的名称、住所和法定代表人或者主要负责人以及劳动者的姓名、住址和居民身份证或者其他有效身份证件号码。

《劳动合同》的内容包括两个方面，一方面是必备条款的内容，另一方面是协商约定的约定条款的内容。

（1）必备条款

《劳动法》第十九条规定了劳动合同的法定形式是书面形式，其必备条款有 7 项：

劳动合同期限。法律规定合同期限分为三种：有固定期限，如 1 年期限、3 年期限等等均属这一种；无固定期限，合同期限没有具体时间约定，只约定终止合同的条件，无特殊情况，这种期限的合同应存续到劳动者到达退休年龄；以完成一定的工作为期限。

工作内容。在这一必备条款中，双方可以约定工作数量、质量，劳动者的工作岗位等内容。在约定工作岗位时可以约定较宽泛的岗位概念，也可以另外签一个短期的岗位协议作为劳动合同的附件，还可以约定在何种条件下可以变更岗位的条款等。掌握这种订立劳动合同的技巧，可以避免工作岗位约定过死、因变更岗位条款协商不一致而发生的争议。

劳动保护和劳动条件。在这方面可以约定工作时间和休息休假的规定，各项劳动安全与卫生的措施，对女工和未成年工的劳动保护措施与制度，以及用人单位为不同岗位劳动者提供的劳动、工作的必要条件等等。

劳动报酬。此必备条款可以约定劳动者的标准工资、加班加点工资、奖金、津贴、补贴的数额及支付时间、支付方式等等。

劳动纪律。此条款应当将用人单位制定的规章制度约定进来，可采取将内部规章制度印制成册，作为合同附件的形式加以简要约定。

劳动合同终止的条件。这一必备条款一般是在无固定期限的劳动合同中约定，因这类合同没有终止的时限。但其他期限种类的合同也可以约定。须注意的是，双方当事人不得将法律规定的可以解除合同的条件约定为终止合同的条件，以避免出现用人单位将应当在解除合同时支付经济补偿金改为终止合同不予支付经济补偿金的情况。

违反劳动合同的责任。一般约定两种违约责任形式。第一种是一方违约赔偿给对方造成的经济损失，即赔偿损失的方式；二是约定违约金的计算方法，采用违约金方式应当注意根据职工一方承受能力来约定具体金额，避免出现显失公平的情形。违约，不是指一般性的违约，而是指严重违约，致使劳动合同无法继续履行，如职工违约离职，单位违法解除劳动者合同等。

（2）约定条款

按照法律规定，用人单位与劳动者订立的《劳动合同》除上述七项必须具备的内容外，还可以协商约定其他的内容，一般简称为协商条款或约定条款，其实称为随机条款似乎更准确，因为必备条款的内容也是需要双方当事人协商、约定的。

这类约定条款的内容，是当国家法律规定不明确，或者国家尚无法律规定的情况下，用人单位与劳动者根据双方的实际情况协商约定的一些随机性的条款。人力资源和社会保障部门印制的劳动合同样本，一般都将必备条款写得很具体，同时留出一定的空白由双方随机约定一些内容。

（3）《劳动合同》的签订

签订《劳动合同》一定要坚持平等自愿、协商一致的原则，这是避免产生无效劳动合同的重要原则。从建立劳动关系之日起，用人单位和劳动者地位就是平等的，合同的各项条款的确定，都要经过双方协商并达成一致意见，任何一方不得使用强加于人和采取欺诈、威胁等手段签订《劳动合同》。

（4）常见的无效劳动合同

无效劳动合同是指违反劳动法律、法规而签订的合同。《中华人民共和国劳动法》第十八条规定：“无效劳动合同从订立的时候起，就没有法律约束力。确认劳动合同部分无效的，如果不影响其余部分的效力，其余部分仍然有效。”无效劳动合同的类型有很多。无效劳动合同主要有以下七种类型。

口头约定性合同：在多数个体私营企业和个别集体企业中，普遍存在不以书面形式订立劳动合同现象，只是简单地口头约定报酬多少、工种工时和责权义务。

一边倒性合同：一些用人单位与劳动者签订劳动合同，实现不与劳动者协商合同有关条款，而是片面地从单位利益出发，订立“一边倒合同”。

违法型合同：许多效益好的单位在招工时，强迫劳动者缴纳集资金、风险金并签订所谓自愿缴纳协议书，企图以书面协议来掩盖行为的违法性。

生死型合同：合同条款中不具备有关病、伤、残、死亡补助和抚恤等内容，有的虽有此条款，但大都不符合国家的法律规定。

保证型合同：不少用人单位为督促劳动者履行自己的义务，在与劳动者签订劳动合同时，让每个劳动者出具一份“保证书”，将一些不合理规则和条件附入合同中，以此约束劳动者。

假冒型合同：许多企业为对付劳动部门的监督管理，与劳动者签订真假两份合同。“假合同”是按劳动管理部门要求，用规范的文件签订的，用来应付检查监督；而“真合同”则是按自己的意愿同劳动者签订不规范或违法劳动合同，以获取最大利润。

抵押型合同：为防止劳动者跳槽，一些用人单位在招用外来劳动人员、签订劳动合同时，将身份证、现金等充作抵押物，甚至扣留其平时应得的福利待遇或工资等，将劳动合同订成“抵押合同”，劳动者如有违约，即将抵押物强行扣留，严重侵害了劳动者的合法权益。

(三)《就业协议书》与《劳动合同》的异同

1. 适用的法律法规不同

《劳动合同》适用《劳动法》及劳动部门颁布的规章；就业协议适用教育部颁发的《普通高等学校毕业生就业工作暂行规定》和有关政策文件。

2. 适用主体不同

《劳动合同》是劳动者与用人单位之间确立劳动关系的协议；就业协

议除毕业生与用人单位双方签字盖章外，尚需学校介入（两种介入方式）。

3. 签订的内容不同

《劳动合同》的内容：劳动合同期限；工作内容；劳动保护和劳动条件；劳动报酬；劳动纪律；劳动合同终止的条件；违反劳动合同的责任。当事人可以协商约定其他内容。

就业协议的条款较简单，主要是毕业生向用人单位介绍自己的情况，愿意在规定期限内到用人单位报到；用人单位如实向毕业生介绍本单位情况，同意录用该毕业生等简单条款。

4. 适用的人员不同

《劳动合同》适用于各类人员；就业协议适用人群相当单一，仅限于高校毕业生。

5. 签订时间不同

就业协议是毕业生在离校前，落实单位后签订的；《劳动合同》是毕业生到用人单位报到后订立的。

三、了解报到程序

（一）《报到证》

全国普通高等学校本专科毕业生就业报到证，是由国家教育部统一印制、省级高校毕业生就业主管部门签发，列入当年国家就业方案的毕业生才有的有效证件。

1.《报到证》的重要作用

证明持证人是纳入国家统一招生计划的普通高等学校毕业生；作为高校毕业生到工作单位就业的报到凭证，用人单位以就业报到证为依据接收和安排毕业生工作，政府机关单位和国有事业单位凭就业报到证到编制部门办理录用人员编制；接转毕业生的个人档案和户籍的依据；毕业生工作后转正和干部身份的证明；计算工龄起始时间的依据；毕业生参加工作时间的初始记载和凭证。

2.《报到证》的签发与改签

（1）签发形式

一般分为两种：一种是毕业生到有人事接收权的用人单位就业的，各省就业办将《报到证》直接签发至用人单位；另一种是未就业的毕业生或毕业生到没有人事接收权的用人单位就业的，各省毕业生就业指导服务中心将《报到证》签发回原籍。

（2）签发对象与流程

《报到证》的签发对象是纳入当年国家就业方案的普通高等学校毕业生（含普通毕业研究生、普通本专科毕业生）。

结业生可签发《报到证》，并在报到证上注明“结业”字样；肄业生不纳入《全国普通高等学校毕业生就业报到证》签发范围。

毕业时升学的毕业生不签发《报到证》，待毕业后以新的学历签发。

（3）改签

《报到证》改签是指在毕业后两年内，因新单位接收，须重新签发《报到证》的一种做法。毕业两年后改变工作单位的不再办理《报到证》改签手续，只可通过人事调动程序进行。改签需要的材料如下：原用人单位解约函；原报到证；有效的单位接收函。

（4）省内院校毕业生办理《报到证》改签

原《报到证》开回生源地的，凭原《报到证》、有效的单位接收函或就业协议书办理。

原《报到证》开往用人单位的，需改签至新单位的，凭原《报到证》、原单位的解约函和有效的新就业单位接收函或就业协议书办理。

需改签回原籍的，凭原《报到证》、原单位的解约函办理。

（5）没有《报到证》对毕业生就业的影响

《报到证》是毕业生在规定时间内办理工作报到、个人户口迁移、人事部门转接档案等手续的凭证。如无《报到证》，则可能会出现以下情况：

异地或原籍均无法办理落户；人事局或人才中心将不予接收毕业生的档案；国有企事业单位无法将其作为正式工作人员等。

（6）《报到证》遗失如何补办

补发原件：毕业生毕业一年内的，可申请补发原件。

开具遗失证明：毕业超过一年的，可补办与原件同等效力的遗失证明。

毕业生办理《报到证》时携带毕业证复印件、身份证复印件、《报到证》丢失补办申请。原就读高校的就业管理部门审核上述材料后开具介绍信到各省教育厅毕业生就业指导服务中心进行办理。

（二）档案

档案指的是通过全国统一考试录取的大学生在校期间的档案材料，主要包括该生的高考成绩、大学期间的学习成绩、表现情况、奖励和处分情况、家庭状况等内容，这也是大学毕业生的学籍档案。毕业后，学籍档案中放入了毕业生的派遣证，由学校转交毕业生就业单位的人事部门或专门的档案接收机构，就成了毕业生的个人人事档案。

1. 档案的内容

高校毕业生登记表；记录在校期间所学全部课程及实验、实习、设计、劳动等成绩的学习成绩表；在校期间的一切奖惩材料；入团、入党志愿书；毕业离校前的体检表；毕业生报到通知书（白色报到证副本）。

毕业生在落实档案去向的同时，应向用人单位或人才交流中心负责档案的人员确认档案袋内材料是否齐全，如有错漏应及时与学校负责学生档案的部门联系。

2. 档案的作用

（1）档案对个人的作用

真正能证明你学习经历的就是你的档案。档案里面有你各个时期的学籍卡、成绩单、各方面的评语、获奖证明、你的党团材料。这些都是原始材料，不可复制。

我们从以下几个方面来说明档案对今后工作、学习、生活等方面产生的影响：

档案与工龄：很多毕业生找到工作后，没有及时办理参加工作手续，工作几年后仍然是学生身份，从而影响了自己的转正定级，也影响到工龄和退休金的计算。

档案与福利：毕业生在办理养老保险、继续深造（如出国、考研）、考公务员等事关个人切身利益的事项时，都要用到档案。

档案与因公出国政审：因公出国政审也必定要依据人事档案进行政治审查，如果档案材料不全，政审机构就会拒绝审查。

补办档案与原始材料：虽然现在有的单位可以补办新档案，但以前的经历、工资、职称等历史原始材料将不复存在，势必造成一定的损失。可以说每个人都在以自己的实践活动谱写着自己的历史，同时将其转化为文字，表现为在档案中不断补充、不断添入新内容。所以说人事档案将伴随每个人的一生并发挥着重要的作用。

（2）档案对用人单位的作用

对于用人单位来说，档案的作用主要体现在为单位人事部门提供依据。档案是历史的真实记录，通过档案，可以清楚地了解本人过去的工作轨迹。现代企业在用人过程中形成的定级、调资、任免、晋升、奖惩等方面的呈报、审批材料都会汇总，归入本人档案，作为考核依据。因此用人单位在人事任免、考核时，都经常要用到员工人事档案，考察其德、能、勤、绩等情况，从而全面准确地了解个人的情况，为员工的正确选拔和使用、为本组织人力资源的开发利用提供重要的参考依据。

3. 档案的转递

档案涉及很多与个人职业发展紧密相关的问题，所以毕业生要妥善办理档案关系。

档案转递有两种情形：

（1）已落实接收单位的

应届毕业生已落实接收单位的，其档案按毕业生协议书档案转发地址要求转至用人单位或挂靠的人才市场。毕业生遇到特殊要求，可直接与学校档案管理部门联系，具体情况具体处理。

毕业生出国留学的，其档案转至教育部留学服务中心留学人员档案室保管，转出时应出具上述单位接收档案的信函。毕业生在签订就业协议时应该详细核实“档案转寄详细地址”一栏是否写清“××省××市（区）××单位”，并且要问清“接收单位是否有档案机要接收的职能”。这一栏填写错误或空白都将影响到档案的正常转递。

（2）未落实接收单位的

其档案由学校根据就业报到证，转到生源地毕业生就业部门管理；自愿接受毕业生择业代理的，则由学校转到省高校毕业生就业指导中心管理。

4. 档案转递的注意事项

档案一般以机要形式发送。

（1）凡就业单位能通过机要通信的方式接收毕业生档案的，应提供就业单位的全称、详细地址和邮编。

（2）就业单位不能通过机要通信的方式接收毕业生档案的，应填写就业单位的直属上级单位名称和详细地址，由上级单位收转。

（3）凡就业单位不符合机要通信投递范围，并且无人事档案保管权限的，如到民营、外资、合资、个体等单位就业的毕业生，务必提供准确的符合机要通信投递范围并有人事档案保管权限的档案转递单位的名称和详细地址，一般是市一级的人才交流中心。

出于各种原因未正常毕业的毕业生档案若需转递，须带上本人身份证到档案馆办理相关手续。

（三）户口和《户口迁移证》

《户口迁移证》是公民的户口所在地变动时，由原户口所在地迁往新落户地址的凭证。由户口迁出地的公安机关开具（学校一般由保卫处开具）。持证人到达迁入地后，须在有效期内将《户口迁移证》交给户口登记机关申报入户。

1.《户口迁移证》的作用

《户口迁移证》是公民在户口迁移过程中的重要凭证，因此公民在户口迁出后要妥善保管好户口迁移证，不得遗失、涂改以及转借，若不慎将《户口迁移证》遗失，应立即报告户口迁移证的签出部门，并及时补办。否则，用人单位有权拒绝接收。

工作单位可以接管户口自然更好，但也要自己主动去办理手续。如果工作单位不能接管户口，大多数毕业生都会选择放到当地的人才交流中心。但这里有个限制条件，人才交流中心的集体户口属于临时户口。还有部分毕业生把《户口迁移证》放在手里不闻不问，也不落户，这导致其变成了“口袋户”。

2.《户口迁移证》的去向

工作单位有户籍管理条件的（比如政府部门、国有企事业单位等）。

毕业后若没有落实单位，档案挂靠在人才交流中心的，户口迁入人才交流中心。

办理了择业代理的，户口可选择迁入择业代理部门所属集体户口。

回原籍的。

3.《户口迁移证》的类型

居民户口和集体户口；农业户口和非农业户口；城市户口和农村户口。

办理户口迁移时，需开具《户口迁移证》。迁移时依据报到证上所填单位地址办理户口迁移手续。到新的工作岗位（单位）报到时，向报到单位所在地户口管理机关递交《户口迁移证》及有关证件，才可办理入户登记手续。

4.《户口迁移证》的办理

《户口迁移证》的办理流程为：

凡户口在校的毕业生，必须办理户口迁移手续。毕业生凭全国普通高等学校本专科毕业生就业报到证（或全国毕业研究生就业报到证），到学校保卫处领取户口迁移证，认真核实后送交接单位。不办理相关手续造成入户困难或无法入户的，责任一般由毕业生自行承担。

凡户口在校的毕业生，如果就业单位有改变，凭新的报到证到保卫处更改《户口迁移证》，否则其户口出现问题，责任由毕业生自行承担。

户口迁到单位集体户的，须写单位集体户首页的地址。

户口挂靠人才交流中心的，经人才交流中心同意后，填写人才交流中心的地址。

户口挂靠到亲戚朋友家中的，必须经接收单位（或人才交流中心）和挂靠户口所在地的派出所双方同意后，方可填写亲戚朋友家的地址。

学生在校的户口是临时户口，如果毕业时没有落实接收单位，必须将户籍落在代理机构或迁回原籍。不办理相关手续而导致公安部门注销其户口的，责任由毕业生自行承担。

5.《户口迁移证》补办程序

到迁出户口的派出所复印当时迁出《户口迁移证》存根，并交给派出所盖章。

凭存根到迁往地派出所签署落户证明。

凭存根上的编号，找当地报社登遗失声明。

凭存根、未落户证明、刊登遗失声明的报纸、毕业证复印件、身份证复印件到迁出派出所办理新的《户口迁移证》。

此流程仅供参考，具体办理流程以迁出派出所的要求为准。

（1）《户口迁移证》作废后的补办

建议持作废的《户口迁移证》，回学校户口管理部门或学校所在地派出所，请求依据作废的《户口迁移证》，按照你指定的迁移方向（当然需要事先征得迁入地派出所的同意），为你开具新的《户口迁移证》。毕业生按照《中华人民共和国户口登记条例》第十三条“公民迁移，从到达迁入地的时候起，城市在三日内，农村在十日内，由本人或者户主持迁移证件向户口登记机关申报迁入登记，缴销迁移证件”的规定，及时办理落户手续。

（2）已落实就业单位的高校毕业生落户

凭《报到证》、毕业证书、有效的用人单位接收函或《就业协议书》《户口迁移证》等材料，到就业地公安派出所办理迁入登记。如就业地不能落户，则凭以上材料在有效期内，到入学前户口所在地或者现在家庭所在地公安派出所申报迁入登记。

6. 未落实就业单位的高校毕业生落户

凭《报到证》、毕业证书、《户口迁移证》等材料在有效期内，到入学前户口所在地或者现家庭所在地公安派出所申报迁入登记。

7. 如何请他人代办就业手续

毕业生若确因特殊原因无法自行来校办理就业相关手续（包括领取《报到证》、《报到证》遗失证明开具、《报到证》改签、档案转移手续等），可委托他人代为办理。被委托人需要携带本人有效身份证件及委托人的身份证复印件和书面委托书，方可办理。

四、保护就业权益

毕业生们满怀希冀地走上工作岗位、拥抱人生的第一份工作时，别忘了维护自己的合法权益。目前，由于就业市场还不够成熟，毕业生在求职过程中可能会遇到一些相关就业权益纠纷。对于初入社会的大学毕业生来说，法律无疑是最好的保护伞。所以，遇到此类问题时一定要保持冷静，同时要向有关部门求助。

（一）遭遇中介诈骗时如何维权

一般来讲，用人单位在委托中介机构招聘时，是会与中介机构签订委托合同的，因此，学生也可以通过要求中介机构出具这一合同文本来进行甄别（当然也要注意合同中的委托方与中介机构介绍给学生的单位是否为同一家）。第三也是最重要的，如果中介机构要求先付费后中介，学生可以要求与中介机构签订书面协议或由中介机构开具正式的发票或收据（有公章、签名等），并注明必须中介成功才收取中介费，切忌口头协议。若中介机构不愿签订书面协议、开具发票或收据时，也可以利用手机等电子录音设备，在与中介交涉协商时进行录音，以保留相关的电子证据。

（二）当就业协议遇上了劳动合同

从形式上看，高校毕业生就业协议书是由国家教育部或各省、自治区、直辖市就业主管部门统一印制，由毕业生、用人单位和学校三方签署，明确三者在毕业生就业中的权利义务的书面协议。该协议依据的原国家教育委员会1997年颁布的《普通高等学校毕业生就业工作暂行规定》第二十四条的规定："经供需见面和双向选择后，毕业生、用人单位和高等学校应当签订毕业生就业协议书，作为制订就业计划和派遣的依据。未经学校同意，毕业生擅自签订的协议无效。"

在内容上，就业协议既包括了学校对学生的就业过程进行行政管理的内容，例如移转学生档案、发放派遣证等内容，也包括用人单位和学生平等自愿协商的内容，其中关于违约金的内容就是这种双方平等协商后约定的内容。违反这些内容的行为就是违约行为，应当承担违约责任。教育部关于《全国普通高等学校毕业生就业协议书》管理办法规定，毕业生在协议书上签署个人意见之后，用人单位或学校两方之中只要有一方在协议书上签字，毕业生即不得单方面终止协议的签订工作。毕业生违约时，必须办理完毕与原签约单位的解约手续，然后将原协议书交还本校就业管理部门，并换取新的协议书。

而劳动合同是依据《劳动法》《劳动合同法》的规定，对于用人单位和劳动者建立、履行、变更、解除或终止劳动关系过程中，明确双方权利义务关系的合同。因此，就业协议书和劳动合同并不是同一回事，就业协议书是由教育行政部门规定的，而劳动合同是由劳动法来调整的；签订就业协议书的目的是明确毕业生的去向，就业协议书所涉及的法律关系在毕业生到用人单位报到时就应视为履行完毕。而劳动合同则是从劳动合同签订或毕业生实际开始上班时才开始发生法律约束力的文书。

（三）遭遇就业歧视时如何维权

2009 年，人力资源和社会保障部国际劳工与信息研究所牵头组成一个课题组，进行题为“反对就业歧视，促进就业平等”的专题研究。根据 2240 份问卷的统计分析，结果显示：就整体而言，50%以上的被调查者认为我国就业歧视问题严重；仅有 3.2% 的被调查者在遭受就业歧视后采取过行动。而且我国的就业歧视实际上越来越严重，出现了年龄歧视、性别歧视、健康歧视、户籍歧视、籍贯歧视、身高歧视、外貌歧视、学历歧视、工作经验歧视、血型歧视、姓氏歧视、属相歧视、色盲歧视等。

在遭到就业歧视时怎么办？网上曾经有过一个调查“遭到就业歧视时，会采取的应对之策”，结果很多网友回复在遭遇就业歧视时无奈地选择了放弃维权，另谋出路。

这在一定程度上说明了现阶段的一个非常现实的问题，即劳动者在遭遇就业歧视时维权的难度还很大。原因有很多，其中最关键的是通过向人民法院起诉的方式维权难度大，比如当事人法律专业知识缺乏，诉讼中原告要预交诉讼费用、举证责任承担等对被歧视者的要求都较高，导致打官司成本较高，普通劳动者难以承担。从过去实际出现的劳动者向人民法院起诉的案例来看，很多有影响力的案件都是被歧视者在学术机构或民间公益机构的支持下进行的。故而在反就业歧视方面，不仅有赖于劳动者维权意识的进一步提升，更需要整个社会和国家的帮助，以及民事诉讼制度的完善。

第二节 做好角色转换

一、正确认识初入职场面临的困难

对很多刚刚步入工作岗位的新人而言，自身的感觉是自我评价低、工作喜欢度不高、跳槽频繁、通过实习找到工作的比重低。用人单位的总体评价是责任意识不强，执行能力较差，自我规划不足。典型的表现有：

（一）没有规划随遇而安

在“先就业再择业”的号召下，无数学子在还没清晰自己的兴趣、能力、优势的情况下就开始工作，这导致他们在职业发展上走了不少弯路。有些人即使已经工作了两三年，也没有对自己的职业前景制定出一个完整的规划。

（二）行动很难跟上想法

“80后”和“90后”接受新鲜事物快，想法很多，不时有一些奇思妙想迸发出来，但同时又对自己有无能力执行表示怀疑。因此，他们难得采取行动，行动了也难以坚持到底。结果，什么也没改变，心里却总还惦记着。

（三）实践动手能力不足

大部分应届毕业生对社会认知较少，有热情，有发展潜力，但缺少工作经验，特别是实践动手能力不足，到公司后不能很快进入工作状态，短时间内难以创造效益。从一名生手到独当一面有个过程，需要公司和个人两方面付出时间和精力，做好训练工作才能完成。

（四）缺乏吃苦耐劳精神

用人单位反馈的信息表明，近年的不少毕业生专业理论和专业技能水平有所下降，并且生活自理能力不强，特别是吃苦耐劳意识较差，表现为不愿意加班、喜欢拖延、工作中没钻劲，极个别毕业生爱讲条件不讲奉献，这些都影响了公司对他的评价和培养。

（五）难以适应企业规章制度

一些毕业生由于在校期间就养成了一些不良习惯，踏进职场也没有注意自己的日常言行，容易给企业留下自由散漫、责任心差的印象，影响了自己的职业发展。

（六）人际关系处理不当

美国哈佛大学就业指导小组对数千名雇员进行了综合调查，最后发现，因人际关系不好而被解雇的，比因不称职被解雇的人高出两倍多。可见人际交往在职场的重要性，而大学毕业生由于初涉人世，在人际关系处理上面临着一些问题。如与领导和同事的关系、个人和集体的关系、个人利益和集体利益的关系等。

二、积极适应：尽快完成角色转换

大学毕业生就业走向社会是人生的重要转折。在这一转折中，他们面临着学生角色向职业角色的转换。能尽快完成角色转换，适应新的工作环境，对于事业的成功和自身价值的实现具有重要意义。从许多毕业生成长的经历来看，就业后的前三年是打好事业发展基础的最佳时期。大学生就业初期往往会感到自身的想法与社会现实之间存在很大差距。顺利完成学生角色向职业角色的转换，就要努力克服职业适应、社会适应、心理适应等方面的障碍。

（一）正确认识学生角色与职业角色

大学生就业后，面临着如何从学生角色到职业角色的转换问题，这是人生的一种重要的角色转换。学校与社会是两种不同的环境，大学生和职业人是不同的角色，对社会承担着不同的义务。大学生走向工作岗位后，应尽快地完成角色转换。顺利完成学生角色向职业角色的转换，注意克服可能出现的种种思想和心理矛盾，加强心理调适，培养良好的职业心理，以求实的工作态度和踏实的工作作风走进职业生活，对于尽快适应社会做好岗位工作具有重要意义。如果对角色转换认识不清，思想准备不足，往往会导致在岗位工作中对职业角色的不适应，甚至影响工作。应做到如下几点：明确大学生与职业人的区别；建立“不能再随便犯错”的观念；从“要”到“给”，即从索取到奉献。

（二）从容度过角色转变“蘑菇期”

初入职场，大学生们除了做好从学生到职业人社会角色转变的应对之外，困扰着他们的还有心理行为的转变，为人处世习惯、态度的转变。如何度过这段“蘑菇期”，对大学生的职业生涯发展有着深远的影响。

1. 转变心理预设，谦卑行事

对于很多在校期间担任学生干部、具有一定组织领导能力的大学毕业生来说，进入职场面对一个“职场菜鸟”的新角色往往会产生不适应。面对职场“老鸟”和主管领导，毕业生如何做好角色转变呢?

要收敛在学校的锋芒，以一种归零和谦卑的心态认真观察、虚心学习每一位领导、同事的优点，反思自己的不足和缺陷。工作中切忌“挑肥拣瘦”，表现出很强的功利取向；对待同事要以一种把“同事”当“领导”看待的心态，主动、积极协助同事完成工作，体现一个职场新人“乐于学习，吃亏是福”的姿态。要记住：帮助同事成长是自身成长的最大动力。

2. 小细节转化成大作品，积沙成塔

初入职场，“轰轰烈烈大干一场、一鸣惊人”往往不现实，“耐住寂寞把小事情做好”才是王道。职场初期的成功往往要依靠细节、耐心。

面对上级交代的每一件小工作，如何以一种“创作”的心态，加上热忱、灵感、创意，去精细化地推进和完成显得尤为重要。每一件小事情都是成功的基石，把小事情当成事业来做就是成功的捷径。

在职场的各种场合做好“印象管理”也是新人的必修课。印象管理，体现在每一个细节当中：商务服饰如何搭配，妆容如何得体，宴会座次如何安排，会议记录怎样做好，优雅的坐立行走姿态如何养成等等，不一而足。

3. 不紧不慢，掌控情绪与工作节奏

“急于求成、求胜心切”是很多职场新人的共同点。学会掌握“不紧不慢”的工作节奏、管理好自己的情绪，是适应职业人角色非常重要的一方面。

作为新人，在会议等场合不要急于表达自己的观点，一定要经过专注的深入思考和逻辑梳理之后发言；表达自己的看法和见解时，要声音洪亮、思路清晰、条理清楚、简洁明了。在做决定之前，一定要多了解、对比、征求意见，多向主管领导“汇报、请示”，杜绝出现“草率决策、先斩后奏”的职场大忌。

学会管理和控制自己的情绪，特别是当感到不公、疲惫、郁闷、焦虑时，可以通过倾诉、运动等形式，进行放松和缓解，不要把工作的情绪带到家庭和生活中。

4. 探索行业前沿，融入行业朋友圈

“酒香不怕巷子深”“三顾茅庐”的时代已经远去，如何建立个人的职场品牌、扩大自身在行业中的影响力、提升自己的不可替代性尤为重要。

职场新人切忌“闷头做事”“闭门造车”，要把眼光向外，主动关注所在行业的前沿动态，主动融入行业圈子，建立行业朋辈关注名单，利用微博、微信等社交媒体，关注行业、行业领军人物、行业专家的动态，形成自己的资源库，寻找事业的参照点，积极规划自己的职业生涯，“以未来的眼光看待现在的自己”，寻求事业的可持续发展。

三、做个有准备的人

（一）了解职场成功人士的共性

一个人能否获得成功，会受到诸多因素的制约。但是，一个人的性格、习惯、行为和内驱力往往决定其成就的大小。职场上有很多成功的人士，他们的学历参差不齐，而他们有着相同或相近的习惯和行为。归纳起来，他们有五大共性：

①具有以实用为导向的职业知识，以“用”为重。

②以专业为导向的职业技能，如时间管理、沟通能力、服务意识、分析与解决问题的能力。

③以价值为导向的职业观念，看重平台而非金钱、职位。

④以敬业为导向的职业态度。

⑤以生存为导向的职业心理素质，扛得住压力，经得起挫折。

（二）确定职场目标，制订发展计划

一个没有目标的人，就好比船只没有指南针的指引而在大海中航行，永远靠不了岸。学会每年、每月、每周甚至每天给自己一个切实可行的目标，并尽自己最大的努力去实现。对于职场新人来说，确定好目标后制订计划就显得非常重要，一个好的工作计划可以让自己的目标清晰并易于实现。除了工作计划之外，还要给自己制订好个人职业发展规划。

（三）掌握职场关键，做好能力准备

要主动培养和提升进入职场的软实力：

第一，敬业精神和严谨态度。一些刚刚毕业的大学生缺乏自己的职业生涯规划，没有在实习的过程中学好职场人应该拥有的职业精神。职业精神是表现在职场人身上的敬业和忠诚的工作精神，高效、严谨的态度，如思维敏捷、积极主动，拥有先进的管理理念并能将其运用到工作中，遇事不斤斤计较等。有了这种职业精神的人，到任何组织都是受欢迎的，而且迟早会取得事业上的成功。

第二，企业文化的适应能力。一个大学毕业生能否在企业里过得开心，很大程度上取决于他的适应能力。要利用一切机会锻炼和提升对新组织的企业文化的适应能力。即使换个新企业、换个办公地点，照样能如鱼得水，干得欢畅并被委以重用。这样的人才是企业需要的人。

第三，应对变化的抗压能力。一个企业的发展就像航行在大洋上的帆船，远不知道前方等待你的是什么。竞争的加剧、经营风险的加大，都使企业可能在一朝一夕之间发生兴衰转折，对大学毕业生来讲，千万不能患得患失。

第四，考虑问题时的换位思考能力。大学毕业生喜欢表现自己无可厚非，证明自己的能力没有错，但在考虑解决问题的方案时，不能总是站在自己的立场上，而应自觉地站在公司或老板的立场去构思解决问题的方案，不要“头痛医头，脚痛医脚”地就事论事。

第五，解决问题时的逆向思维能力。面对工作中遇到的新问题，可能一时找不到解决办法，而领导很有可能抛出一句“这件事情你自己去解决吧”之类的话，这个时候你千万不要抱怨，而应该用逆向思维去探索解决问题的途径。你应该想到，这件事情的发生必定有起源，必定有后果，是人为的还是客观的，是技术问题还是管理漏洞。采用逆向思维寻找问题的解决办法，会更容易从问题中解脱出来。

第六，具备良好的书面沟通能力。如发现与领导面对面的沟通效果不佳，则可采用电子邮件、书面信函、报告的形式尝试沟通。因为书面沟通有时可以较为全面地阐述想要表达的观点、建议和方法，可以让领导完整地了解你的想法，而不是打断你的讲话，或被打来的电话打断你们的交流。

第七，较强的归纳总结能力。资深职场人对问题的分析、归纳、总结能力都强于常人，他们总能找出规律从而达到事半功倍的效果。人们常说“苦干不如巧干”，但是如何巧干不是人人都知道的。

第八，较好的文字概括能力。学会编写简洁的文字报告、编制赏心悦目的表格、制作逻辑清晰的 PPT 尤为重要。再复杂的问题也能将其浓缩在一页 A4 纸上，有必要详细说明的问题再用附件形式附在报告或表格后面，让领导仅仅浏览一页纸或一张表格便可知道事情的概况，并通过阅读附件里的资料来了解详情。

第九，收集信息资料的能力。资深职场人士平时很留意收集各类信息资料，包括各种政策、报告、计划、方案、统计报表、业务流程、管理制度、考核方法等，尤其重视竞争对手的信息。因为任何成熟的业务流程本身就是很多经验和教训的积累，很有参考价值，遇到用时就可以信手拈来。

第九章　外语外贸院校大学生创业指导

第一节　大学生创业概述

一、外语外贸院校大学生创业的优势与风险

创业有广义与狭义之分，广义的创业是指所有具有开拓性和创新性特征的、能够增进经济价值或社会价值的活动。狭义的创业是指创办企业，即指能够创造劳动岗位、增加社会财富的活动。大学生创业指的是在校大学生和大学毕业生群体开展的创业活动。在美国高校，大学生创业活动由来已久，大家熟知的比尔·盖茨创造了微软帝国，也创造了学生创业的神话。此后，陆续有许多学生公司诞生在大学校园的浓厚创业氛围中，并逐渐成长为世界著名企业。我国最早的大学生创业计划于 1998 年 5 月诞生于清华园，成为社会各界关注的焦点之后，大学生创业热在全国迅速传递，许多大学生投身其中，一时间，创业成为大学里最时尚的辞藻和大学生成才的新捷径。

（一）大学生创业的优势

1. 大学生创业充满激情

大学生往往对未来充满希望，他们有着年轻的血液、蓬勃的朝气，以及“初生牛犊不怕虎”的精神，而这些都是一个创业者应该具备的素质。更为重要的是现代大学生有创新精神，有对传统观念和传统行业挑战的信心和欲望，而这种创新精神也往往造就了大学生创业的动力源泉，成为成

功创业的精神基础。

2. 大学生创业知识含量高

大学生在学校里学到了很多理论性的东西，有着较高层次的技术优势，而目前最有前途的事业就是开办高科技企业。技术的重要性是不言而喻的，大学生创业从一开始就必定会走向高科技、高技术含量的领域，“用智力换资本”是大学生创业的特色和必然之路。一些风险投资家往往就是看中了大学生所掌握的先进技术，而愿意对其创业计划进行资助。

3. 大学生创业能学以致用

大学生创业的最大好处在于能提高自己的能力、增长经验，以及学以致用；最大的诱人之处是通过成功创业，可以实现自己的理想，证明自己的价值。

4. 大学生创业得到各方支持

由于大学生创业具有良好的社会影响，对促进大学生就业、增强大学生自信心以及增加学校品牌影响力等方面都有良好的促进效应，因此，无论是政府、学校还是社会，对大学生创业都给予了大力支持。

2015 年的政府工作报告中，第一次用“大众创业，万众创新”描述对就业问题的期待，提出将推行“高校毕业生就业促进计划”和“大学生创业引领计划”。大学生创业无疑处在非常好的时期。

（二）大学生创业的风险

1. 大学生创业心理准备不足

大学生由于社会经验不足，常常盲目乐观，没有充足的心理准备。对于创业中的挫折和失败，许多创业者感到十分痛苦茫然，甚至沮丧消沉。大家以前创业，看到的都是成功的例子，心态自然都是理想主义的。其实，成功的背后还有更多的失败。看到成功，也看到失败，这才是真正的市场，也只有这样，才能使年轻的创业者们变得更加理智。

2. 大学生创业技能欠缺

急于求成、缺乏市场意识及商业管理经验，是影响大学生成功创业的重要因素。学生们虽然掌握了一定的书本知识，但终究缺乏必要的实践能力和经营管理经验。此外，大学生对市场营销等缺乏足够的认识，很难一下子胜任企业经理人的角色。

3. 大学生创业市场意识不强

大学生对创业的理解还停留在仅有一个美妙想法与概念上。在大学生提交的相当一部分创业计划书中，许多人还试图用一个自认为很新奇的创意来吸引投资。这样的事以前在国外确实有过，但在今天这已经是几乎不可能的了。现在的投资人看重的是你的创业计划真正的技术含量有多高，在多大程度上是不可复制的，以及市场赢利的潜力有多大。而对于这些，你必须有一整套细致周密的可行性论证与实施计划，绝不是仅凭三言两语的一个主意就能让人家掏钱的。

大学生的市场观念较为淡薄，不少大学生很乐于向投资人大谈自己的技术如何领先与独特，却很少涉及这些技术或产品究竟会有多大的市场空间。就算谈到市场的话题，他们也多半只会计划花钱做做广告而已，而对于诸如目标市场定位与营销手段组合这些重要方面，则全然没有概念。其实，真正能引起投资人兴趣的并不一定是那些先进得不得了的东西，相反，那些技术含量一般但能切中市场需求的产品或服务，常常会得到投资人的青睐。同时，创业者应该有非常明确的市场营销计划，能强有力地证明赢利的可能性。

4. 项目选择太盲目

大学生创业时如果缺乏前期市场调研和论证，只是凭自己的兴趣和想象来决定投资方向，甚至仅凭一时心血来潮做决定，一定会碰得头破血流。大学生创业者在创业初期一定要做好市场调研，在了解市场的基础上创业。一般来说，大学生创业者资金实力较弱，选择启动资金不多、人手配备要求不高的项目，从小本经营做起比较适宜。

5. 缺乏创业技能

很多大学生创业者眼高手低，当创业计划转变为实际操作时，才发现自己根本不具备解决问题的能力，这样的创业无异于纸上谈兵。一方面，大学生应去企业打工或实习，积累相关的管理和营销经验；另一方面，积极参加创业培训，积累创业知识，接受专业指导，提高创业成功率。

6. 资金风险

资金风险在创业初期会一直伴随在创业者的左右。是否有足够的资金创办企业是创业者遇到的第一个问题。企业创办起来后，就必须考虑是否有足够的资金支持企业的日常运作。对于初创企业来说，如果连续几个月入不敷出或者因为其他原因导致企业的现金流中断，都会给企业带来极大的威胁。相当多的企业会在创办初期因资金紧缺而严重影响业务的拓展，甚至错失商机而不得不关门大吉。

另外，如果没有广阔的融资渠道，创业计划只能是一纸空谈。除了银行贷款、自筹资金、民间借贷等传统方式外，还可以充分利用风险投资、创业基金等融资渠道。

7. 社会资源贫乏

企业创建、市场开拓、产品推介等工作都需要调动社会资源，大学生在这方面会感到非常吃力。平时应多参加各种社会实践活动，扩大自己人际交往的范围。创业前，可以先到相关行业领域工作一段时间，通过这个平台，为自己日后的创业积累人脉。

8. 管理风险

一些大学生创业者虽然技术出类拔萃，但理财、营销、沟通、管理方面的能力普遍不足。要想创业成功，大学生创业者必须技术、经营两手抓，可从合伙创业、家庭创业或从虚拟店铺开始，锻炼创业能力，也可以聘用职业经理人负责企业的日常运作。

有人做过调查后发现，大学生创业失败的最大原因是管理方面出了问题，其中包括决策随意、信息不通、理念不清、患得患失、用人不当、忽视创新、急功近利、盲目跟风、意志薄弱等等。特别是大学生知识单一，经验不足，资金实力和心理素质明显不足，更会增加管理上的风险。

9. 竞争风险

寻找蓝海是创业的良好开端，但并非所有的新创企业都能找到蓝海。更何况，蓝海也只是暂时的，所以，竞争是必然的。如何面对竞争是每个企业都要随时考虑的事，而对新创企业更是如此。如果创业者选择的行业是一个竞争非常激烈的领域，那么在创业之初极有可能受到同行的强烈排挤。一些大企业为了把小企业吞并或挤垮，常会采用低价销售的手段。

二、外语外贸院校大学生投资创业相关优惠政策

为支持大学生创业，国家各级政府出台了很多优惠政策，涉及融资、

开业、税收、创业培训、创业指导等诸多方面。对打算创业的大学生来说，了解这些政策，才能走好创业的第一步。

根据国务院、教育部、人保部、财政部和中央人民银行等部门出台的有关扶持大学生创业的相关文件汇总来看，创业政策主要分为以下四类：创业教育政策、创业金融政策、创业培训政策、创业服务政策。

（一）创业教育政策

近年来，国家十分重视推进创业教育，《国务院办公厅关于深化高等学校创新创业教育改革的实施意见》（国办发〔2015〕36号）提出："2015年起全面深化高校创新创业教育改革。2017年取得重要进展，形成科学先进、广泛认同、具有中国特色的创新创业教育理念，形成一批可复制、可推广的制度成果，普及创新创业教育，实现新一轮大学生创业引领计划预期目标。到2020年建立健全课堂教学、自主学习、结合实践、指导帮扶、文化引领融为一体的高校创新创业教育体系，人才培养质量显著提升，学生的创新精神、创业意识和创新创业能力明显增强，投身创业实践的学生显著增加。"

可以想象，今后高校创业教育将得到极大推进，大学生的创业意识、创业技能也必将有一个很大的提升。

（二）创业金融政策

1. 小额担保贷款政策

除了鼓励银行对大学生创业融资提供帮助外，国家还有专门的小额担保贷款政策出台，如2009年，国务院办公厅下发的《关于加强普通高等学校毕业生就业工作的通知》中强调，要把在自主创业过程中失败的大学生名单汇总，这些人可申请不超过5万元的小额担保贷款，由多人合作经营的创业项目或是企业可通过贷款扩大其规模，进行当地的微利项目，享受相关的优惠政策。

2. 创业基金政策

初创企业的资金扶持十分重要，如上海在2011年成立的青年创业就业基金会，推出三种扶持方式：一是通过共青团中央和全国青联共同发起的"中国青年创业国际计划"，可以为符合相关条件的青年企业家提供3—5万元的免息、免保贷款；二是借助举办创业大赛，直接奖励给创业大赛胜出者 2—3 万元不等；三是为一些逐渐成长的青年创业企业提供开展进一步股权融资的机会和资金。

3. 税费减免政策

相关税费减免是大学生创业的“大红包”。2006 年，财政部《关于对从事个体经营的下岗失业人员和高校毕业生实行收费优惠政策的通知》强调，有意愿从事个体创业经商的大学生，只要在毕业两年内，从工商部门登记注册之日起即可享受以下优惠政策：3 年内免交有关登记类、证照类和管理类等费用。2010 年，财政部、国家税务总局在下发的《关于支持和促进就业有关税收政策的通知》中指出，若毕业生在毕业后从事个体经商，将在 3 年内限额依次扣减其实际应缴纳的营业税、教育费附加和个人所得税等，每户每年 8000 元。

4. 创业培训政策

国家大力推广成熟的创业培训模式，如辽宁开展的“万名大学生创业培训计划”对帮助大学生创业的机构或部门一定的优惠政策，可无偿提供相关的场地支持与一些资金上的优惠政策。为了响应号召，在福建启动的“十百千万”创业扶持项目，已经成立了 10 个大学生创业培训基地，其中对 100 个好的创业项目进行扶持，对 1000 名有思想的、有激情与潜力的创业大学生提供创业支持，有 10000 人参加了相关的部门培训。

5. 创业服务政策

我国十分重视对大学生创业的配套服务，2011 年下发的《关于进一步做好普通高等学校毕业生就业工作的通知》明确指出，结合毕业生的实际情况，有相关部门将为创业大学生提供创业相关的“一条龙”服务项目，主要包括政策咨询讲解、信息服务咨询、项目开发讲解、风险测评、融资指导、扶持跟踪等，让创业的大学生充分享受相关服务政策，降低创业风险，使其创业成功。

另外，各地还有针对性地出台了一些优惠政策，大学生创业在筹备阶段应多加了解，以便节省成本。

附：

北京创业优惠政策

1. 留学人员来京创业、工作，不受出国前户籍所在地限制，可长期居留或短期工作，来去自由。对在中关村科技园区创业并符合园区发展需要的回国留学人员，可按北京有关规定办理“工作寄住证”或常住户口，不受进京指标限制。此外，留学人员在子女入学、购房等方面享受北京市市民待遇。

2. 设立“北京市留学人员创业奖”和“归国留学人员创业专项资金”，奖励在首都经济建设中做出突出贡献的留学人员。

3. 京籍应届生创业免公司注册费。应届大学生办公司免注册费。市工商局推出30条促进经济增长、支持企业发展的政策措施，京籍应届毕业生可利用住宅作为经营场所登记注册。

4. 京籍应届生创业可住宅经商。根据新政策，对北京籍应届高校毕业生开办文化经纪、动漫制作等文化创意产业及技术开发、技术转让、技术服务等科技企业或个体工商户的，可以注册在区县政府确定的集中办公区，也可以利用住宅进行登记注册。其中在居民住宅楼内设立企业的，应当按照国家工商行政管理总局的有关规定予以办理。

5. 北京小额贷款额度提高。大学生创业，第一次贷款额度由5万元提高到8万元，再次贷款额度由5万元提高到10万元。

6. 反担保优惠措施。大学生创业，贷款反担保比例由30%下调到20%，继续实施小额担保贷款信用社区制度，凡在城乡信用社区申请小额担保贷款的，免除反担保。

北京市劳动和社会保障局相关负责人3月23日宣布，北京将加大对创业的支持力度，从4月1日起，提高小额担保贷款的担保额度，合伙创办小企业最高可申请50万元。

据介绍，新政策规定，对于北京市城镇失业人员、高校毕业生、农村转移劳动力、复员转业军人开办个体工商户的担保额度由原来不超过5万元提高到8万元。以上人员自主、合伙创办小企业申请小额担保贷款的，贷款担保额提高到人均不超过 8 万元，最高 50 万元。

另外，新政策规定，对当年新招用北京市失业人员、高校毕业生、农村转移劳动力和复员转业军人达到企业现有在职职工总数 30%（超过 100 人的企业达到 15%）以上，并与其签订一年以上期限劳动合同的劳动密集型小企业（国家限制的行业除外），由小额贷款担保基金为其提供贷款担保，担保额根据实际招用人数合理确定，最高不超过 200 万元。

此外，创业培训补贴标准也由原来的每人 1329 元提高到每人 2400 元。

北京大学生创业的优惠政策

1. 大学毕业生在毕业后两年内自主创业，到创业实体所在地的工商部门办理营业执照，注册资金（本）在 50 万元以下的，允许分期到位，首期到位资金不低于注册资本的 10%（出资额不低于 3 万元），1 年内实缴注册资本追加到 50% 以上，余款可在 3 年内分期到位。

2. 大学毕业生新办咨询业、信息业、技术服务业的企业或经营单位，经税务部门批准，免征企业所得税两年；新办从事交通运输、邮电通讯的企业或经营单位，经税务部门批准，第一年免征企业所得税，第二年减半征收企业所得税；新办从事公用事业、商业、物资业、对外贸易业、旅游业、物流业、仓储业、居民服务业、饮食业、教育文化事业、卫生事业的企业或经营单位，经税务部门批准，免征企业所得税一年。

3. 各国有商业银行、股份制银行、城市商业银行和有条件的城市信用社要为自主创业的毕业生提供小额贷款，并简化程序，提供开户和结算便利，贷款额度在 2 万元左右。贷款期限最长为两年，到期确定需延长的，可申请延期一次。贷款利息按照中国人民银行公布的贷款利率确定，担保最高限额为担保基金的 5 倍，期限与贷款期限相同。

4. 政府人事行政部门所属的人才中介服务机构，免费为自主创业毕业生保管人事档案（包括代办社保、职称、档案工资等有关手续）2 年；提供免费查询人才、劳动力供求信息，免费发布招聘广告等服务；适当减免参加人才集市或人才劳务交流活动收费；优惠为创办企业的员工提供一次培训、测评服务。

第二节　坚定做一个成功创业者的信念

信念坚定，顽强拼搏，直到成功。信念是生命的力量，是创立事业之本，信念是创业的原动力。要相信自己有能力、有条件去开创自己未来的事业，相信自己能够主宰自己的命运，成为创业的成功者。一般来说，创业信念由创业意识、创业精神和创业意志构成。

一、培养创业意识

所谓创业意识，是指在创业实践活动中对人起动力作用的个性倾向，包括需要、动机、兴趣、思想、信念和世界观等心理成分。创业意识集中体现了创业素质中的社会性质，支配着创业者对创业活动的态度和行为，规定着态度和行为的方向和力度，具有较强的选择性和能动性，是创业素质的重要组成部分。

创业意识不是凭空形成的，也不是靠一时冲动产生的，它需要创业者在创业活动中不断地磨炼、积累和升华。创业意识的形成是漫长而艰辛的，要想取得创业的成功，创业者必须具备自我实现、追求成功的强烈的创业意识。创业的成功是思想上长期准备的结果，事业的成功总是属于有思想准备的人，也属于有创业意识的人。

（一）需要与动机

创业活动是一种综合性很强的社会实践活动，它源于人的强烈的内在需要，这种内在需要是创业活动最初的诱因和动力。创业需要是创业意识的最低层次，它取决于创业者的社会状况、社会地位和阶层等社会性条件，如果没有创业的需要，就绝不可能产生创业行为，也绝不可能形成更高层次的创业意识。

创业是青年人自立人生、实现理想的重要途径，强烈的创业需要是青年走向成熟的标志。青年人从充满浪漫的生活幻想中走出，有意识地用自己的双手去创造美好的生活，会在内心深处产生强烈的创业需要。

但仅有创业需要也并不一定有创业行为，只有当创业需要上升为创业动机时，才能形成创业者创业的强大动力。创业动机就是推动创业者从事创业实践活动所必备的积极的心理状态和动力，创业需要是产生创业动机的基础，创业动机是创业需要具备了满足条件和对象时的客观表现形式。当创业者产生了创业动机时，投身于创业实践活动的创业行为就开始了。

创业者的动机多种多样，因人而异。个人希望得到发展、不喜欢为他人工作、喜欢挑战、希望拥有更多的自由、受到家庭或朋友的影响、家庭传统的承袭、发挥个人专业知识与经验等等都有可能成为创业的动因。

（二）理想与信念

创业理想是创业意识的高级形式，是创业者对未来奋斗目标向往和追求的、较为稳定和持久的心理品质，是人生理想的重要组成部分，但创业理想主要是一种职业和事业理想，而非政治理想和道德理想。有了创业理想，创业者的创业行为就会充满朝气和活力。

创业信念总是与创业理想紧密联系在一起的，创业信念是创业者从事创业活动的精神支柱，它能使人产生克服艰难险阻的大无畏精神，使人坚持不懈，勇往直前。创业理想能够促进创业信念的形成，有了创业信念，以创业信念为支持的创业理想就具有了稳固而坚实的精神基础。

二、树立创业精神

杰出的成功者，其环境、条件、机遇和能力等可能千差万别，但他们有一个共同的特点，那就是矢志不渝的创业意识和敢为人先的创业精神。创业精神是时代精神的反映，是特定的时代对人们提出的要求。

（一）创业精神的内涵

《人民日报》社论把这种创业精神称为民族精神、时代精神。上述创业精神，全面概括了中华儿女的民族气概和精神风采，其内涵主要有三方面：

一是必须有远大的理想和坚定的信念。要坚持用科学的理论武装头脑，认真学习马克思列宁主义、毛泽东思想和邓小平理论，认真学习“三个代表”重要思想，树立正确的世界观、人生观和价值观，为实现中华民族的共同理想奉献自己的智慧和力量。

二是必须有艰苦创业、顽强拼搏的精神。要有强硬本领，成为本职工作的行家能手；要开阔视野，不怕困难和挫折，坚忍不拔，勇于创新，争创一流。

三是必须有实事求是的科学态度和脚踏实地的工作作风。要坚持解放思想与实事求是的统一，既要敢想敢干，又要求真务实；要满腔热情地投身于改革开放和现代化建设的伟大实践，从人民群众丰富生动的劳动创造中汲取营养和力量，在艰苦的环境中磨炼意志，增长才干。

（二）创业精神的体现

创业精神，反映了对开拓创新人才全面素质的要求。对即将创业的青年大学生来说，首先要自信、自主、自立、自强。这“四自”正是新时代青年大学生创业精神的具体体现。

1. 自信

即对自我充满信心，相信自己有能力和条件去开创未来的生活和事业。自信心能赋予人主动积极的人生态度和进取精神。不依赖，不等待，不幻想意外。要成为一名成功的创业者，必须坚持信仰如一，拥有使命感和责任感；自信贯穿于创业活动的始终；成功使人更加充满信心，失败和挫折则会更加激发新的拼搏与奋斗的豪情。

2. 自主

即具有独立的人格，善于进行独立的选择和采取独立的行动，不受传统和世俗偏见的束缚及舆论和环境的影响，能自己选择生活的道路，善于设计和规划自己的未来，并采取相应的行为。自主是建立在社会需要和个人需要相统一的基础之上的，有损于社会和人民利益的个人行为应遭到唾弃。自主还要有远见、有敢为人先的胆略和实事求是的科学态度，能把握住自己的航向，直至达到成功的彼岸。

3. 自立

自立就是具有独立的人格，具有独立的思维能力，不受传统和世俗偏见的束缚，不受舆论和环境的影响，能自己选择自己的道路，善于设计和规划自己的未来，并采取相应的行动。凭借自己的头脑和双手，依靠自己的努力和奋斗，建立起自己生活和事业的基础。当代青年人应具有自立的志向，自谋职业，勤劳致富。

4. 自强

即通过创业实践，不断增强自己各方面的能力，进一步磨炼自己的意志，建立起自己的强者形象，要敢说敢当，勇于拼搏，不计较寸尺得失，不贪图眼前利益，不依恋平淡生活，勇于进取。自强就是在自信的基础上，敢于实践，不断增长自己各方面的能力与才干，勇于使自己成为生活与事业的强者。

对每一位创业者来说，自信、自主、自立、自强的创业精神是创业实践的灵魂和支柱，是开创新生活、追求幸福明天的精神信念。有了这一创业精神，才会有创业的要求和动机，才会有创业的意识和观念，才会有创业的动力和行为。

三、磨炼创业意志

创业意志是创业成功的“护身符”。孔子说，“三军可夺帅也，匹夫不可夺其志也”。创业者没有坚韧的品质、坚定的意志，是无法闯过种种困局，最终抵达成功的彼岸的。创业意志要求创业者树立竞争意识，塑造良好的心理品质，敢于直面竞争，勇于接受挑战，勤于检讨自我，善于面对成功和失败。

（一）竞争意识

竞争是市场经济最重要的特征之一，是企业赖以生存和发展的基础，也是一个人立足社会不可缺乏的一种精神。人生即竞争，竞争本身就是提高。随着我国社会主义市场经济从低级向高级发展，竞争愈来愈激烈。从小规模的分散竞争，发展到大集团集中竞争；从国内竞争发展到国际竞争；从单纯产品竞争，发展到综合实力的竞争。因此，创业者如果缺乏竞争意识，实际上就等于放弃了自己的生存权利。

（二）良好的创业心理品质

创业之路，是充满艰险与曲折的，尤其是自主创业，这就等于一个人去面对变化莫测的激烈竞争以及随时出现的需要迅速且正确解决的问题和矛盾，这需要创业者具有非常强的心理调控能力，能够持续保持一种积极、沉稳的心态，即有良好的创业心理品质。

创业心理品质是对创业者的创业实践过程中的心理和行为起调节作用的个性心理特征，它与人固有的气质、性格有密切的关系，主要体现在人的独立性、敢为性、坚韧性、克制性、适应性、合作性等方面，它反映了创业者的意志和情感。

创业的成功在很大程度上取决于创业者的创业心理品质。正因为创业之路不会一帆风顺，所以，如果一个人不具备良好的心理素质、坚韧的意志，一遇挫折就垂头丧气、一蹶不振，那么，他在创业的道路上是走不远的。宋代大文豪苏轼说："古之成大事者，不唯有超世之才，亦必有坚忍不拔之志。"只有具有处变不惊的良好心理素质和愈挫愈强的顽强意志，才能在创业的道路上自强不息、竞争进取、顽强拼搏，才能从小到大，从无到有，闯出属于自己的一番事业。

第三节　大学生创业准备

在进行了职业生涯规划后，大学生创业者应对自己是否适合创业有了较清晰的了解，但是，对于处在创业准备期的大学生而言，有了创业热情、创业意愿和创业规划还是不够的，这些终究只是纸上谈兵。参加创业实践活动，不仅可以检视自己的创业规划的可行性，还可以培养创业素质。这是大学生走上社会，开始创业之路之前不可或缺的环节。

大学生在校期间可以参与的创业实践活动形式很多，首先是参加各种模拟竞赛类活动，如大学生创业大赛、创业计划书大赛等。其次，大学生还可通过参与社团组织活动、创业见习、职业见习、兼职打工、求职体验、市场和社会调查以及专业实习等活动来接触社会，了解市场，提高自己的综合素质。第三，平时可多与有创业经验的亲朋好友交流，甚至还可通过 Email 和电话拜访自己崇拜的商界人士，或向一些专业机构咨询。这些"过来人"的经验之谈往往比看书本的收获更多。其四，投身于真正的创业实践。在毕业前后进入创业启动阶段，可以单独或与同学轮流租赁或承包一个小店铺，或加工、修理，或销售、服务等，在真刀真枪的创业实践中提高自己的创业能力。

一、积极参加社会实践活动

大学生们要加强理论与实践相结合的训练，注重实践环节，通过社会实践活动体现社会实践"受教育，长才干，做贡献"的原则。大学生的社会实践活动在20世纪80年代初拉开序幕，从少数学生的自发活动发展成为现今全国范围的有组织、有计划、有目的的每年有数百万大学生参加的社会教育工程。大学生社会实践活动主要包括以下几类：

（一）调研类：社会调查、科研攻关

社会调查：围绕经济社会发展的重要问题，开展调查研究，提出解决问题的意见和建议，形成调研成果。高校也应该加强对大学生社会调查的选题、途径、过程的管理和指导，开设社会调查课程或讲座，帮助大学生正确认识社会现象，掌握科学研究方法，提高分析问题和解决问题的能力，努力把握事物的本质和规律。

科研攻关：在社会实践中参与技术改造、工艺革新、技术传播，为社会发展献计出力，不断提高自我科学素养，培养良好的学术道德，弘扬求真务实、开拓创新的科学精神。参与科研项目，能通过实验充分锻炼动手能力，找出创业金点子，锻炼策划能力。

（二）宣传类：科技推广、文化宣传、法律普及、环境保护

科技推广：依据当地的经济和社会发展的实际需要，充分发挥大学生的科学文化水平较高的优势，通过科技服务、文化服务、农业科技调查等多种形式，广泛开展计算机知识、科普知识等技术培训和科技产品的宣传推广，提高当地的生产技术水平。

文化宣传和法律普及，深入基层，利用板报、文艺演出、座谈会等形式，在农村基层干部和群众中宣传党的理论知识和法律基础知识，使广大群众在实践中深刻领会党的方针政策，明确责任和使命，把爱国主义热情转化为成才报国的实际行动，并通过法律知识来武装和保卫自己，为实现经济社会全面、协调、可持续发展献计出力。

环境保护：充分发挥青年大学生的人才技术优势，在调研的基础上，根据地方需求，大力开展环境保护、心理健康等方面的服务活动，力所能及地帮助地方解决困难；举办环保讲演，在农村基层宣传倡导环保观念，参与治理环境污染的工作和活动。

（三）服务类：挂职锻炼、勤工助学、医疗服务、志愿者服务

挂职锻炼：深入到基层中，担任一定的社会工作，开展社会实践活动，了解基层生活，与劳动人民进行交流，经历基层生活锻炼，同时提供

我们力所能及的帮助与支持。

勤工助学：利用在校期间的课余时间，通过自己的智力、专业特长和其他能力为他人或单位提供劳动、咨询和技术服务，同时获得相应的报酬，为自己赚取学费和生活费。

医疗服务：医学专业的青年大学生深入社区和边远农村，开展现代助医服务宣传，进行医疗卫生保健宣传咨询和开展医疗服务。

志愿者服务："青年志愿者"是当代大学生"学雷锋、树新风"的新型组织，优秀的青年大学生们通过这个组织自发组织起来，参加重大会议、各类比赛等服务工作。

（四）帮扶类：支教扫盲、企业帮扶、社区援助

支教扫盲：主要任务是培训农村中小学师资，丰富中小学生的暑期生活，为农村中小学实施素质教育服务。开展扫盲活动，帮助青壮年文盲提高文化水平，积极组织农村返乡的大中专学生通过为家乡中小学生举办成才报告会，"大手拉小手"，密切长期联系，加强交流，促进共同提高。

企业帮扶：青年大学生依靠自身的知识优势和专业技能优势，为企业提供服务，帮助企业解决难题，促进企业的运作。

社区援助：在居民社区成立援助服务站，由青年大学生成立家教、法律、健康、科技、心理疏导等各类援助队，帮助社区内的一些单亲和特困家庭解决困难。

此外，想创业的大学生在创业实习、实践中具体应从哪些方面修炼自己，掌握自主创业的本领呢？

第一，了解和熟悉企业产品的生产工艺、原材料购进渠道、产品的销售渠道，这是欲创业者应具备的基本常识，即明确生产什么、如何生产、原材料从何而来、产品又如何销售出去等问题。

第二，了解该企业产品的特点、优势和劣势。不同企业生产的同类产品，除了有共同的基本功能外，通常都有各自的特色，大学毕业生应通过比较分析，博采众长，设计出更能满足消费者需要的产品，为创业做好产品准备。

第三，了解企业的机构设置和管理方式。企业管理界有一句话："管理无定式。"意思是说企业的管理没有固定模式可循，因为不同行业、不

同产品、不同的技术条件甚至不同的地域和人文环境都会影响管理方式和组织机构的设置。

第四，预测市场前景。毕业生在企业各部门工作可以有机会观察市场的需求变化，预测产品的市场前景。因为任何一种产品都有其生命周期，在产品成长期投入该行业风险最小。了解和掌握了这些规律，就会为成功创业打下良好的基础。

通过这一过程的锻炼，毕业生熟悉和了解了该行业的现状及未来发展前景，当时机成熟时，就可以自立门户。

二、设计好自己的创业路线

（一）“先就业，后择业，再创业”的创业路线

一般来说，大学生创业应该走一条面对现实，降低起点，先融入社会再寻求发展的道路，也就是“先就业，后择业，再创业”。这种观点虽然存在一定的争议，但对于有志于自主创业的大学生而言是一条有效的创业路线。有了一段就业和择业的经历，自己各方面的能力都有所提高，当具备了创业的自信心和一定的主观条件，客观上时机也到来时，大学毕业生就可以考虑走创业之路。这是一种完善自我、减少创业风险的好途径。

“先就业，后择业，再创业”的过程，是以职业流动观、创业观等取代就业观为基础，并符合市场经济发展规律的。这种就业观是一个有志有为青年在市场经济环境下奋力拼搏、追求发展、事业有成的鲜明写照，是人生事业发展的三部曲。

（二）选择合适的创业领域进行实践

1. 大学生创业要发挥自身优势

如今创业市场商机无限，但对资金、能力、经验都有限的大学生创业者来说，并非“遍地黄金”。在这种情况下，大学生创业只有根据自身特点，找准“落脚点”，才能闯出一片真正适合自己的新天地。

高科技领域。身处高新科技前沿阵地的大学生，在这一领域创业有着近水楼台先得月的优势，但并非所有的大学生都适合在高科技领域创业，一般来说，技术功底深厚、学科成绩优秀的大学生才有成功的把握。有意

在这一领域创业的大学生，可积极参加各类创业大赛，获得脱颖而出的机会，同时吸引风险投资。推荐商机：软件开发、网页制作、网络服务、手机游戏开发等。

智力服务领域。智力是大学生创业的资本，在智力服务领域创业，大学生游刃有余。例如，家教领域就非常适合大学生创业，一方面，这是大学生勤工俭学的传统渠道，积累了丰富的经验；另一方面，大学生能够充分利用高校教育资源，更容易赚到“第一桶金”。此类智力服务创业项目成本较低，一张桌子、一部电话就可开业。推荐商机：家教、家教中介、设计工作室、翻译事务所等。

连锁加盟领域。统计数据显示，在相同的经营领域，个人创业的成功率低于20%，而加盟创业的则高达80%。对创业资源十分有限的大学生来说，借助连锁加盟的品牌、技术、营销、设备优势，可以较少的投资、较低的门槛实现自主创业。但连锁加盟并非“零风险”，在市场鱼龙混杂的现状下，大学生涉世不深，在选择加盟项目时更应注意规避风险。

开店。大学生开店，一方面可充分利用高校的学生顾客资源；另一方面，由于熟悉同龄人的消费习惯，入门较为容易。正由于走“学生路线”，因此要靠价廉物美来吸引顾客。

2. 大学生的低成本创业

很多人都渴望创业，但苦于没有资金。想要创业，就必须考虑怎样做到低成本创业。那如何进行低成本创业呢？首先必须要有心理准备，要有吃苦和百折不挠的精神，要勤奋，要有正确的方向和方法，要有良好的规划和人生设计；要充分利用现有的资源，要发挥自己的主观能动性，要发挥自己的优势，扬长避短，善于借势。下面列举几个低成本创业的例子。

智能型的行业。这些行业里，有特殊知识或技能的人可以低成本创业，不需要大的资金投资，只需要智力投资。特有专长，某方面的专长，如管理才能、行销才能、专利。这方面的例子很多，如著名作家、律师、高级工程师、职业经理人、发明家等。实际上，个人的智能和专长就是一种资源。

劳动密集型的服务行业。这些行业主要依靠出卖劳动力，资本方面的投入非常少，如搬家公司、家政服务。

3. 大学生首次创业选择好项目

当大学生创业者经过深思熟虑，决定进行自主创业后，项目的选择，尤其是第一个创业项目的选择非常重要，以下几个项目可以作为参考。

选择个人有兴趣或擅长的项目；选择市场消耗比较频繁或购买频率比较高的项目；选择投资成本较低的项目；选择风险较小的项目；选择客户认知度较高的项目；可先选择网络创业（免费开店）后进入实体创业项目。

4. 大学生的曲线创业

先不考虑创业，在打工过程中创造个人品牌，如一些有名的职业经理人、行销专家、发明家等，然后利用自己的无形资产和别人的有形资产结合，达到无本创业、曲线创业的目标。

参考文献

1. 蔡荣升等 . 大学生职业生涯与发展规划教程：财经院校版［M］. 北京：中国传媒大学出版社，2009.

2. 蒂蒙斯 . 创业学［M］. 北京：华夏出版社，2006.

3. 马永霞 . 国外大学生就业指导工作及其启示［J］. 辽宁高等教育研究，1998（4）.

4. 宁亮等 . 大学生职业生涯规划与就业指导［M］. 南京：南京大学出版社，2015.

5. 史蒂夫·马若堤 . 青年创业指南［M］. 北京：经济日报出版社，2003.

6. 王艳等 . 大学生职业生涯规划与就业指导［M］. 天津：天津大学出版社，2013.

7. 姚俗群 . 职业生涯规划与发展［M］. 北京：首都经济贸易大学出版社，2003.

后　记

本书主要分为上、下两篇，共九章。上篇为“外语外贸院校大学生职业生涯规划篇”，主要包括 4 个章节，从职业生涯规划概述、自我认知与职业环境认知、职业生涯抉择、职业生涯规划的制定与实施这几个方面理论联系实际，对外语外贸院校大学生的职业生涯规划进行指导，具有很强的操作性。下篇为“外语外贸院校大学生就业与发展篇”，这部分包括 5 个章节，从就业程序与就业政策、就业心理与求职准备、笔试面试与应试准备、职业适应、外语外贸院校大学生创业指导这几个方面，侧重于可读性和实用性，重点放在帮助大学生在做好职业规划的前提下如何选择就业路径，其中，“创业指导”部分则在培养大学生创新精神的基础上，突出外语外贸院校大学生的特点，培养他们的创业行动能力。

写作过程中参考和借鉴了学术界同仁的成果和观点，在此一并表达真挚的敬意和感谢！由于时间和水平的限制，书中有不足之处，恳请读者们谅解。如能在职业生涯规划与就业指导方面对大学生有所帮助，我将倍感欣慰和珍惜。

编者

2019 年 10 月